LANGUE ET COMMUNICATION ECRITE

Synthèse en Orthographe et en Syntaxe

Muriel Langlois-Choquette

les éditions françaises inc.

Données de catalogage avant publication (Canada)
Langlois-Choquette, Muriel, 1943 -
SOS, synthèse en orthographe et en syntaxe
(Langue et communication écrite)

ISBN 2-7618-0076-1

1. Français (Langue) – Orthographe.
2. Français (Langue) – Syntaxe.
I. Titre. II. Collection: Langlois-Choquette, Muriel, 1943-   . Langue et communication écrite.

PC2143.L36 1993   448.1   C93-096691-0

Coordination (éditions): Hélène Hubert
Coordination (production): Hélène Hubert
Maquette intérieure: Violette Vaillancourt
Mise en page: Mégatexte
Couverture: Violette Vaillancourt
Révision linguistique: François Morin
Correction d'épreuves: Claire LeBlanc
Impression: Imprimerie Gagné ltée

© 1993
LES ÉDITIONS FRANÇAISES inc.
1411, rue Ampère
Boucherville (Québec)
J4B 5Z5

Tous droits de reproduction, d'adaptation, en totalité ou en partie, réservés pour tous pays.

Dépôt légal, 3e trimestre 1993
Bibliothèque du Canada
Bibliothèque du Québec

ISBN 2-7618-0076-1

Personne ne peut reproduire cet ouvrage, en totalité ou en partie, sous quelque forme ou par quelque procédé que ce soit (sur machine électronique, à enregistrer ou à photocopier ou autrement) sans l'autorisation de l'éditeur, conformément aux dispositions de la loi sur les droits d'auteur.

SOS

SOS
Synthèse en orthographe et en syntaxe

OBJECTIF : Favoriser l'intégration de notions syntaxiques et grammaticales de sorte que, en situation d'écriture, les difficultés que suppose le fonctionnement de la langue s'en trouvent aplanies.

MOYEN :
10 fiches de travail organisées autour d'un thème.
La plupart des fiches présentent la même structure :

1. Un bref RAPPEL
2. Un DIAGNOSTIC
3. Un APPROFONDISSEMENT
4. Une PRATIQUE
5. Une ÉVALUATION

Au début de chacune des fiches, un DIAGNOSTIC précédé d'un bref RAPPEL permet de faire le point sur vos connaissances.

Une clé de correction des exercices de la partie DIAGNOSTIC se trouve à la fin du cahier. Vous pourrez vérifier vos réponses.

La correction des réponses du DIAGNOSTIC vous amène à la partie APPROFONDISSEMENT.

La partie APPROFONDISSEMENT propose, pour le cas étudié, une description claire et succincte du fonctionnement de la langue ainsi qu'un survol des règles essentielles du code orthographique, vous offrant ainsi la possibilité de vous remettre en tête ces notions vues et... oubliées.

La lecture et l'étude de l'APPROFONDISSEMENT terminées, vous passez à la partie PRATIQUE.

La partie PRATIQUE regroupe des exercices variés permettant l'enracinement des connaissances.

L'ÉVALUATION sert à prendre la mesure de la qualité des apprentissages.

Un AUTOCORRECTEUR pratique et facile à consulter.

L'AUTOCORRECTEUR vous donne la liste de toutes les réponses des exercices des PRATIQUES et des ÉVALUATIONS, réponses parfois accompagnées d'explications supplémentaires.

LETTRE AUX ÉTUDIANTS

Produire un texte où l'on évaluera votre maîtrise du français écrit, voilà ce que l'on exigera éventuellement de vous. Or, rédiger un texte, quel qu'il soit, exige des connaissances, des efforts, des habiletés. Il faut connaître un système de règles et savoir l'utiliser, rédiger des phrases correctes et, surtout, compter sur sa maîtrise des différentes stratégies syntaxiques existantes.

*Synthèse en **o**rthographe et en **s**yntaxe* se propose précisément de fournir à quiconque veut améliorer sa compétence en rédaction l'occasion de revoir les principales règles du fonctionnement de la langue afin que les mots «ponctuation», «syntaxe», «orthographe grammaticale et lexicale» s'épanouissent en des acquisitions de connaissances toutes prêtes à être réinvesties.

SOS va à l'essentiel

La rédaction de phrases correctes, ponctuées conformément aux règles, n'est possible que si l'on a bien compris le rôle joué par chacun des groupes fonctionnels. Voilà pourquoi nous observerons d'abord comment fonctionne la phrase simple avant d'en arriver à explorer les différentes façons de relier efficacement, à l'aide de marqueurs, plusieurs phrases simples au sein d'une phrase complexe.

Avant toute chose, il nous apparaît pertinent d'apprendre à identifier parfaitement, au sein de la phrase, le groupe sujet, la structure du groupe verbal et, s'il y a lieu, le groupe complément circonstanciel. Nous le ferons rapidement. Notre objectif premier est de vous montrer par où une phrase est déficiente et de vous fournir les moyens de l'améliorer ou de la corriger.

De plus, beaucoup d'entre vous sentent le besoin de revoir et d'éprouver leurs connaissances en conjugaison verbale et en orthographe grammaticale. **SOS** vous propose un tour d'horizon complet en conjugaison verbale et vous permet de faire une révision systématique des principales règles d'accord. **SOS** se devait de prendre en considération les acquis de l'enseignement secondaire. Voilà pourquoi chaque notion est coiffée d'un bref RAPPEL que viendra étoffer la matière de la partie APPROFONDISSEMENT.

SOS propose une démarche souple

SOS s'est donné comme objectif d'offrir un contenu de notions syntaxiques, grammaticales et orthographiques selon une démarche d'apprentissage menant à une plus grande maîtrise du français écrit.

Le cahier présente 10 fiches de travail. Toutes les fiches d'apprentissage offrent la même structure. Au début de chacune des fiches, un DIAGNOSTIC, précédé d'un bref RAPPEL, vous permet de faire le point sur vos connaissances. Une clé de correction des exercices de la partie DIAGNOSTIC se trouve à la fin du cahier. Vous pourrez y vérifier vos réponses. Sous la rubrique APPROFONDISSEMENT, vous trouverez une description claire et succincte de notions grammaticales indispensables qu'il vous faudra lire, comprendre et maîtriser pour réussir les exercices de la partie PRATIQUE. Ces exercices, qui se veulent rentables, intelligents et diversifiés, vous permettront, d'abord, de vérifier si la partie théorique a été bien assimilée et d'accroître, ensuite, votre habileté à réinvestir les connaissances acquises.

Il vous sera possible de vous corriger. L'AUTOCORRECTEUR vous fournit toutes les réponses. À l'occasion, des explications supplémentaires s'y joindront. Mais toujours, un code de référence vous permettra d'accéder rapidement aux têtes de chapitre et aux pages indiquant les règles.

Enfin, pour l'intérêt de savoir où l'on en est, ÉVALUATION propose un test. Libre à vous de vous y soumettre ! Aucun seuil de réussite n'est fourni. Nous pensons que le seul qui vaille est 100 %.

Grâce à ce cheminement détaillé, décomposé et gradué que vous offre **SOS**, vous pourrez mesurer avec plus de précision vos progrès et votre maîtrise. Il vous sera ainsi plus facile de corriger vos erreurs et, surtout, de ne plus en faire. Il vous sera aussi plus facile de satisfaire aux exigences des examens en comprenant parfaitement chaque détail de l'évaluation que l'on fera de votre performance.

Bon courage et bonne route,

Muriel Langlois-Choquette

TABLE DES MATIÈRES

LE FONCTIONNEMENT DE LA LANGUE
Page

1 – Comment s'assurer qu'une phrase est correcte ? **11**

    À quelles conditions une phrase est-elle correcte ? 12

    Dans une phrase donnée, quels mots appartiennent au groupe sujet, lesquels, au groupe verbal et lesquels, au groupe complément circonstanciel ? 17

    Dans une phrase donnée, comment distinguer un groupe complément circonstanciel de phrase d'un complément circonstanciel de verbe ? 21

    Qu'appelle-t-on types de phrases ? 28

    Les signes de ponctuation : le point, le point d'exclamation, le point d'interrogation, les points de suspension et la virgule 36

2 – Comment analyser la structure du groupe verbal ? **45**

    Les compléments d'objet 46

    Les attributs du complément d'objet 52

    Les compléments circonstanciels de verbe 55

    Les compléments d'agent 57

    Les attributs du sujet 58

3 – Quels sont les moyens de relier des phrases simples ? **67**

    Les marqueurs de relation 69

    Le pronom relatif 77

    La virgule et le deux-points 89

4 – Comment alléger une phrase trop longue ? **99**

    Quand peut-on terminer une suite de mots par un point ? 101

    Comment utiliser correctement le pronom ? 104

    Par quoi remplacer une subordonnée relative ? 107

    Par quoi remplacer un complément circonstanciel de phrase ? 113

    Comment effectuer des substitutions et des déplacements ? 117

5 – Comment maîtriser la conjugaison verbale ? **127**

    Qu'est-ce que conjuguer un verbe ? 128

    La voix active et la voix passive 134

    Dans la formation des temps composés, quel auxiliaire faut-il utiliser : être ou avoir ? 138

    La conjugaison des verbes du 1er groupe 141

    La conjugaison des verbes du 2e groupe 149

    La conjugaison des verbes du 3e groupe 155

    Dans les subordonnées, quel mode choisir : l'indicatif ou le subjonctif ? 164

Page

6 – Comment accorder le verbe avec son sujet? **173**

    Comment reconnaître le groupe sujet et le mot qui commande l'accord du verbe? 174
    Comment déceler la présence des «écrans» trompeurs? 177
    Comment apprivoiser les règles particulières d'accord du verbe avec le sujet? 183

7 – Comment accorder le participe passé? **193**

    Les règles générales d'accord du participe passé 194
    Les règles particulières d'accord de certains participes passés 199
    Que faire quand le participe passé est celui d'un verbe pronominal? 206

8 – Comment accorder l'adjectif et les déterminants? **217**

    Les cas particuliers d'accord de l'adjectif qualificatif 217
    Comment faire l'accord de l'adjectif verbal? 222
    Comment écrire au pluriel les déterminants numéraux? 227
    Comment écrire correctement le mot « tout »? 230
    Comment écrire correctement le mot « quelque »? 234
    Comment écrire correctement le mot « même »? 236
    Comment écrire correctement le mot « possible »? 238

9 – Comment ne plus confondre certains homophones? **245**

    on / ont / on n' 247
    c'est / s'est 248
    est / ait 249
    qui / qu'il 250
    quelle / qu'elle 251
    parce que / par ce que 252
    quelquefois / quelques fois 253
    quoi que / quoique 254
    davantage / d'avantages 255
    leur / leurs 256
    près / prêt 257
    dans / d'en 258
    sans / s'en / c'en 259
    quand / quant / qu'en 260
    noms et verbes homophones 261

Page

10 – Comment régler certains problèmes d'orthographe lexicale 273

    Les familles de mots 275
    Les trucs mnémotechniques 277
    Les graphies du son « té » à la fin des noms 278
    Les mots se terminant en -ance, -ence, -anse 279
    La formation des adverbes 281
    Le « s » final 283
    Des mots qui prennent un accent circonflexe 285
    Des mots avec trait d'union et sans trait d'union 287
    Le redoublement ou non de certaines consonnes 289

LES CLÉS DE CORRECTION DES DIAGNOSTICS 297

ANNEXES

    1   Les déterminants 323
    2   Les pronoms 326
    3   Les adverbes 329
    4   Les prépositions 330
    5   Tableaux de conjugaison 332

BIBLIOGRAPHIE

1

COMMENT S'ASSURER QU'UNE PHRASE EST CORRECTE ?

1

COMMENT S'ASSURER QU'UNE PHRASE EST CORRECTE ?

RAPPEL

Pour s'assurer qu'une phrase est correcte, nous devons vérifier si elle se conforme aux trois critères suivants.

1. À l'écrit, une phrase commence par une majuscule et se termine par un point (tandis qu'à l'oral l'intonation fait sentir la fin de la phrase).

2. La phrase a toujours un sens : elle présente une idée, une opinion complète.

3. La phrase obéit à des principes organisationnels.
   Elle est formée de groupes de mots, interdépendants et essentiels : un groupe sujet et un groupe verbal.
   À ces deux groupes viennent s'ajouter parfois un ou plusieurs compléments circonstanciels de la phrase.

Pour reconnaître un groupe sujet, il suffit :

— de trouver le groupe verbal (pour ce faire, on cherche le mot qui se conjugue : ce mot est la base du groupe verbal) ;

— de poser, avant ce groupe, la question QUI EST-CE QUI ? ou QU'EST-CE QUI ?

DIAGNOSTIC

1 Les phrases suivantes sont-elles correctes ou incorrectes ?
Dans le tableau qui suit, classez chacune de ces phrases dans la bonne rangée.
Pour ce faire, transcrivez la lettre qui précède la phrase.

a Lorsque l'hiver est arrivé.

b Les consommateurs attendent la nouvelle réglementation depuis un mois

c Comme le soleil se fait plus doux, nombreux sont ceux qui rêvent à des plages ensoleillées.

d Parce que les droits de scolarité sont déjà très élevés.

e Te sera certainement d'un grand secours.

f Dans le lointain, une grosse lune se berce sur le fond sombre de la nuit.

g Bravo ! les acheteurs ont pu profiter des soldes

h Dès qu'on le pourra, toute la famille, père, mère et enfants, se réunira pour souligner l'anniversaire de l'oncle Paul.

Phrases correctes : _____

Phrases incorrectes : _____

2 **Relisez toutes les phrases que vous considérez comme incorrectes.
(Il y en a cinq.)
Expliquez dans le tableau ci-après pourquoi vous les jugez incorrectes.
Pour ce faire, transcrivez le numéro désignant la bonne raison parmi les trois suivantes.**

1   À l'écrit, une phrase commence par une majuscule et se termine par un point.
2   La phrase a toujours un sens : elle présente une idée, une opinion complète.
3   La phrase obéit à des principes organisationnels.

Phrase ___ : _____ .

Phrase ___ : _____ .

Phrase ___ : _____ .

Phrase ___ : _____ .

Phrase ___ : _____ .

Réponses du DIAGNOSTIC à la page 299.

APPROFONDISSEMENT

À QUELLES CONDITIONS UNE PHRASE EST-ELLE CORRECTE ?

1   Une phrase est correcte si elle satisfait aux conditions suivantes.

   1   À l'écrit, une phrase commence par une majuscule et se termine par un point (tandis qu'à l'oral l'intonation fait sentir la fin de la phrase).

   2   La phrase a toujours un sens : elle présente une idée, une opinion complète.

   3   La phrase obéit à des principes organisationnels.

2   Une phrase est formée de groupes de mots, interdépendants et essentiels : un groupe sujet et un groupe verbal.

La suppression de l'un d'eux rend la phrase incomplète et souvent, dans ce cas, incompréhensible.

Ex. : | *Le jeune voisin* | | *promène son chien.* |
              G.S.   +   G.V.

COMMENT S'ASSURER QU'UNE PHRASE EST CORRECTE ?

Il est impossible, ici, d'affirmer que *Le jeune voisin* est une phrase. De même, on ne peut pas dire de *promène son chien* qu'il s'agit d'une phrase.
La phrase naît de la juxtaposition du groupe sujet et du groupe verbal.
Qui est-ce qui « promène son chien » ? *Le jeune voisin.*
Quelle action « Le jeune voisin » fait-il ? Le jeune voisin *promène son chien.*

3 **Parfois, un groupe complément circonstanciel vient se greffer à ces deux groupes essentiels pour préciser dans quelle circonstance se déroule ce dont il est question.**

Ex. : ***Chaque jour***, *le jeune voisin promène son chien.*

Ici, le complément circonstanciel de la phrase est un complément circonstanciel de temps.

Bref, parler de la phrase, c'est donc, en premier lieu, parler de sa cohésion interne et de ses principaux constituants. Certains constituants sont obligatoires : groupe sujet et groupe verbal, alors que d'autres sont facultatifs : groupes compléments circonstanciels.

QUAND LA PHRASE RÉDIGÉE EST-ELLE UNE PHRASE INCORRECTE ?

1 **Souvent, une phrase est incorrecte parce qu'elle est incomplète.**

Une phrase est incomplète quand, pour être parfaitement intelligible, la suite de mots donnée comme phrase exige un autre constituant. On dit familièrement que cette « phrase » est restée en l'air !

*Quand tu en auras le temps est une phrase incomplète. Dire qu'il s'agit d'une phrase est grammaticalement faux.
De même, **Qui lui indiquera son erreur* est une phrase incomplète.
Ces fragments, qui sont ici des subordonnées, doivent être accompagnés d'une principale pour devenir intelligibles, pour avoir un sens complet.

Quand tu en auras le temps, ***notre père te racontera ses vieux souvenirs****.*
Celui *qui lui indiquera son erreur* ***lui rendra service****.*
Voilà les phrases complétées.

- L'analyse de la structure de la première phrase permet de dégager les groupes fonctionnels suivants :

Quand tu en auras le temps,	*notre père*	*te racontera ses vieux souvenirs.*
C.C. de temps	+ G.S. +	G.V.

- L'analyse de la structure de la deuxième phrase permet de dégager les groupes fonctionnels suivants :

Celui qui lui indiquera son erreur	*lui rendra service.*
G.S.	+ G.V.

2 Rappelons qu'une subordonnée est un groupe de mots qui commence par un mot subordonnant et dans lequel on trouve un verbe conjugué.

Quand tu en auras le temps est une subordonnée.
auras est le verbe *avoir* au futur simple.
Quand est un mot subordonnant. Donnons-lui son nom grammatical: *quand* est une conjonction de subordination.

qui lui indiquera son erreur est une subordonnée.
indiquera est le verbe *indiquer* au futur simple.
qui est un mot subordonnant. Donnons-lui son nom grammatical: *qui* est un pronom relatif.

Tous les mots subordonnants appartiennent à l'une ou à l'autre de ces catégories: conjonction ou locution conjonctive et pronom relatif.

Quand, lorsque, parce que, quoique, afin que, etc., sont des conjonctions et des locutions conjonctives.

Qui, que, quoi, dont, où, lequel, etc., sont des pronoms relatifs.

Bref, quand on rédige une subordonnée, il faut nécessairement une principale sinon la phrase est incomplète et donc incorrecte.

PRATIQUE

1 Parmi les suites de mots ci-dessous, soulignez celles qui ne forment pas des phrases correctes.

a Quoiqu'il ne soit pas habituel d'entretenir des controverses avec la presse.

b Dans l'affaire tragique du sang contaminé, s'indigner ne peut suffire: il faut maintenant agir.

c Lesquelles comptent parmi celles que nous avons inventoriées.

d Masses énormes, couleurs criardes, ces affiches obstruent la vue et suscitent l'indignation.

e À Montréal, des voix se sont élevées pour protester. Qu'on a immédiatement fait taire.

f Que vous ne l'aimiez pas, ou pire, que vous le méprisiez, peu m'importe!

g Bien que le spectacle n'ait pas reçu les critiques auxquelles on s'attendait.

h Parce qu'il pense qu'elle a la mémoire courte, Jean a décidé de lui faire une cassette de sa voix.

i   Un seul chiffre, terrible: en France, près d'un toxicomane sur deux est séropositif!

j   Pour les inconditionnels de Goscinny, il est impossible d'ignorer ce vingt et unième album des aventures de l'ignoble Iznogoud.

2 Complétez deux des phrases incorrectes de l'exercice no 1, de façon à en faire des phrases correctes.

Première phrase : _____

_____

_____

Deuxième phrase : _____

_____

_____

L'AUTOCORRECTEUR   *Réponses des exercices de PRATIQUE à la page 7.*

RAPPEL

La phrase obéit à des principes organisationnels.
Elle est formée de groupes de mots, interdépendants et essentiels: un groupe sujet et un groupe verbal.

Pour reconnaître un groupe sujet, il suffit:
  — de trouver le groupe verbal (pour ce faire, on cherche le mot qui se conjugue: ce mot est la base du groupe verbal);
  — de poser, avant ce groupe, la question QUI EST-CE QUI? ou QU'EST-CE QUI?

Parfois, un groupe complément circonstanciel vient se greffer au groupe sujet et au groupe verbal pour préciser dans quelle circonstance se déroule ce dont il est question.

Le groupe complément circonstanciel précisera quand, où, comment, dans quel but, pourquoi... a lieu tout ce qui suit ou tout ce qui précède.

DIAGNOSTIC

1 Dans chacune des phrases suivantes, isolez le groupe de mots qui constitue le sujet (G.S.), le groupe de mots qui constitue le groupe du verbe (G.V.) et le ou les groupes de mots qui constituent le ou les compléments circonstanciels (C.C.).

   a Comme le soleil se fait plus doux, nombreux sont ceux qui rêvent à des plages ensoleillées.

     C.C. : _____

     G.S. : _____

     G.V. : _____

   b Dans le lointain, une grosse lune se berce sur le fond sombre de la nuit.

     C.C. : _____

     G.S. : _____

     G.V. : _____

   c Dès qu'on le pourra, toute la famille, père, mère et enfants, se réunira pour souligner l'anniversaire de l'oncle Paul.

     C.C. : _____

     G.S. : _____

     G.V. : _____

     C.C. : _____

Réponses du DIAGNOSTIC aux pages 299 et 300.

APPROFONDISSEMENT

DANS UNE PHRASE DONNÉE, QUELS MOTS APPARTIENNENT AU GROUPE SUJET, LESQUELS AU GROUPE VERBAL ET LESQUELS AU GROUPE COMPLÉMENT CIRCONSTANCIEL?

1 **Pour savoir quels rôles jouent, dans une phrase, les différents groupes de mots, il faut commencer par dégager le groupe verbal.**

Pour ce faire, on cherche le mot qui se conjugue. Ce mot est le mot de base du groupe verbal.
Dans la phrase *Tous les matins, le jeune voisin promène son chien.* le mot qui se conjugue est *promène* puisqu'on peut le conjuguer.

*Tous les matins, le jeune voisin **promenait** son chien.*
*Tous les matins, le jeune voisin **promènera** son chien.*
promène son chien est donc le groupe verbal (G.V.).

Ensuite, on pose, avant ce groupe, la question QUI EST-CE QUI ? ou QU'EST-CE QUI ? pour trouver le groupe sujet.
Qui est-ce qui *promène son chien*? *le jeune voisin*.

Cela fait, on peut vérifier la réponse à cette question en essayant de remplacer le groupe sujet par un mot, un pronom par exemple.

Ex.: ***Il** promène son chien*
***Celui-ci** promène son chien.*

Le sujet peut donc être formé d'un seul mot ou de plusieurs. Quel que soit le nombre des mots, le groupe de mots ne peut jouer qu'un seul rôle, soit celui de sujet. Voilà pourquoi on peut affirmer qu'une fonction — ici, celle de sujet — est tenue par un groupe de mots qui, **ensemble**, peuvent être remplacés par un seul.

Les mots appartenant au groupe verbal *promène son chien* peuvent également être remplacés par un seul, par exemple: *joue* du verbe *jouer*.

Ex.: *Le jeune voisin*   *joue.*
G.S.   +   G.V.

2 **Dans une phrase donnée, quelles structures le groupe verbal peut-il présenter?**

1   Le groupe verbal peut ne renfermer que le verbe.

Ex.: *Le jeune voisin*   *pleure.*
G.S.   +   G.V.

Donnons à ce verbe son nom grammatical: il s'agit d'un verbe intransitif.

2   Un verbe intransitif peut être accompagné d'un complément circonstanciel: *Le jeune voisin pleure à gros sanglots.*

Le groupe verbal peut donc renfermer un verbe et un complément circonstanciel de verbe.

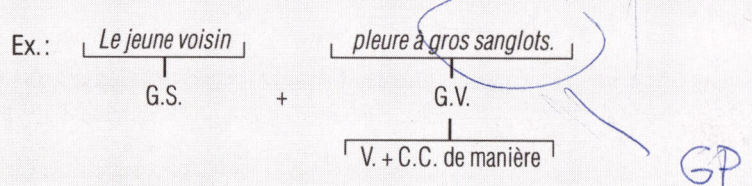

Ex.: | *Le jeune voisin* | | *pleure à gros sanglots.* |
         G.S.   +   G.V.
                                   V. + C.C. de manière

Le jeune voisin pleure **comment**? *à gros sanglots.*

3   Le groupe verbal peut renfermer un verbe et un complément d'objet.

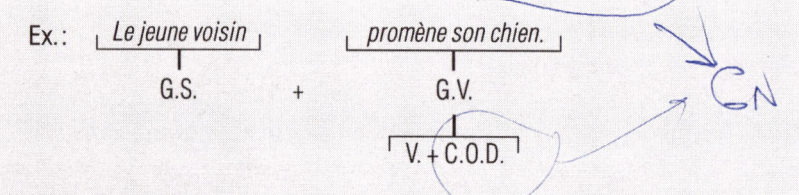

Ex.: | *Le jeune voisin* | | *promène son chien.* |
         G.S.   +   G.V.
                                   V. + C.O.D.

Donnons à ce verbe son nom grammatical: il s'agit d'un verbe transitif, ici transitif direct, car le complément est un complément d'objet direct.
Le jeune voisin promène **quoi**? *son chien.*

Voyons un autre exemple.

Ex.: | *Le jeune voisin* | | *parle à son ami.* |
         G.S.   +   G.V.
                                   V. + C.O.I.

Ici, le verbe est transitif indirect, le complément étant un complément d'objet indirect.
Le jeune voisin parle **à qui**? *à son ami.*

4   Le groupe verbal peut renfermer un verbe d'état (*être, paraître, sembler, devenir, rester*) reliant un attribut au sujet.

Ex.: | *Le jeune voisin* | | *est gentil.* |
         G.S.   +   G.V.
                                   V. + attribut du sujet

5   Le groupe verbal peut renfermer un verbe d'état et un complément circonstanciel de verbe.

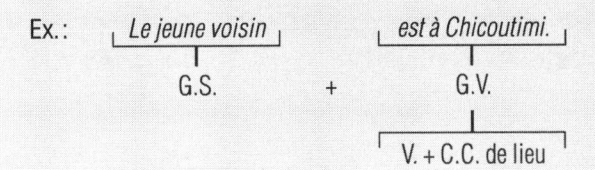

Ex. : |_Le jeune voisin_| |_est à Chicoutimi._|
        G.S.   +   G.V.
                                 |_V. + C.C. de lieu_|

Le jeune voisin est **où** ? *à Chicoutimi.*

Reprenons notre première phrase exemple donnée plus haut au no 1 :

Tous les matins, le jeune voisin promène son chien.

Nous y avons dégagé le groupe sujet et le groupe verbal.
Nous avons reconnu la structure du groupe verbal : V. + C.O.D.

Il reste cependant dans notre phrase un groupe de mots qui indique **quand** le jeune voisin promène son chien. C'est ici le complément circonstanciel de **temps** de la phrase.

Ex. : |_Tous les matins,_| |_le jeune voisin_| |_promène son chien._|
        C.C. de temps   +   G.S.   +   G.V.

Le groupe de mots *tous les matins*, complément circonstanciel de temps, pourrait être remplacé par *aujourd'hui*.

Ex. : |_Aujourd'hui,_| |_le jeune voisin_| |_promène son chien._|
        C.C. de temps +   G.S.   +   G.V.

Cette même fonction de complément circonstanciel de temps pourrait être remplie par un groupe de mots beaucoup plus étendu.

Ex. : |_Dès qu'il en a le temps,_| |_le jeune voisin_| |_promène son chien._|
        C.C. de temps   +   G.S.   +   G.V.

Les compléments circonstanciels apportent des renseignements très variés.

Certains grammairiens dénombrent plus de vingt catégories de compléments circonstanciels.
Nous nous contenterons ici de citer les plus courantes.

1   Comme nous l'avons vu, la question **quand ?**, précisant les circonstances de **temps**, désigne un complément circonstanciel de temps.

COMMENT S'ASSURER QU'UNE PHRASE EST CORRECTE ?

2 La question **où?**, précisant les circonstances de **lieu**, désigne un complément circonstanciel de lieu.

Ex.:
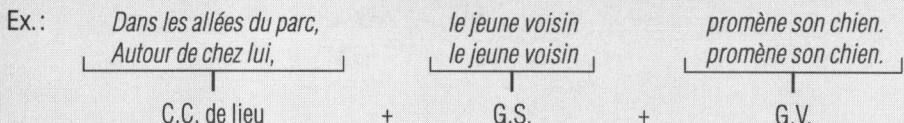

3 La question **comment?**, précisant les circonstances de **manière**, désigne un compl. circ. de manière.

Ex.:
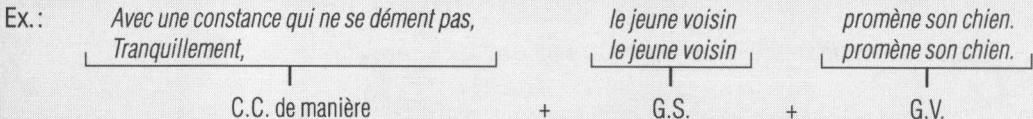

4 La question **pourquoi?**, précisant les circonstances de **cause**, désigne un compl. circ. de cause.

Ex.:
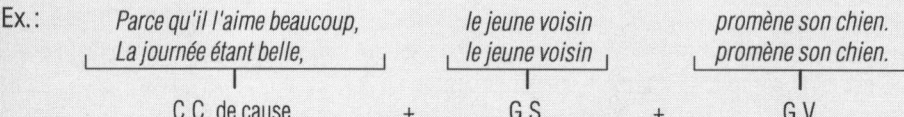

5 La question **dans quel but?**, précisant les circonstances de **but**, désigne un compl. circ. de but.

Ex.:
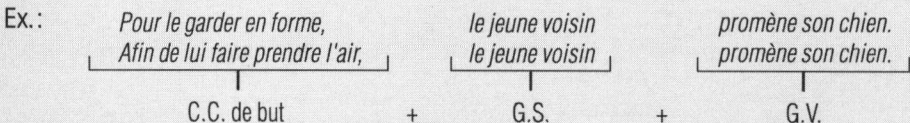

6 La question **malgré quoi?**, précisant les circonstances d'**opposition** ou de **concession**, désigne un compl. circ. d'opposition ou de concession.

Ex.:
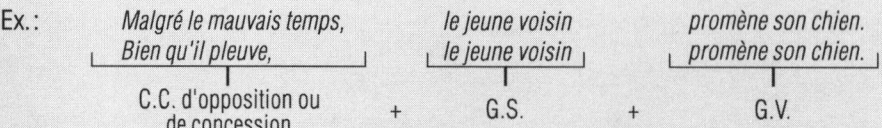

7 La question **à quelle condition?**, désigne un compl. circ. de condition.

Ex.:
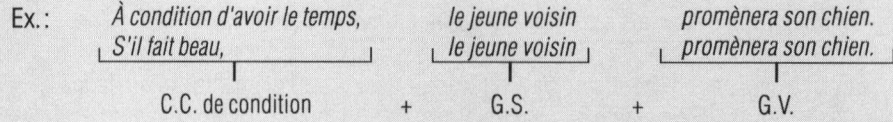

Bref, peu importe l'importance en nombre de mots du fragment qui remplit la fonction sujet ou celle de complément circonstanciel.

Groupe sujet et groupe verbal, ce sont là, répétons-le, les deux groupes fonctionnels obligatoires, alors que le groupe complément circonstanciel de la phrase, lui, est facultatif.

DANS UNE PHRASE DONNÉE, COMMENT DISTINGUER UN GROUPE COMPLÉMENT CIRCONSTANCIEL DE PHRASE D'UN COMPLÉMENT CIRCONSTANCIEL DE VERBE?

Aux deux groupes fonctionnels obligatoires, groupe sujet et groupe verbal, viennent s'adjoindre des groupes fonctionnels dits «facultatifs», parce que la phrase peut continuer à être, à vivre sans eux.
Ce sont généralement des **compléments circonstanciels** de la **phrase** qui apportent des précisions quant aux circonstances de temps, de lieu, de manière, etc.

Ex.: | *Tous les jours,* | *dans le parc,* | *le jeune voisin* | *promène son chien.* |
 | C.C.T. + C.C.L. + G.S. + G.V. |
 | V. + C.O.D. |

Ces compléments ont comme première caractéristique d'être mobiles, c'est-à-dire facilement déplaçables, alors que le complément circonstanciel de verbe, lui, ne l'est pas.

Ex.: | *Dans le parc,* | *le jeune voisin* | *promène son chien* | *tous les jours.* |
 | C.C.L. + G.S. + G.V. + C.C.T. |
 | V. + C.O.D. |

Bref, les observations précédentes nous permettent donc de dégager les deux règles générales que voici:

P = G.S. + G.V.

P = G.S. + G.V. + (parfois) C.C.

PRATIQUE

1 Trouvez, dans les phrases suivantes, les mots qui forment le groupe sujet et ceux qui forment le groupe verbal.

a Cynthia, que nous aimons bien, nous a parlé d'un nouvel ami fort sympathique.

G.S.: _____

G.V.: _____

COMMENT S'ASSURER QU'UNE PHRASE EST CORRECTE?

b La population des sans-abri est refoulée dans sa misère par l'indifférence des bien-nantis.

G.S. : _____

G.V. : _____

c Quel malin génie, lequel ne peut porter seul toute la responsabilité, vous a soufflé une idée pareille ?

G.S. : _____

G.V. : _____

d Notre directeur, élu récemment au conseil d'administration, a fourni à tous les employés les détails du nouveau plan de redressement.

G.S. : _____

G.V. : _____

e Sensible aux arguments qu'on lui avait donnés, notre père, qui fut toujours un grand admirateur des impressionnistes, abandonna son idée de se procurer les reproductions de Monet que le marchand d'une galerie d'art voisine lui avait proposées.

G.S. : _____

G.V. : _____

2 **Nous reprenons ci-dessous les phrases c) et d) de l'exercice no 1.**
Indiquez pour chacune de ces phrases la structure du groupe verbal (V. + ...).

c Quel malin génie, lequel ne peut porter seul toute la responsabilité, vous a soufflé une idée pareille ?

G.V. : _____

COMMENT S'ASSURER QU'UNE PHRASE EST CORRECTE ?

d Notre directeur, élu récemment au conseil d'administration, a fourni à tous les employés les détails du nouveau plan de redressement.

G.V. : _____

_____

3 Selon les consignes données, imaginez un groupe complément circonstanciel pour les phrases a) et d) de l'exercice no 1.

a Cynthia, que nous aimons bien, nous a parlé d'un nouvel ami fort sympathique.
(Le groupe complément circonstanciel doit fournir des précisions sur les circonstances de manière.)

_____

_____

_____

d Notre directeur, élu récemment au conseil d'administration, a fourni à tous les employés les détails du nouveau plan de redressement.
(Le groupe complément circonstanciel doit fournir des précisions sur les circonstances de temps.)

_____

_____

_____

4 Dans chacune des phrases suivantes, soulignez le groupe verbal.
Transcrivez, sur les lignes apparaissant à la suite des phrases, le mot ou le groupe de mots qui constitue le sujet (G.S.), le groupe de mots qui constitue le groupe du verbe (G.V.) et le ou les groupes de mots qui constituent le ou les compléments circonstanciels (C.C.).

a Si vous le voulez, nous ferons, dimanche prochain, cette excursion toujours reportée de semaine en semaine.

C.C. : _____
C.C. : _____
G.S. : _____
G.V. : _____

_____

b Lors du banquet d'adieu, bien que l'émotion l'étranglât, le président du conseil d'administration nous adressa ses remerciements d'une voix assurée.

C.C. : _____
C.C. : _____

COMMENT S'ASSURER QU'UNE PHRASE EST CORRECTE ?

G.S.: _____
G.V.: _____
_____

c Toujours attentive, jamais mesquine, mon amie Hélène, dont je n'avais jamais mesuré toute la générosité, nous quitta le mois dernier pour offrir son aide aux démunis d'Afrique.

G.S.: _____
_____

G.V.: _____
_____

d Puisque vous connaissez maintenant la raison de mon retard, me pardonnerez-vous de vous avoir fait attendre si longtemps?

C.C.: _____
_____

G.S.: _____
_____

G.V.: _____
_____

e Hier soir, malgré tous les efforts déployés par nos hôtes, la soirée fut d'un ennui mortel.

C.C.: _____
C.C.: _____
G.S.: _____
G.V.: _____
_____

5 **Recopiez sur les lignes suivantes les groupes verbaux de chacune des phrases de l'exercice no 4. Indiquez la structure de chacun d'eux.**

Phrase a)
Le groupe verbal est: _____
_____

Sa structure est: (V.) _____ + (_____) _____
_____.

COMMENT S'ASSURER QU'UNE PHRASE EST CORRECTE?

Phrase b)
Le groupe verbal est : _____
_____

Sa structure est : (V.) _____ + (_____) _____
              + (_____) _____ + (_____) _____

Phrase c)
Le groupe verbal est : _____
_____

Sa structure est : (V.) _____ + (_____) _____ + (_____) _____
              + (_____) _____.

Phrase d)
Le groupe verbal est : _____
_____

Sa structure est : (V.) _____ + (_____) _____ + (_____) _____
_____.

Phrase e)
Le groupe verbal est : _____
_____

Sa structure est : (V.) _____ + (_____) _____
_____.

6 **Nous reprenons ci-dessous quatre phrases de l'exercice no 4.**
Précisez à quelle catégorie appartiennent tous les compléments circonstanciels de phrase présents dans chacune d'entre elles.

a Si vous le voulez, nous ferons, dimanche prochain, cette excursion toujours reportée de semaine en semaine.

   C.C. de _____ : _____
   C.C. de _____ : _____

b Lors du banquet d'adieu, bien que l'émotion l'étranglât, le président du conseil d'administration nous adressa ses remerciements d'une voix assurée.

   C.C. de _____ : _____
   C.C. de _____ : _____

d Puisque vous connaissez maintenant la raison de mon retard, me pardonnerez-vous de vous avoir fait attendre si longtemps ?

   C.C. de _____ : _____

e Hier soir, malgré tous les efforts déployés par nos hôtes, la soirée fut d'un ennui mortel.

C.C. de _____ : _____

C.C. de _____ : _____

L'AUTOCORRECTEUR   *Réponses des exercices de PRATIQUE aux pages 8 à 11.*

RAPPEL

On distingue **quatre types de phrases**: le type déclaratif, le type exclamatif, le type impératif et le type interrogatif.

La phrase de type **déclaratif** est une phrase qui sert essentiellement à communiquer une information à autrui.
Elle se termine par un point (.).

La phrase de type **exclamatif** permet d'exprimer des sentiments avec une force particulière: sentiments de joie, de tristesse, d'admiration, d'indignation, de crainte, de regret, etc.
Elle se termine par un point d'exclamation (!).

La phrase de type **impératif** se signale le plus souvent par un verbe au mode impératif employé pour signifier un ordre, un commandement, une prière, un souhait, un conseil, une invitation.
Elle se termine habituellement par un point (.).
Si l'ordre ou l'exhortation se veut plus ferme ou cache un sentiment quelconque, on utilisera le point d'exclamation (!).

La phrase de type **interrogatif**, comme son nom l'indique, permet d'interroger.
Elle se termine par un point d'interrogation (?).

Toutes les phrases, quel que soit leur type, peuvent être à la **forme affirmative** ou **négative**.

DIAGNOSTIC

1 Voici des phrases de type déclaratif à la forme affirmative.
Transformez-les selon la consigne donnée.

a La violence faite aux enfants est beaucoup plus insidieuse qu'auparavant.
(Mettre la phrase au type exclamatif.)

_____

_____

b Depuis sa réélection en 1989, le gouvernement libéral a levé un à un une série de tabous.
(Mettre la phrase au type interrogatif.)

c Il faut qu'on ouvre les commerces le dimanche.
(Mettre la phrase au type impératif.)

d Je suis si heureuse qu'il ait voulu m'accompagner à Cancun.
(Mettre la phrase au type exclamatif.)

2 Voici cinq affirmations.
Formulez une question qui aura pour réponse l'affirmation donnée.
(La question doit porter sur ce qui est souligné.)

a En présence de nombreux invités, <u>Marie-Carmen</u> a reçu vendredi soir dernier le Félix de la découverte de l'année.
En présence de nombreux invités, _____

b En présence de nombreux invités, Marie-Carmen a reçu vendredi soir dernier <u>le Félix de la découverte de l'année</u>.
En présence de nombreux invités, _____

c Le groupe des Lundis Littéraires invite ses membres à une soirée de lecture, le 7 décembre à 20 h, <u>à la Licorne, au 4559 de la rue Papineau</u>.

d L'orchestre philharmonique fêtera, lundi prochain, son 150e anniversaire <u>par un concert dirigé par trois chefs prestigieux</u>.

COMMENT S'ASSURER QU'UNE PHRASE EST CORRECTE ?

e L'orchestre philharmonique fêtera, lundi prochain, son 150ᵉ anniversaire par un concert dirigé par trois chefs prestigieux.

 Réponses du DIAGNOSTIC à la page 300.

APPROFONDISSEMENT

QU'APPELLE-T-ON TYPES DE PHRASES ?

Chaque phrase que l'on énonce appartient à l'un des quatre types principaux. Ce sont les types **déclaratif**, **exclamatif**, **impératif** et **interrogatif**. On les emploie tour à tour aux **formes affirmative** et **négative**.

1   Quel est le rôle commun du type déclaratif et du type exclamatif ?

Le **type déclaratif** et le **type exclamatif** apportent l'un et l'autre des **informations**.

> Ex. : *Aujourd'hui, le soleil est radieux.*
> *Il ne pleut plus.*
> *L'air est si doux !*
> *Ah ! comme il fait bon vivre !*

Alors que nous nous servons du type déclaratif **pour communiquer simplement une information à autrui**, nous employons le type exclamatif **pour exprimer des sentiments avec une force particulière** : sentiments de joie, de tristesse, d'admiration, d'indignation, de crainte, de regret, etc.
Remarquez, dans le deuxième exemple, la forme négative obtenue par les deux adverbes *ne* et *plus*, composant une locution adverbiale de négation.

La phrase de type déclaratif se termine par un point (.).
La phrase de type exclamatif se termine par un point d'exclamation (!).

2   Pour marquer l'exclamation, quels sont les moyens qu'offre la langue ?

  1   Faire suivre d'un point d'exclamation une phrase de type déclaratif où se révèlent des sentiments vifs.

> Ex. : *Il n'est pas possible que cette pièce ait du succès.*
> *Il n'est pas possible que cette pièce ait du succès !*

Le point qui termine la première phrase en fait une phrase de type déclaratif parce qu'il s'agit ici d'une simple affirmation. Mais si l'on veut signifier l'étonnement ou l'incrédulité, il faut un point d'exclamation. La seconde phrase appartient au type exclamatif.
À l'écrit, le point d'exclamation signale le type exclamatif.
À l'oral, c'est l'intonation qui le fait.

COMMENT S'ASSURER QU'UNE PHRASE EST CORRECTE ?

2   Employer un mot exclamatif: un adverbe (*comme*, *combien*, *que*), un déterminant (*quel*, *quelle*, *quels* ou *quelles*), la locution adverbiale (*ce que*).

>   Ex.: ***Comme*** *vous êtes élégant!*
>   ***Que*** *vous êtes beau!*
>   ***Quelle*** *jolie chemise vous avez!*
>   ***Ce que*** *cette jeune personne a de la chance!*

La grammaire d'aujourd'hui considère les interjections comme des phrases exclamatives en raccourci. ***Ah!***, ***Oh!***, ***Voyons donc!***, ***Ouf!***, ***Bravo!***, ***Aïe!***, sont parmi les plus courantes.

L'interjection est normalement suivie d'un point d'exclamation.
En général, on ne met pas de majuscule au mot qui suit.

>   Ex.: ***Oh!*** *pourvu qu'elle arrive à temps!*

3   Quand sommes-nous en présence d'une phrase de type impératif?

Le **type impératif** se signale le plus souvent par un verbe au mode impératif employé pour signifier un **ordre**, un **commandement**, une **prière**, un **souhait**, un **conseil**, une **invitation**.

>   Ex.: ***Ferme*** *la fenêtre.*
>   ***Marchons*** *plus vite.*
>   ***Les enfants, courez*** *maintenant!*
>   *Ne **courez** pas trop vite.*

La phrase de type impératif ne comporte pas de sujet, mais celui-ci peut être en **apostrophe**, comme dans le troisième exemple ci-dessus. Les verbes à l'impératif sont employés à la 2e personne du singulier et aux 1re et 2e personnes du pluriel.
Remarquez, dans le dernier exemple, la forme négative obtenue par les deux adverbes *ne* et *pas*, composant une locution adverbiale de négation.

La phrase de type impératif se termine habituellement par un point (.).
Si l'ordre ou l'exhortation se veut plus ferme ou cache un sentiment quelconque, on utilisera le point d'exclamation (!).

>   Ex.: *Tais-toi.*
>   *Tais-toi!*

Dans le deuxième exemple, on sent poindre l'exaspération... Le ton s'est fait plus tranchant.

4   À quoi sert le type interrogatif?

Le **type interrogatif**, tout comme son nom l'indique, **permet d'interroger**. L'interrogation peut être directe ou indirecte. Cependant, seule l'interrogation directe est de type interrogatif.

>   Ex.: *Iras-tu au cinéma en fin de semaine?*

Ici, la phrase ne comporte que la question. C'est l'interrogation directe : le point final sera un point d'interrogation (?). Cette phrase est de type **interrogatif**.

Examinons maintenant le cas de l'interrogation indirecte :

> Ex. : *Je me demande si tu iras au cinéma en fin de semaine.*

Ici, la phrase est complexe. On y reconnaît une principale : *Je me demande*, et une subordonnée : *si tu iras au cinéma en fin de semaine.* Bien que le point d'interrogation ait disparu, la question demeure : on la trouve dans la subordonnée.

Voyons-en un autre exemple.

> Ex. : *Je me demande : « Iras-tu au cinéma en fin de semaine ? »*

C'est encore une interrogation indirecte, même si la phrase se termine par un point d'interrogation et des guillemets fermants.
Cette phrase est de type déclaratif, puisque l'auteur ne pose pas une question ; il déclare simplement qu'il se pose la question énoncée entre guillemets.

5 **Pour interroger directement, quels sont les moyens qu'offre la langue ?**

1 Faire suivre d'un point d'interrogation une phrase de type déclaratif.

> Ex. : *Vous avez pensé à le prévenir.*
> *Vous avez pensé à le prévenir ?*

Le point qui termine la première phrase en fait une phrase de type déclaratif, parce qu'il s'agit encore ici d'une simple information ou constatation. Mais si l'on veut au contraire poser une question, il faut un point d'interrogation. La seconde phrase appartient au type interrogatif.
À la forme négative interrogative, on obtiendra : *Vous n'avez pas pensé à le prévenir ?*
À l'écrit, le point d'interrogation signale le type interrogatif.
À l'oral, c'est l'intonation qui le fait.

2 Inverser le sujet. Le sujet sera lié au verbe par un trait d'union.
Et toujours, pour terminer la phrase, un point d'interrogation.

> Ex. : *Pensez-vous le rencontrer ?*
> *A-t-on pensé le rencontrer ?*
> *Pensera-t-il le rencontrer ?*

Il existe une autre forme de l'inversion du sujet.

> Ex. : *Nos amies viendront-elles avec nous ?*

Le groupe sujet est resté en tête et un pronom de rappel (même genre et même nombre que le sujet) a été placé après le verbe.

À la forme négative, on obtiendra:

Ne pensez-vous pas le rencontrer?
N'a-t-on pas pensé le rencontrer?
Ne pensera-t-il pas le rencontrer?
Nos amies ne viendront-elles pas avec nous?

3. Faire précéder la phrase de type déclaratif de la locution **Est-ce que**, qui prend alors la valeur d'un adverbe interrogatif.

Ex.: **Est-ce que** *vous pensez le rencontrer?*

À la forme négative, on obtiendra:

Est-ce que *vous ne pensez pas le rencontrer?*

4. Utiliser un mot interrogatif: pronom ou adverbe.

— Un pronom: **qui?**, **que?**, **quoi?**, **quel?**, **quelle?**, **quels?**, **quelles?**, **lequel?**, **laquelle?**, **lesquels?**, **lesquelles?**.

Ex.: Sylvie *organise une soirée.* **Qui** *organise une soirée?*
À cette soirée, elle invitera plusieurs amis. **Qui** *invitera-t-elle?*
Ou: **Quels amis** *invitera-t-elle?*
Face à la pollution, Lise pense que le temps presse. **Que** *pense Lise au sujet de la pollution?*
Sonia songe à Louis. **À qui** *songe Sonia?*
Sonia songe à ses prochaines vacances. **À quoi** *songe Sonia?*
Plusieurs titres *sont disponibles.* **Lequel** *retiendras-tu?*
Voici une jupe blanche et une autre bleue. **Laquelle** *préfères-tu?*
Des chandails roses et des chemisiers blancs *sont à vendre.* **Lesquels** *achèteras-tu?*

— Un adverbe: **où?**, **quand?**, **combien?**, **comment?**, **pourquoi?**.

Ex.: *Pierre ira* au cinéma *(lieu).* **Où** *Pierre ira-t-il?*
Pierre reviendra en fin de soirée *(temps).* **Quand** *Pierre reviendra-t-il?*
Mon costume a coûté cent dollars *(somme quantifiable).* **Combien** *as-tu payé ton costume?*
Je pense me sortir de ce pétrin en empruntant de l'argent à ma mère *(manière).* **Comment** *penses-tu te sortir de ce pétrin?*
J'ai peur de *(cause) dire la vérité.* **Pourquoi** *ne pas dire la vérité?*
Parce qu'il s'est trouvé mêlé à une affaire frauduleuse *(cause), vous lui avez retiré votre confiance.* **Pourquoi** *lui avez-vous retiré votre confiance?*

6 **Toute phrase, quel que soit son type, peut être employée à la forme affirmative ou à la forme négative.**

On emploie, le plus souvent, la forme affirmative. Par là, on signifie que le fait énoncé dans la phrase est vrai. La forme affirmative s'oppose radicalement à la forme négative qui, elle, donne le fait comme faux.

La négation peut porter sur toute la phrase ou, parfois, sur un seul de ses éléments.

> Ex. : *Le ministre de l'Éducation du Québec apportera des modifications importantes à son plan d'orientation.*
> *Le ministre de l'Éducation du Québec **n'**apportera **pas** de modifications importantes à son plan d'orientation.*

Ici, la négation a inversé le sens de toute la phrase.

> Ex. : ***Personne n'****apportera de modifications importantes au plan d'orientation.*

Ici, la négation « *personne ne* » joue le rôle de sujet.

Pour inverser le sens de toute une phrase, on doit utiliser une locution adverbiale de négation. Celle-ci se compose, le plus souvent, de deux mots : *ne ... pas, ne ... point, ne ... plus, ne ... jamais, ne ... personne, ne ... rien,* etc.

> Ex. : *Je **ne** crois **pas** la chose possible.*
> *Je **n'**ai **jamais** cru la chose possible.*
> ***Ne plus*** *croire la chose possible n'aidera pas à sa réalisation.*

Le premier élément, *ne*, précède le verbe ; le deuxième élément, *pas, point, plus, jamais, personne, rien...*, se place après le verbe.
Aux temps composés, c'est l'auxiliaire qui est encadré par les éléments de la locution.
À l'infinitif, les deux éléments de la locution sont placés devant le verbe.

Dans la langue familière, on supprime volontiers le *ne*. À l'écrit, cependant, il doit toujours apparaître. Attention : on a tendance à l'oublier avec *aucun, aucune, rien, personne, nul, nulle*, de même qu'avec le pronom indéfini *on* suivi d'un verbe commençant par une voyelle.

> Ex. : **Nous sommes pas très contents.*
> ***Aucune*** *gardienne **n'**avait été prévenu.*
> ***Rien n'****avait été prévu.*
> *On **n'**est **jamais** sûr de rien avec lui. (Et non : *On est jamais sûr...)*

Bref, chaque phrase que l'on énonce appartient à l'un des quatre types principaux : déclaratif, exclamatif, impératif et interrogatif. On les emploie chacun aux formes affirmative et négative. Des moyens existent pour donner à chaque phrase les caractéristiques de son type. Ces moyens, il faut bien les connaître afin d'en maîtriser l'emploi en situation d'écriture.

PRATIQUE

1
Voici des phrases de type déclaratif à la forme affirmative.
Transformez-les selon la consigne donnée.

a Se rendre chercher ses provisions dans un centre de dépannage est une épreuve, une claque à la dignité. (Ariane Émond)
(Mettre la phrase au type exclamatif en employant un mot exclamatif.)

b Le Canada est un des pays industrialisés les plus riches du monde.
(Mettre la phrase au type interrogatif et à la forme négative.)

c Il faut oublier le vieil adage qui veut que comme on fait son lit on se couche.
(Mettre la phrase au type impératif.)

d De nombreux étudiants ont obtenu leur diplôme même si leur connaissance du français est déficiente.
(Mettre la phrase au type exclamatif en employant une interjection.)

e Au Québec, le statut de la langue française découle de l'idée même que le gouvernement se fait du Québec. (Lise Bissonnette)
(Mettre la phrase au type interrogatif et à la forme négative.)

2
Voici dix affirmations.
Formulez une question qui aura comme réponse l'affirmation donnée.
(La question doit porter sur ce qui est souligné. Une parenthèse indique la fonction remplie par la partie soulignée.)

a Alors que la crise économique continue de sévir, Centraide-Montréal, <u>en amassant plus de vingt-quatre millions de dollars</u> (C.C. de manière), réalise, cette année encore, un tour de force.

Alors que la crise économique continue de sévir, _____

b De nouvelles études démontrent que la libéralisation des heures d'ouverture, déjà acquise en Ontario et en Colombie-Britannique (sujet), serait une mesure favorable à l'économie québécoise.

Selon de nouvelles études, _____

_____

c En octobre dernier, un nombre important de Canadiens se sont rendus aux États-Unis afin d'y magasiner (C.C. de but).

En octobre dernier, _____

_____

d Les responsables d'organismes de charité ont de nouvelles préoccupations, particulièrement du côté du décrochage scolaire et de la faim (précisions quant à la nature de ces « préoccupations »).

_____

_____

e Dans certains milieux, on voudrait réduire de moitié l'enseignement de la philosophie au cégep sous prétexte que cet enseignement est une perte de temps (C.C. de cause).

Dans certains milieux, _____

_____

f Le chancelier Helmut Kohl espère obtenir du président russe un retrait accéléré des troupes russes d'Allemagne (C.O.D.) en échange d'un important moratoire sur la dette russe.

En échange d'un important moratoire sur la dette russe, _____

_____

g Le 19 août 1939 (C.C. de temps), Charlie Christian, « inventeur » de la guitare jazz électrique, enregistrait pour la première fois avec le sextuor de Benny Goodman.

_____

_____

h Pour son rôle dans le film de Maroun Bagdadi, *La fille de l'air*, Béatrice Dalle a touché un million de francs (C.C. de quantité).

_____

_____

i Les personnes désireuses de se procurer de l'information sur les groupes d'aide à l'enfance doivent composer le numéro de téléphone suivant : 597- 6339 (C.O.D.).

_____

_____

COMMENT S'ASSURER QU'UNE PHRASE EST CORRECTE ?

j   Les femmes, rappellent les représentantes de huit organisations syndicales québécoises, ne gagnent toujours que <u>les deux tiers</u> (précisions sur la proportion du salaire gagné) du salaire des hommes.

Selon les représentantes de huit organisations syndicales québécoises, _____

_____

L'AUTOCORRECTEUR   *Réponses des exercices de PRATIQUE aux pages 11 à 13.*

RAPPEL

Les signes de ponctuation, le **point**, le **point d'interrogation**, le **point d'exclamation**, les **points de suspension** et la **virgule** nous renseignent sur la structure de la phrase et sur son type.

DIAGNOSTIC

1 **Ponctuez le texte suivant de façon qu'on y trouve six phrases déclaratives, deux phrases exclamatives, une phrase impérative et trois phrases interrogatives.**

Règlement de compte

Une lueur grise baigne la ville ( ) Un long cri, soudain, déchire la nuit ( ) Un homme court, un autre a hurlé ( ) Sur la chaussée se plaint un homme blessé ( ) Que s'est-il passé ( ) Quelle rancœur justifiait pareille violence ( ) Vite, appelons une ambulance ( )

La peur serre les cœurs : une peur affreuse, irrépressible ( ) Quelqu'un a averti la police ( ) Quel temps elle met à arriver ( ) Faudra-t-il attendre encore longtemps ( )

Le blessé crie, implore alors que grandissent l'impuissance des badauds, leur révolte et leur exaspération ( )

Réponses du DIAGNOSTIC à la page 301.

APPROFONDISSEMENT

Les signes de ponctuation que sont le **point**, le **point d'interrogation** et le **point d'exclamation** nous renseignent sur le type de la phrase.
La **virgule** nous renseigne sur sa structure.

LE POINT

> Ex.: *Le soleil dispense sa douce chaleur sur le bois endormi.*

Le **point** sert à mettre un terme à une phrase simple ou complexe considérée comme parfaitement structurée.
Il s'agit le plus souvent d'une phrase de type déclaratif.

LE POINT D'INTERROGATION

> Ex.: *Pleuvra-t-il en fin de journée?*

Le **point d'interrogation** termine une phrase de type interrogatif.

LE POINT D'EXCLAMATION

> Ex.: *Quelle belle surprise ce fut de te voir là!*
> *Assieds-toi. Assieds-toi une minute!*

Le **point d'exclamation** termine une phrase de type exclamatif ou, si l'injonction est vive, une phrase de type impératif.

LES POINTS DE SUSPENSION

> Ex.: *Était-ce la joie... ou la timidité? Elle n'avait pu articuler un seul mot...*
> *J'aimerais que... Non, laisse faire.*
> *Il avait tout quitté: femme, enfant, maison, travail...*

Les **points de suspension** indiquent que la phrase est inachevée, en suspens ou qu'une énumération pourrait être continuée.

LA VIRGULE

La **virgule** indique que la structure de la phrase (groupe sujet + groupe verbal [verbe + complément]) est bousculée pour des raisons de style ou par l'insertion d'un élément nouveau.

> Ex.: **En fin de journée,** *Paul viendra voir les enfants.*
> *Paul viendra,* **en fin de journée,** *voir les enfants.*
> *Paul viendra voir les enfants* **en fin de journée.**

Le **complément circonstanciel** de phrase se place normalement à la fin de la phrase, comme dans le 3e exemple ci-dessus.
Lorsque pour des raisons de style, on place en tête de phrase le groupe complément circonstanciel, on l'isole du reste de la phrase par une virgule.
Lorsqu'on le place au milieu de la phrase, on l'encadre de virgules.

Ex.: *Alain, **le père de mon amie**, est présentement en Europe.*
*Il y rencontrera David, **un vieil ami**.*
*Thomas, **espiègle**, a caché le chien dans le placard.*
***Aussi inattendue que surprenante**, sa visite lui fit un grand plaisir.*

Nous sommes en présence ici d'éléments en **apposition**. Alors que les deux premiers éléments apportent une précision, les troisième et quatrième, eux, apportent une explication.
À l'intérieur d'une phrase, l'apposition est encadrée de virgules. Au début ou à la fin d'une phrase, elle est détachée du reste par une virgule.

Ce ne sont pas là les seuls rôles joués par la virgule, loin de là.
Elle peut servir également à séparer les termes d'une **énumération**.

Ex.: ***Pierre, Louis et René** sont mes meilleurs copains.*
*Nous **danserons, voyagerons et travaillerons** ensemble.*

Lorsque le dernier terme d'une énumération est séparé de l'avant-dernier par *et*, on ne met pas de virgule devant ce *et*.

La **virgule** sert aussi à marquer l'**ellipse** d'un élément de la phrase.

Ex.: *Louis ira en France et Annie, en Espagne.*
Louis partira au mois de juin ; Annie, au mois de septembre.

Nous le constatons: la virgule est le signe par excellence pour indiquer une modification de la structure de la phrase, une énumération ou la suppression d'un élément de la phrase.

D'autres cas d'utilisation de la virgule vous seront expliqués aux pages 89 et 90.

PRATIQUE

1 Il manque au texte suivant les 33 signes de ponctuation que voici:
17 (.) 8 (!) 4 (?) 4 (...)
Rétablissez-les.

Une épave... un naufrage mémorable...

Fallait-il envoyer un sous-marin jusqu'à l'épave du *Titanic* ( ) Pendant de longs mois, les journalistes du monde entier se sont demandé si on avait le droit d'effectuer de telles opérations ( )

Mais, qu'était donc le *Titanic* ( ) Au printemps de 1912, c'était le plus grand navire jamais construit ( ) Lancé par un chantier britannique, il effectuait, début avril, sa première traversée transatlantique de Southampton à New York ( ) Avec quelle fierté une foule immense avait vu la haute silhouette disparaître à l'horizon ( ) Une grande fierté certainement, mais aussi une grande appréhension ( ) N'était-ce pas sa toute première traversée ( )

Hélas ( ) dans la nuit du 14 au 15, le *Titanic* heurta un iceberg ( ) La coque du navire fut gravement endommagée ( ) Cependant, peu de passagers s'étaient aperçus du choc provoqué ( ) On faisait la fête ( ) Et, quelle fête c'était ( )

Le capitaine ordonna aux passagers de monter dans les canots de sauvetage ( ) « Pourquoi donne-t-il cet ordre ( ) », se disait-on ( ) On se demandait pourquoi il avait perdu confiance en la solidité du navire ( ) On aurait voulu savoir s'il y avait réellement quelque danger ( ) quelque ( )

« Embarquez ( ) Embarquez ( ) », criaient des officiers ( ) « Obéissez à nos ordres ( ) », s'affolaient-ils ( ) Mais, les premiers canots furent mis à la mer à moitié vides ( ) « Ah ( ) comme ils sont inconscients ( ) », pensait le commandant ( )

Quelques heures plus tard, l'inévitable se produisit ( ) Le *Titanic*, ce géant des mers, s'enfonça peu à peu vers l'avant ( ) Le naufrage allait anéantir la coque réputée insubmersible, les machines impressionnantes, les salons illuminés, les cabines luxueuses ( ) Un tel désastre allait bouleverser l'opinion pendant des années et des années ( )

2 Il manque 16 virgules dans le texte suivant.
Six virgules devraient isoler des compléments circonstanciels en tête de phrase ou au cœur de la phrase.
Quatre virgules devraient séparer les éléments d'une énumération.
Deux virgules devraient marquer l'ellipse d'un élément de la phrase.
Enfin, quatre virgules encadreront deux éléments en apposition.
Rétablissez-les.

Dilemme

Parfois en revenant du collège Antonin le fils de mes voisins se posait des questions douloureuses. Avait-il bien fait de choisir les sciences pures ? À la polyvalente il avait toujours aimé la chimie et la physique et ce avec un enthousiasme qui ne s'était jamais démenti. Maintenant il ne savait plus. Aimait-il suffisamment ces deux matières pour envisager études lectures recherches vie professionnelle dans un domaine connexe aux sciences ?

Au moment de s'inscrire Sophie une amie d'enfance avait choisi les sciences humaines avec mathématiques ; lui les sciences pures. Pour elle aucun doute n'était possible : elle adorait ses cours d'histoire de sciences politiques et de théâtre. Tandis que lui... Elle était bien chanceuse !

L'AUTOCORRECTEUR *Réponses des exercices de PRATIQUE aux pages 13 et 14.*

ÉVALUATION

(50 points)

1 (8 points)
Voici quatre affirmations.
Formulez une question qui aura comme réponse l'affirmation donnée.
(La question doit porter sur ce qui est souligné.)

a Nous avions convenu que tu viendrais me chercher <u>pour que nous allions ensemble dans les grands magasins.</u>

b Quels prodiges, ces magiciens ! Ils sont — <u>vous ne savez comment</u> — parvenus à rendre possible l'impossible.

c Chaque automne, Marielle souhaite <u>faire de longues randonnées dans les bois.</u>

d <u>Sitôt le traité de paix conclu</u>, les dirigeants de tous les pays commencèrent à croire possible la reconstruction du pays que la guerre avait dévasté.

2 (15 points)
Ci-dessous, vous trouverez en désordre, dans des banques marquées G.S., G.V. ou C.C., des fragments de phrases.
Rassemblez ces fragments selon les consignes données, de façon à construire une phrase plausible.

G.S.:
- Toi et moi, joyeux lurons toujours séduits par l'aventure,
- des amis, qu'elle n'avait pas revus depuis,
- Ses meilleures copines, qu'elle voyait toujours,
- votre neveu
- ma jeune voisine

G.V.:
- restèrent si estomaquées d'apprendre la nouvelle de son prochain mariage
- s'est toujours souvenue de la date de mon anniversaire.
- nous aurait demandé de la prévenir qu'il avait changé d'avis.
- semblèrent tristes et remplis d'une amertume qu'elle s'expliquait mal.
- lui avons proposé une virée du tonnerre

COMMENT S'ASSURER QU'UNE PHRASE EST CORRECTE ?

C.C.:
- parce que nous lui trouvions, depuis quelque temps, l'air morose.
- S'il avait vu combien grande était sa peine,
- Avec une constance admirable,
- qu'elles n'y crurent pas d'abord.
- Lors de la soirée des retrouvailles,

<u>Attention</u>: Nous proposons la marche à suivre que voici.

1. Déterminer la catégorie de chacun des compléments circonstanciels proposés dans la banque de C.C. S'agit-il d'un C.C. de manière, de cause, de temps, etc.?

2. Dégager la structure de chacun des groupes verbaux proposés dans la banque de G.V. Le verbe est-il un verbe d'action accompagné d'un C.O.D. ou d'un C.O.I.? Ou est-il, au contraire, un verbe d'état reliant un attribut au sujet?

3. Vérifier les marques de la personne, du genre et du nombre du verbe, du participe passé et de l'attribut, ainsi que celles du genre et du nombre de l'antécédent des pronoms.

4. Rechercher le nom avec lequel s'accorde le verbe, le participe passé ou l'attribut.

a Première phrase :   C.C. de manière   +   G.S.   +   G.V.
                                                          |
                                                    V. + C.O.I.

___

b Deuxième phrase :   C.C. de temps   +   G.S.   +   G.V.
                                                          |
                                                  V. + attribut du sujet

___

c Troisième phrase :   G.S.   +   G.V.   +   C.C. de cause
                                       |
                              V. + C.O.D. + C.O.I.

___

d Quatrième phrase :   G.S.   +   G.V.   +   C.C. de conséquence
                                       |
                              V. + attribut du sujet

___

COMMENT S'ASSURER QU'UNE PHRASE EST CORRECTE ?

e Cinquième phrase :   C.C. de condition   +   G.S.   +   G.V.
                                                          |
                                                    V. + C.O.I. + C.O.D.

3 (17 points)
Ponctuez le texte suivant. Pour ce faire, vous devrez utiliser neuf points, cinq points d'exclamation et trois points d'interrogation. Vous devrez aussi rétablir les majuscules.

Matthew avait pris**, maladroitement,** cette petite main toute maigre et l'avait serrée dans la sienne **d'un seul coup,** il se décida pouvait-il dire à cette enfant aux yeux brillants qu'il y avait eu une erreur Marilla s'en chargerait lui, il allait la ramener à la maison de toute façon, pouvait-elle rester toute seule à Bright River, malentendu ou pas

« je suis désolé d'être en retard », émit-il timidement « venez le cheval est là-bas, dans la cour donnez-moi votre sac

— oh non, je peux le porter il n'est pas lourd comme je suis contente que vous soyez venu nous avons un long chemin à parcourir, n'est-ce pas j'aime me promener en voiture que c'est merveilleux pour moi de penser que je vais vivre avec vous »

(Texte inspiré librement de *Anne... La maison aux pignons verts*, Lucy Maud Montgomery.)

4 (10 points)
Justifiez la présence des virgules apparaissant en gras dans le texte précédant.

a , maladroitement, : _____

b d'un seul coup, : _____

L'AUTOCORRECTEUR   *Réponses de l'ÉVALUATION aux pages 14 et 15.*

2

COMMENT ANALYSER LA STRUCTURE DU GROUPE VERBAL ?

2

COMMENT ANALYSER LA STRUCTURE DU GROUPE VERBAL ?

RAPPEL

Dans le groupe verbal, on trouve le plus souvent **un verbe d'action accompagné d'un complément**.
Ce complément, c'est souvent un complément d'objet.

COMMENT RECONNAÎTRE LE COMPLÉMENT D'OBJET DIRECT ?

Il faut toujours chercher le complément d'objet direct en partant du sujet :
sujet + verbe + (qui ?) quelqu'un ou **(quoi ?)** quelque chose.
La réponse à ce « qui ? » ou à ce « quoi ? » est le C.O.D.

COMMENT RECONNAÎTRE LE COMPLÉMENT D'OBJET INDIRECT ?

Il faut toujours chercher le complément d'objet indirect en partant du sujet :
sujet + verbe + (à qui ?) à quelqu'un ou **(à quoi ?)** à quelque chose ;
sujet + verbe + (de qui ?) de quelqu'un ou **(de quoi ?)** de quelque chose.
La réponse à ce « à qui ? » ou à ce « à quoi ? » est le C.O.I.
La réponse à ce « de qui ? » ou à ce « de quoi ? » est le C.O.I.

DIAGNOSTIC

1 Soulignez tous les compléments d'objet (mots et groupes de mots) contenus dans les phrases suivantes.
Précisez s'il s'agit d'un C.O.D. ou d'un C.O.I.
Précisez aussi de quel verbe chaque C.O. est le complément.

a   Depuis une trentaine d'années, on observe un renouveau d'intérêt pour l'astrologie et les sectes.

_____ : _____

b   Il y a dix ans, des écrivains ont proposé à certaines maisons d'édition des romans traitant de ce même phénomène.

_____ : _____
_____ : _____

c   Leur lecture nous conduit tout naturellement à nous interroger sur les besoins mystiques des hommes.

_____ : _____
_____ : _____
_____ : _____

Réponses du DIAGNOSTIC à la page 301.

APPROFONDISSEMENT

Dans la fiche précédente, nous avons vu que le groupe sujet répond à la question QUI EST-CE QUI ? ou QU'EST-CE QUI ? formulée devant le verbe.

Nous avons constaté aussi que si un groupe de mots, quelle que soit son importance en nombre de mots, pouvait être remplacé par un pronom, alors ce groupe de mots formait une unité syntaxique, appelée le groupe sujet dans les cas que nous avons étudiés.

La solidarité des mots du groupe sujet existe aussi dans le groupe verbal, qui présente plusieurs structures, notamment :

    1   un verbe d'action suivi d'un complément d'objet (direct ou indirect) ;

    2   un verbe d'action employé seul ;

    3   un verbe d'action suivi d'un complément circonstanciel ;

    4   un verbe d'action suivi d'un complément d'agent ;

    5   un verbe d'état reliant un attribut du sujet au sujet ;

    6   un verbe d'état suivi d'un complément circonstanciel.

Examinons la première structure : le verbe d'action est suivi d'un complément d'objet.

    Ex. : | L'orage, qui est d'une rare violence, | | fouette les grands arbres. |
                                G.S.   +   G.V.

Ici, un groupe sujet et un groupe verbal.
Le sujet *L'orage, qui est d'une rare violence,* fait une action : il *fouette*. Cette action se fait sur une chose : *les grands arbres.*
Voilà le complément d'objet (ici, d'objet direct).

               | L'orage, qui est d'une rare violence, | | fouette les grands arbres. |
                                 G.S.   +   G.V.
                                                                     | V. + C.O.D. |

Si le sujet est le point de départ de la phrase ci-dessus, on pourrait dire que le complément d'objet, lui, en est le point d'arrivée. Sans ce complément d'objet, cette phrase n'aurait pas de sens.

    Ex. :   **L'orage, qui est d'une rare violence, fouette.*

Vous le voyez : certains verbes appellent un complément. Voilà pourquoi nous parlerons, dans ce cas, de verbes **transitifs**. Le verbe transitif permet de faire passer, de faire « transiter » l'action du sujet sur le complément. Un verbe employé transitivement a donc toujours un complément d'objet.

Certains verbes, appelés **intransitifs**, n'ont pas besoin de complément d'objet.

Ex. : *Menaçant, le tonnerre*   *gronde.*
        G.S.   +   G.V.
                                   |
                                   V.

Ici, l'action du sujet ne mène à aucun objet. Bien au contraire, l'action se suffit entièrement à elle-même : impossible de souder un complément d'objet au verbe. Essayez voir !

Les seuls compléments admis avec les verbes intransitifs sont les compléments circonstanciels.

Ex. : *Menaçant, le tonnerre*   *gronde au loin.*
        G.S.   +   G.V.
                                   |
                                 V. + C.C. de lieu

Attention cependant : Un certain nombre de verbes qui se construisent parfois avec un complément d'objet (transitifs) peuvent aussi se construire sans complément d'objet (intransitifs).

Ex. : *Heureuse, elle*   *chante toute la journée.*
        G.S.   +   G.V.
                            |
                          V. + C.C. de temps

Ici, construction intransitive du verbe *chanter*, contrairement au cas suivant.

Ex. : *Toute la journée,*   *elle*   *chante de jolies ballades.*
        C.C.T.   +   G.S. +   G.V.
                                          |
                                        V. + C.O.D.

Ici, construction transitive du verbe *chanter*.

Si l'action accomplie par le sujet « transite » sur le complément d'objet directement, c'est-à-dire, sans l'aide d'une préposition, nous dirons de ce complément qu'il est un complément d'objet **direct**.
Mais, si l'action accomplie par le sujet « transite » sur le complément indirectement (pour ce faire, il aura besoin d'une préposition), nous dirons de ce complément qu'il est un complément d'objet **indirect**.

Bref, quoi qu'il en soit, une chose demeure : nous ne pouvons priver le verbe transitif de son complément. Nous sommes ici en présence d'une unité syntaxique. La base du groupe verbal, c'est toujours le verbe, bien sûr !
Ce verbe, s'il est transitif, est obligatoirement suivi d'un complément d'objet. Au verbe transitif direct est soudé un complément d'objet direct ; au verbe transitif indirect, un complément d'objet indirect.

Ce verbe peut être un verbe intransitif seul ou accompagné d'un complément circonstanciel. Voici un rappel de ces cas.

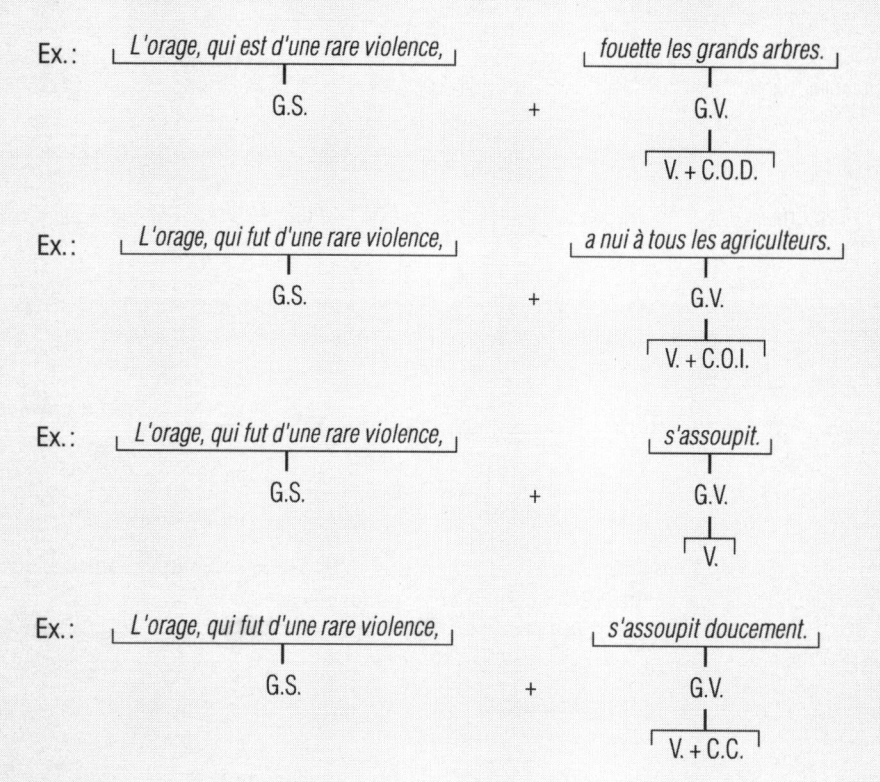

Ex. : |_L'orage, qui est d'une rare violence,_| |_fouette les grands arbres._|
                    G.S.   +   G.V.
                                                        |_V. + C.O.D._|

Ex. : |_L'orage, qui fut d'une rare violence,_| |_a nui à tous les agriculteurs._|
                    G.S.   +   G.V.
                                                        |_V. + C.O.I._|

Ex. : |_L'orage, qui fut d'une rare violence,_| |_s'assoupit._|
                    G.S.   +   G.V.
                                                             |_V._|

Ex. : |_L'orage, qui fut d'une rare violence,_| |_s'assoupit doucement._|
                    G.S.   +   G.V.
                                                        |_V. + C.C._|

COMMENT RECONNAÎTRE LE C.O.D. ?

Il faut toujours chercher le C.O.D. en partant du sujet.

Ex. : *La pluie a inondé les champs.*

La pluie a inondé **quoi ?** : **quelque chose** : les champs.
« les champs » est le C.O.D.

Ex. : *La pluie irrite les touristes.*

La pluie irrite **qui ? quelqu'un** : les touristes.
« les touristes » est le C.O.D.

Bref :
sujet + **verbe** + **(qui ?)** quelqu'un ou **(quoi ?)** quelque chose.

Attention : Devant un infinitif C.O.D., on peut parfois trouver une préposition.

Ex. : *Les piétons cherchent **à se frayer un chemin**.*

Les piétons cherchent **quoi ?** à se frayer un chemin.
« à se frayer un chemin » est un C.O.D.

Le C.O.D. n'a jamais besoin d'une préposition pour se souder au verbe, mais quand ce C.O.D. est un infinitif, il peut en avoir besoin.

COMMENT RECONNAÎTRE LE C.O.I. ?

Il faut toujours chercher le C.O.I. en partant du sujet.

> Ex. : *Ma sœur songe à ses prochaines vacances.*

Ma sœur songe **à quoi ? à quelque chose** : à ses prochaines vacances.
« à ses prochaines vacances » est le C.O.I.

> Ex. : *Cet hiver, elle a envie de plages ensoleillées.*

Elle a envie **de quoi ? de quelque chose** : de plages ensoleillées.
« de plages ensoleillées » est le C.O.I.

> Ex. : *Elle pense à Pierre qui aime voyager.*

Elle pense **à qui ? à quelqu'un** : à Pierre qui aime voyager.
« à Pierre qui aime voyager » est le C.O.I.

Bref :
sujet + **verbe** + **(à qui ?)** à quelqu'un ou **(à quoi ?)** à quelque chose.
sujet + **verbe** + **(de qui ?)** de quelqu'un ou **(de quoi ?)** de quelque chose.

Dans une même phrase, un verbe transitif peut régir deux compléments d'objet de régimes différents : un C.O.D. et un C.O.I.

> Ex. : *Des amis **leur** avaient envoyé **des cartes postales**.*

Des amis avaient envoyé **quoi ?** des cartes postales (C.O.D.).
Des amis avaient envoyé des cartes postales (C.O.D.) **à qui ?** à leur (C.O.I.).

Bien discerner le C.O.D. est essentiel.
C'est lui qui régit l'accord du participe passé et celui de l'attribut du C.O.D.

Attention : Le verbe à l'infinitif peut recevoir des compléments d'objet.

> Ex. : *Paul avait promis de lui écrire une lettre.*

Paul avait promis **quoi ?** de lui écrire une lettre (C.O.D.).

Ce C.O.D., « de lui écrire une lettre », a pour mot de base un verbe à l'infinitif : *écrire*.
Écrire quoi ? *une lettre*, C.O.D. du verbe *écrire*.
Écrire une lettre à qui ? *à lui*, C.O.I. du verbe *écrire*.
Tant et si bien qu'il est possible de trouver un C.O.D. et un C.O.I. dans un fragment qui est lui-même C.O.D.

PRATIQUE

1 Soulignez tous les compléments d'objet (mots ou groupes de mots) contenus dans les phrases suivantes.
Précisez s'il s'agit d'un C.O.D. ou d'un C.O.I.
Précisez aussi de quel verbe chaque C.O. est le complément.

a Avec un aplomb presque insolent, certains enfants exigent qu'on satisfasse sans attendre leurs moindres désirs.

_____ : _____
_____ : _____

b Ce matin, j'ai pris une grande résolution et je compte la tenir !

_____ : _____
_____ : _____
_____ : _____

c Il souhaitait, coincé dans l'embouteillage de cinq heures, retrouver au plus tôt le confort de son appartement.

_____ : _____
_____ : _____

d Là où autrefois se trouvaient des maisons coquettes se dressent maintenant des gratte-ciel dont beaucoup déplorent l'omniprésence.

_____ : _____

e Mon frère cherche encore à me tirer de ce mauvais pas.

_____ : _____
_____ : _____

f On avait compté sur lui pour leur dire que tout était à refaire.

_____ : _____
_____ : _____
_____ : _____

g Bien qu'on ait craint de lui faire de la peine, on lui montra la lettre où était évidente la mesquinerie de Paul.

h La sonnerie du téléphone me tira de mon rêve alors que, plein d'espoir, j'avais réussi à lui parler.

i La faillite, dont elle ne s'était jamais méfiée, l'avait contrainte à vendre des bijoux auxquels elle tenait beaucoup.

j Ce voyage, nous n'y pensions même pas tant il nous apparaissait impossible de le faire.

L'AUTOCORRECTEUR   *Réponses de l'exercice de PRATIQUE aux pages 17 et 18.*

RAPPEL

Il arrive souvent que l'on soude au complément d'objet direct un mot ou un groupe de mots dont on dira qu'il est l'attribut du C.O.D.

Qu'est-ce qu'un attribut du C.O.D. et comment le reconnaître ?

L' attribut du C.O.D. est une caractéristique, qualité ou défaut, manière d'être ou titre que l'on attribue au C.O.D. par l'intermédiaire de certains verbes comme : *juger, déclarer, imaginer, choisir, avoir, regarder comme, considérer comme, rendre, faire, trouver, nommer, croire, tenir pour...*

COMMENT ANALYSER LA STRUCTURE DU GROUPE VERBAL ?

DIAGNOSTIC

1 Soulignez les attributs des compléments d'objet (mots et groupes de mots) contenus dans les phrases suivantes. À l'aide d'une flèche, reliez chaque attribut au C.O.D. qui lui correspond.

   a   Nos professeurs, qui passaient pour exigeants, on ne les trouve aujourd'hui que justes et prévoyants.

   b   Nicole est encore plus frileuse que moi qui, pourtant, me considère comme douillette.

   c   Les voisins le crurent fou quand il déclara sa perruche atteinte de la rage.

   d   Mon professeur a travaillé à nous rendre capables de résoudre ces problèmes.

Réponses du DIAGNOSTIC à la page 302.

APPROFONDISSEMENT

COMMENT RECONNAÎTRE L'ATTRIBUT DU C.O.D.?

Définissons d'abord ce qu'est un attribut du C.O.D.
L'attribut est une caractéristique, qualité ou défaut, manière d'être ou titre que l'on attribue au C.O.D. par l'intermédiaire de certains verbes comme: *juger, déclarer, imaginer, choisir, avoir, regarder comme, considérer comme, rendre, faire, trouver, nommer, croire, tenir pour...*

      Ex.:   *Nous trouvons <u>Alexandra</u> **talentueuse**.*
              *Nous <u>la</u> jugeons **parfaite pour le rôle**.*

Nous trouvons **quelqu'un**: Alexandra (C.O.D.), à qui on attribue une caractéristique: talentueuse (attribut de ce C.O.D.).

Nous jugeons **quelqu'un**: la, mis pour Alexandra (C.O.D.), à qui on attribue une caractéristique: parfaite pour le rôle (attribut de ce C.O.D.).

<u>Attention</u>: Il faut se souvenir que l'attribut du C.O.D., souvent un adjectif qualificatif, s'accorde en genre et en nombre avec le mot de base du C.O.D.

PRATIQUE

1 Soulignez les attributs du complément d'objet (mots et groupes de mots) contenus dans les phrases suivantes. Justifiez l'accord de cet attribut.

a   Elle jugea la générosité de Pierre extrême et, secrètement, elle l'admira.

b   Tous nos amis ont trouvé l'idée épatante : on jouera ce soir au Monopoly.

c   Il est certain que nos patrons considèrent dynamiques et ponctuelles les employées qu'ils ont.

d   Nos nouveaux voisins aiment leur gazon bien taillé et bien vert.

e   Ma mère considéra son amie Gilberte comme la mieux placée pour intervenir.

f   Ces échecs, je ne les ai jamais crus possibles : j'avais tant étudié !

g   Sa vivacité d'esprit a rendu envieuses quelques camarades, lesquelles se sont montrées parfois fort peu aimables.

h   Quand il gèle, il lui arrive souvent d'imaginer grelottants de froid tous ces sans-abri dont les journaux nous parlent souvent.

i   Nous tenions à voir nos filles instruites, mais les études les rebutaient.

L'AUTOCORRECTEUR   *Réponses de l'exercice de PRATIQUE aux pages 18 et 19.*

COMMENT ANALYSER LA STRUCTURE DU GROUPE VERBAL ?

RAPPEL

Pour préciser **quand**, **où**, **comment**... l'action a lieu, a eu lieu ou aura lieu, on soude au verbe un complément qui nous renseignera sur les circonstances de l'action. C'est le **complément circonstanciel de verbe**.

Nous avons vu que le complément circonstanciel complète généralement toute une phrase. Dans ce cas, il est le plus souvent déplaçable alors que le complément circonstanciel soudé au verbe fait bloc avec lui et, partant, n'est pas déplaçable.

DIAGNOSTIC

1 Récrivez les compléments circonstanciels de verbe en précisant la catégorie (temps, lieu, manière, accompagnement, moyen) à laquelle appartient chaque complément circonstanciel.

a Dès six heures, rue Maricourt, les éboueurs, avec une bonne humeur insolente, font méthodiquement l'enlèvement des ordures.

_____ : C.C. de _____

b D'un seul mouvement, les consommateurs se tournèrent vers le patron du restaurant pour lui dire leur insatisfaction.

_____ : C.C. de _____

c Elle n'est jamais venue dans cette ville avec Alexandre, aussi espère-t-elle faire un beau voyage.

_____ : C.C. de _____

_____ : C.C. de _____

d Avec une patience d'ange, la couturière borda sa robe d'un large volant et la repiqua d'une multitude de perles minuscules.

_____ : C.C. de _____

_____ : C.C. de _____

Réponses du DIAGNOSTIC à la page 302.

APPROFONDISSEMENT

Dans le groupe verbal, le verbe d'action peut être suivi d'un complément circonstanciel.

Ex.: *Le vent souffle sur la mer.*

Ici encore, un groupe sujet et un groupe verbal.
Le sujet *Le vent* fait une action: il *souffle*.

Cependant, pour préciser **quand**, **où**, **comment**... *le vent souffle*, on a soudé au verbe intransitif un complément qui nous renseignera sur les circonstances de l'action. C'est le **complément circonstanciel de verbe**.
Ici, le groupe de mots *sur la mer* apporte une information sur le lieu de l'action: «Le vent souffle», souffle où? *sur la mer,* complément circonstanciel de lieu du verbe *souffle.*

Le complément circonstanciel complète généralement toute une phrase. Dans ce cas, il est facilement déplaçable.
Le complément circonstanciel de verbe, lui, fait bloc avec le verbe et est plus difficilement déplaçable.
Impossible d'écrire: *Sur la mer, le vent souffle.

PRATIQUE

1 Soulignez les compléments circonstanciels de verbe dans les phrases suivantes.
Précisez la catégorie (temps, lieu, manière, accompagnement, moyen) à laquelle appartient chaque complément circonstanciel.

a Les estivants se doraient paresseusement au soleil.

_____ : C.C. de _____

_____ : C.C. de _____

b Sur le fond sombre de la nuit, les silhouettes des arbres se découpent lugubrement.

_____ : C.C. de _____

c Une troupe de soldats traversent en rangs serrés la grande place qu'ont quittée avec précipitation les villageois apeurés.

_____ : C.C. de _____

_____ : C.C. de _____

d Des sentiers au bord desquels cascadent de gais ruisseaux courent dans le sous-bois.

_____ : C.C. de _____

_____ : C.C. de _____

e Ses pieds, sans qu'elle s'en aperçoive, battaient joyeusement la mesure.

_____ : C.C. de _____

f C'est avec tristesse que Louise et Charles, désemparés, lui annoncèrent que la route avait fait une autre victime.

_____ : C.C. de _____

g La nouvelle de sa nomination s'est répandue vitement dans tous les bureaux.

_____ : C.C. de _____
_____ : C.C. de _____

h La vie s'ouvrait devant eux, riche de promesses.

_____ : C.C. de _____

L'AUTOCORRECTEUR *Réponses de l'exercice de PRATIQUE aux pages 19 et 20.*

RAPPEL

Pour déceler un complément d'agent, il faut d'abord avoir reconnu la voix passive.
Rappelons brièvement qu'à la voix passive le sujet n'est pas l'agent de l'action.
L'auteur de l'action est appelé **complément d'agent**.

DIAGNOSTIC

1 **Soulignez les compléments d'agent dans les phrases suivantes.**

a Afin d'être remarqués par leur idole, les jeunes supporters se sont livrés à toutes sortes de subterfuges.

b Elle fut appréciée de tous ceux pour qui comptait la sauvegarde des traditions.

c Puisque la pièce devait être jouée dans de nombreuses villes, les salles avaient été réservées longtemps à l'avance par les membres de l'équipe.

d Lorsque les résultats furent connus, plusieurs furent frappés de l'importance accordée à la gestuelle.

Réponses du DIAGNOSTIC à la page 302.

APPROFONDISSEMENT

Un groupe verbal, c'est parfois un verbe d'action suivi d'un complément d'agent.

Pour déceler un complément d'agent, il faut d'abord avoir reconnu la voix passive.

Rappelons brièvement qu'à la voix passive le sujet n'est pas l'agent de l'action.

Ex.: *Soudain, le ciel fut rayé **d'éclairs fulgurants**.*

Cette phrase est à la voix passive.
Ici, ce sont les éclairs qui rayent le ciel.
L'auteur de l'action, *d'éclairs fulgurants*, est ici **complément d'agent**.
À la voix active, nous aurions: *Soudain, des éclairs fulgurants rayèrent le ciel.*

Ex.: *Les grands arbres furent secoués **par un vent violent**.*

Ici encore, c'est le vent qui secoue les grands arbres.
L'auteur de l'action, *par un vent violent*, est le **complément d'agent**.
À la voix active, nous aurions: *Un vent violent secoua les grands arbres.*

Le complément d'agent du verbe passif, s'il est exprimé (car il peut être sous-entendu), est toujours introduit par les prépositions ***de*** et ***par***.

PRATIQUE

1 **Soulignez les compléments d'agent dans les phrases suivantes.**

a Le confortable canapé et les multiples coussins avaient été remplacés par un horrible banc à dos droit.

b La salle sera décorée de gros ballons que nous aurons vaillamment gonflés.

c Le fauteuil, très ordinaire, de papa était surmonté de deux fresques de Pompéi et de quatre dessins d'un humoriste à la mode.

d Tard dans l'après-midi, le thé nous fut servi avec une politesse infinie par deux jeunes bonnes.

e Son arrivée fut saluée comme une victoire: elle le fut surtout de ceux qui avaient souhaité son retour.

L'AUTOCORRECTEUR *Réponses de l'exercice de PRATIQUE à la page 20.*

RAPPEL

Dans un groupe verbal, on peut aussi trouver un verbe d'état reliant un attribut au sujet.
Voilà pourquoi on appelle **attribut du sujet** une qualité, une manière d'être, un titre ou une caractéristique relié au groupe sujet par l'intermédiaire d'un verbe d'état.
Les principaux verbes d'état sont : *être, paraître, sembler, devenir, demeurer, rester*.

DIAGNOSTIC

1 **Soulignez tous les attributs du sujet (mots et groupes de mots) contenus dans les phrases suivantes.**

a   Elle me dévisagea sans paraître surprise de me trouver là à ses côtés.

b   Si enchanteresses nous semblent les plages de sable chaud quand, dehors, il fait moins 30° et que le froid devient mordant.

c   Les oiseaux se perchèrent sur les fils et y restèrent, le temps que le vent se calme, frémissants et inquiets.

d   Du Palais des civilisations d'où s'ébranla la manifestation, les protestataires furent surpris de voir si rapidement grossir leurs rangs.

Réponses du DIAGNOSTIC à la page 303.

APPROFONDISSEMENT

Voyons maintenant ce qu'il en est du groupe verbal où le verbe est un verbe d'état.
Le groupe verbal où le verbe est un verbe d'état présente, quant à lui, deux structures.
Examinons la première structure : le verbe d'état relie un attribut du sujet au sujet.

Ex. :   *Certains amis de Sophie sont très indisciplinés.*

Que dit-on de *certains amis de Sophie* ?
On dit qu'ils *sont très indisciplinés*.
À *certains amis de Sophie* on attribue donc une caractéristique :
ils sont *très indisciplinés*.
Cette caractéristique, rattachée au groupe sujet par l'intermédiaire du verbe *être*, est l'**attribut du sujet**.

On appellera donc **attribut du sujet** une **qualité**, une **manière d'être**, un **titre** ou une **caractéristique** relié au **groupe sujet** par l'intermédiaire d'un **verbe d'état**.

Parmi les verbes d'état, citons : *être, paraître, sembler, devenir, rester, demeurer, avoir l'air, passer pour*...
En outre, certains verbes passifs (*être nommé, être jugé, être élu, être appelé*...) et certains verbes pronominaux (*se nommer, s'appeler, se faire, se dire*...) peuvent aussi relier un attribut au groupe sujet.

Il faut se souvenir que l'attribut du sujet, souvent un adjectif qualificatif, s'accorde en genre et en nombre avec le mot de base du groupe sujet.

Examinons la deuxième structure : le verbe d'état est suivi d'un complément circonstanciel.

      Ex. : *À l'heure présente, François est à Québec.*

On note dans cette phrase la présence du verbe **être**. Mais, les mots *à Québec* ne disent pas qui est ou comment est François. Il ne peut s'agir d'un attribut du sujet. *À Québec* est ici complément circonstanciel du verbe *est*.
Le complément circonstanciel construit avec *être* ne peut être déplacé dans la phrase. On ne peut écrire : **À Québec, François est.*

PRATIQUE

1 Soulignez tous les attributs du sujet (mots ou groupes de mots) contenus dans les phrases suivantes. Justifiez l'accord de chacun d'entre eux.

a   Toutes les pistes qu'empruntent les randonneurs sont soigneusement balisées.

___

b   La consigne fut respectée, bien qu'elle nous parût des plus confuses.

___

___

c   Cette promesse faite par les politiciens n'étant pas nouvelle, les électeurs restent indécis quant au choix à faire.

___

___

d   Chaque jour, elle devient de plus en plus convaincue que s'il semble si réjoui, c'est parce que la décision est irrévocable.

___

___

___

e Dans l'aube naissante de ce matin d'hiver, les jeunes érables paraissaient comme givrés.

f Elle se prétendait une descendante d'une dynastie chinoise et, ce faisant, elle passait pour folle.

g Ces hurlements leur semblèrent déplacés, à elles qui, malgré leur envie, étaient demeurées silencieuses.

h Le guide nous avait affirmé que cette rivière était poissonneuse bien que la région semblât peu généreuse.

2 Dans les phrases suivantes, des attributs du sujet et du C.O.D. sont mal orthographiés.
Soulignez d'un trait les attributs du sujet et de deux traits les attributs du C.O.D.
Récrivez-les ensuite correctement sur la ligne qui suit la phrase.

a Les gamines étaient resté sur la grande place, figé par l'étonnement de voir les trottoirs envahi par les soldats.

b Sa sollicitude et son dévouement sont tellement omniprésent qu'ils en deviennent désagréable, surtout en ce moment où on les aurait souhaités plus discret.

c « Si les femmes étaient indispensable, Dieu en aurait une. » (Sacha Guitry). Tel aurait pu être aussi l'opinion de François et de Jamal tant on les trouvait misogyne.

d Au lendemain de la crise de 1929, le cinéma américain connut son âge d'or. L'apparition du son n'est pas seul en cause. Une nouvelle société est né. De nouveaux mythes, de nouveaux héros, de nouvelles valeurs se dessinent triomphant et vont tracer de nouvelles voies.

e Par philosophie ou par obligation, certains semblent fasciné par les régimes végétariens. Surtout, plusieurs les jugent apte à favoriser l'émergence de bénéfiques habitudes alimentaires. Enfin, les plats qui sont proposé sont, le plus souvent, facile à cuisiner.

L'AUTOCORRECTEUR *Réponses des exercices de PRATIQUE aux pages 20 à 22.*

ÉVALUATION

(25 points)

1 (17 points)

Récrivez chacune des phrases du texte suivant sur les lignes figurant à sa suite.
Soulignez le ou les groupes verbaux.
Analysez la structure de chacun d'eux.
S'il s'agit d'un complément, indiquez-en la sorte.
S'il s'agit d'un attribut, indiquez à quel mot ou groupe de mots il est relié.

Douceur du foyer

Elle conduisait avec prudence sur la route verglacée. Les vingt kilomètres depuis Magog jusqu'à Sherbrooke avaient été pénibles. La neige se faisait maintenant plus lourde. La météo avait prévu un ciel clair. Malgré sa bonne volonté et sa compétence, le spécialiste avait fourni une prévision inexacte. Heureusement, elle arriverait bientôt. Les derniers kilomètres à parcourir semblaient interminables.

Elle quitta l'autoroute et s'engagea sur la voie de desserte. Comme un affront du sort, celle-ci était bloquée par deux voitures accidentées. Son exaspération, elle la considéra, dans les circonstances, comme parfaitement justifiée. Ah! quand donc goûtera-t-elle à la chaleur d'un bon feu?

1ʳᵉ phrase : _____
(2 points) _____

G.V. = _____
_____

2ᵉ phrase : _____
(1 point) _____

G.V. = _____
_____

3ᵉ phrase : _____
(3 points) _____

G.V. = _____
_____

4ᵉ phrase : _____
(1 point) _____

G.V. = _____
_____

5ᵉ phrase : _____
(1 point) _____

G.V. = _____
_____

6ᵉ phrase : _____
(1 point) _____

G.V. = _____
_____

7ᵉ phrase : _____
(1 point) _____

G.V. = _____
_____

8ᵉ phrase : _____
(3 points) _____

G.V. = _____
_____

G.V. = _____
_____

9ᵉ phrase : _____
(1 point) _____

G.V. = _____
_____

10ᵉ phrase : _____
(2 points) _____

G.V. = _____
_____

11ᵉ phrase : _____
(1 point)   _____

G.V. = _____
       _____

2 (8 points)

Dans les phrases suivantes, des attributs du sujet et du C.O.D. sont mal orthographiés.
Soulignez d'un trait les attributs du sujet et de deux traits les attributs du C.O.D.
Récrivez-les ensuite correctement sur la ligne qui suit la phrase.

a Elle fut passionné par le livre, parfois complètement subjugué, mais aussi profondément déçu par la fin, qu'elle jugea follement sentimental.

_____

b À leur apparition, la polka et ses avatars, la varsovienne et la mazurka avec ses pas sautés, passent pour obscène, car elles pouvaient servir, croyait-on à l'époque, de tremplin à des ardeurs secrètes. Ces censeurs du XIXᵉ siècle, qu'auraient-ils pensé de la lambada ?

_____

c Lucie, restée seul, songea à rentrer chez elle, mais la nuit s'étant obscurci, elle ne se souvint plus quelle route il fallait prendre.

_____

d Nous nous sommes tous réjouis que de nouveaux appartements soient mis à la disposition des visiteurs, mais nous trouvons l'utilisation qu'on en fait abusif.

_____

L'AUTOCORRECTEUR   *Réponses de l'ÉVALUATION aux pages 22 à 24.*

3

QUELS SONT LES MOYENS DE RELIER DES PHRASES SIMPLES ?

3

QUELS SONT LES MOYENS DE RELIER DES PHRASES SIMPLES ?

RAPPEL

Un texte où le scripteur n'utiliserait que des phrases simples (ou, plus justement, des indépendantes) ne pourrait rendre avec justesse les subtilités de la pensée.

Aussi, pour faire apparaître les liens de causalité, de temporalité ou de finalité existant entre les faits et les idées, nous devons relier, au sein d'une phrase complexe, plusieurs phrases simples. La langue offre pour ce faire des moyens extrêmement variés que l'on a regroupés sous le nom de **marqueurs de relation**.

Les rapports de sens exprimés par les marqueurs de relation sont nombreux et, dans certains cas, fort subtils.

Parce qu'ils sont indispensables pour structurer l'expression de la pensée, il importe, lorsqu'on écrit, de bien déterminer la nature du rapport de sens à exprimer afin de choisir adéquatement le marqueur qui convient.

DIAGNOSTIC

1 Dans chacun des cas suivants, reliez les phrases simples à l'aide d'un marqueur de relation qui exprime le rapport de sens indiqué entre parenthèses.
Choisissez vos marqueurs parmi les suivants :

Si bien que, parce que, en dépit de, sauf que, car, aussi, de crainte que, vu que, or, à tel point que, toutefois, à mesure que, par conséquent, comme, encore que, en effet, d'autant plus que.

a cause : Elle assistera, ce soir, à une présentation de collections.
Chloé décidera sans doute de renouveler sa garde-robe.

_____
_____

b opposition : La météo annonçait « averses dispersées ».
La météo, heureusement, se trompe souvent.

_____
_____

c cause : Nous avons persuadé Marie de poser sa candidature.
Elle est la plus compétente de nous tous.

_____
_____

d transition : Thomas croyait trouver Joëlle chez sa tante.
Elle venait tout juste d'en sortir.

_____
_____

e conséquence et cause : Les journaux relatent le crime dans toute son horreur.
Les bonnes gens sont atterrés.
Cette violence gratuite leur semble monstrueuse.

---

2 Dans certaines phrases de l'exercice précédent, le rapport de sens pourrait être suggéré par un signe de ponctuation. Quel est ce signe ?

Récrivez ici une phrase en utilisant ce signe comme marqueur.

---

3 Dans chacune des phrases suivantes, un fragment précisant une circonstance (but, temps, concession, cause, comparaison, condition ou conséquence) a été souligné.
Encadrez le marqueur de relation qui introduit ce fragment.
Précisez la nature du rapport de sens exprimé.

a Alors que la neige tombe à plein ciel pétille dans l'âtre un joyeux feu de cheminée.
Rapport de sens : _____

b Vu qu'il allait souvent à Sherbrooke, Marc rendait visite sur visite à son amie Myriam.
Rapport de sens : _____

c De peur qu'on ne le soupçonne d'avoir quelque arrière-pensée, il se hâtait de dire qu'il ne la voyait que par affaires.
Rapport de sens : _____

d Au cas où tu en aurais le temps, passerais-tu chez moi chercher la cassette que tu m'as prêtée ?
Rapport de sens : _____

e Ne vous découragez pas même si des difficultés imprévues surgissent.
Rapport de sens : _____

Réponses du DIAGNOSTIC aux pages 303 et 304.

APPROFONDISSEMENT

La rédaction d'un texte exige que l'on fasse appel à tous les moyens que fournit la langue pour rendre avec justesse les relations existant entre les faits et les idées. N'utiliser que des phrases simples appauvrirait le texte, car ce serait alors oublier les liens logiques qui structurent une argumentation.

Si bien que pour faire apparaître les liens de cause, de temps ou de but existant entre les faits et les idées, nous devons relier, au sein d'une phrase complexe, plusieurs phrases simples. Les moyens extrêmement variés qu'offre la langue pour ce faire ont été regroupés sous le nom de **marqueurs de relation**.

Voici deux phrases simples :

> Ex. : *Certains spectateurs craignent la fin de la partie.*
> *Leur équipe est en train de perdre.*

Ces deux phrases ont un lien entre elles. Si « certains spectateurs craignent la fin de la partie », c'est parce que « leur équipe est en train de perdre ».

Le rapport de sens est ici un rapport de cause.

Or, pour exprimer la causalité, plusieurs moyens s'offrent à nous : les mots *car*, *parce que*, *en effet*, etc., et le signe de ponctuation appelé « le deux-points ». Il s'agit de choisir celui qui semble le plus approprié.

> Ex. : *Certains spectateurs craignent la fin de la partie,* **car** *leur équipe est en train de perdre.*
>
> Ou :
>
> Ex. : *Certains spectateurs craignent la fin de la partie* **:** *leur équipe est en train de perdre.*

On pourrait affirmer cependant que ces deux phrases simples ont un lien d'une autre nature. « Leur équipe est en train de perdre », par conséquent « certains spectateurs craignent la fin de la partie ». Le rapport de sens envisagé ici est un rapport de conséquence.

Pour exprimer la conséquence, plusieurs moyens existent : les mots *conséquemment*, *si bien que*, *donc*, etc., et le signe de ponctuation appelé « le deux-points ». Encore une fois, il s'agit de choisir celui qui semble le mieux convenir.

> Ex. : *Leur équipe est en train de perdre,* **si bien que** *certains spectateurs craignent la fin de la partie.*
>
> Ou :
>
> Ex. : *Leur équipe est en train de perdre,* **par conséquent** *certains spectateurs craignent la fin de la partie.*

Bref, quand on doit réunir deux phrases simples, il faut :

1. reconnaître la nature du rapport de sens en déterminant l'ordre des actions ;
2. faire l'inventaire des moyens qu'offre la langue pour signifier ce type de rapport (vous trouverez cet inventaire ci-après) ;
3. choisir celui qui donne à la phrase légèreté et clarté.

Les adverbes, les locutions adverbiales, les prépositions, les locutions prépositives, les conjonctions, les locutions conjonctives de coordination et de subordination, certains signes de ponctuation, qui sont autant de **marqueurs de relation**, apparaissent, dans le tableau ci-dessous, coiffés du rapport de sens établi.

IL Y A ANNONCE D'UNE PREUVE, D'UNE CAUSE :	IL Y A ANNONCE D'UNE CONSÉQUENCE :
grâce à en effet car étant donné que par suite de en raison de puisque d'autant plus que sous prétexte que effectivement parce que vu que comme attendu que c'est que : (le deux-points)…	au point de ainsi aussi alors en conséquence donc par conséquent à tel point que c'est pourquoi si bien que de sorte que tellement… que de telle façon que tant et si bien que voilà pourquoi : (le deux-points)…
IL Y A ANNONCE D'UNE OPPOSITION, D'UNE RESTRICTION, D'UNE CONCESSION :	
mais cependant néanmoins pourtant toutefois par contre en revanche malgré tout en dépit de quand bien même quand bien même que si ce n'est que encore que quoique	bien que alors que sauf que excepté si même si sans que du moins…

IL Y A ANNONCE D'UNE ALTERNATIVE :	
ou... ou soit... soit ou bien... ou bien ou alors tantôt... tantôt... d'une part... d'autre part...	
IL Y A ANNONCE DE FAITS ANNEXES, D'UNE TRANSITION :	**IL Y A ANNONCE D'UNE LIAISON, D'UNE ADDITION :**
or d'ailleurs reste que en outre de plus quant à...	et puis et puis ensuite alors enfin , (la virgule)...
IL Y A ANNONCE D'UNE EXPLICATION OU D'UNE ILLUSTRATION PAR UN EXEMPLE :	**IL Y A ANNONCE D'UNE CONDITION :**
ainsi par exemple de même en effet effectivement à savoir que...	si selon que à moins que pourvu que au cas où à condition que...
IL Y A ANNONCE D'UNE CIRCONSTANCE DE TEMPS :	**IL Y A ANNONCE D'UNE CIRCONSTANCE DE BUT :**
aussitôt que quand avant que lorsque dès que au moment où alors que à mesure que tandis que pendant que depuis que comme...	pour pour que afin de afin que de peur que de crainte que de façon que de manière que...

QUELS SONT LES MOYENS DE RELIER DES PHRASES SIMPLES ?

PRATIQUE

1 Voici des ensembles de phrases simples.
Reliez ces phrases simples de façon à exprimer le rapport de sens indiqué.
Pour ce faire, puisez dans les banques de marqueurs fournies aux pages précédentes.

a Sa participation est très attendue.
N'est-elle pas la meilleure ?

Rapport de sens : **cause**.

_____
_____

b Myriam entend enfin la voiture rouler dans l'entrée.
Thomas aura à s'expliquer !

Rapport de sens : **conséquence**.

_____
_____

c Sans doute Joëlle te donnera-t-elle rendez-vous.
Si elle ne le peut pas, elle te téléphonera.

Rapport de sens : **alternative**.

_____
_____

d Nous n'avons pu arriver à un accord.
Nous avons consenti et les uns et les autres à d'importants compromis.

Rapport de sens : **concession**.

_____
_____

e Tous les dessous de l'affaire sont étalés au grand jour.
Tu vas te retrouver, avoue-le, dans une situation très embarrassante.

Rapport de sens : **condition**.

_____
_____

QUELS SONT LES MOYENS DE RELIER DES PHRASES SIMPLES ?

f Tous les stagiaires souhaitent un stage en industrie.
La situation économique est très difficile.
Plusieurs seront sans doute déçus.

Rapport de sens : **transition** et **conséquence**.

_____
_____

g Alain ira à Montréal.
Il est tout seul en fin de semaine.
Julie visite sa famille à Saint-Hyacinthe.

Rapport de sens : **cause**.

_____
_____

h Les journalistes ont couvert l'événement avec tout le professionnalisme nécessaire.
L'impact qu'ont eu dans l'opinion publique de telles révélations était imprévisible.
On ne peut leur en vouloir.

Rapport de sens : **opposition** et **conséquence**.

_____
_____
_____

i Nos voisins aiment louer des vidéocassettes.
Ils ne peuvent malheureusement pas le faire.
Leurs quatre enfants ne leur en laissent pas le loisir souvent.

Rapport de sens : **transition** et **cause**.

_____
_____
_____

j Isabelle, la fille de mon frère, rêve de s'inscrire en droit.
Les critères d'admission sont très sélectifs.
Elle accumule réussites et bonnes notes.

Rapport de sens : **opposition** et **conséquence**.

_____
_____
_____

QUELS SONT LES MOYENS DE RELIER DES PHRASES SIMPLES ?

2 Récrivez trois phrases de l'exercice no 1 qui y gagneraient en légèreté si l'on utilisait le deux-points.

1ʳᵉ phrase : _____

2ᵉ phrase : _____

3ᵉ phrase : _____

3 Complétez chacune des phrases suivantes en ajoutant les marqueurs suggérés par le sens de la phrase. Précisez ensuite la nature du rapport de sens exprimé par ces marqueurs.

a 1 _____ plus rien ne va, restons tout de même optimistes, 2 _____ une place au soleil attend quiconque travaille avec ardeur.

Rapports de sens : 1 _____
2 _____

b 1 _____ la construction est terminée avant la fin du mois, nous emménagerons dans notre nouvel appartement, 2 _____ un déménagement, à cette époque de l'année, représente beaucoup d'ennuis.

Rapports de sens : 1 _____
2 _____

c 1 _____ elle le souhaite, ces propos, qu'elle avait jugés inoffensifs, avaient blessé François ; 2 _____ elle tenait à lui, elle lui avait multiplié les excuses, 3 _____ il n'arrivait pas à oublier.

Rapports de sens : 1 _____
2 _____
3 _____

d 1 _____ la relâche sera bientôt là, reprends courage et prépare avec ardeur tes examens, 2 _____ ta réussite te console de tous ces efforts investis.

Rapports de sens : 1 _____
2 _____

e 1 _____ la nuit soit pleine des cris de la fête, on entendait, en tendant l'oreille, le vague frémissement de la mer, perceptible à peine et si monotone 2 _____ une grande paix semblait émaner d'elle.

Rapports de sens : 1 _____
2 _____

f L'émission sur les conséquences du décrochage scolaire sera retransmise, 1 _____ tous soient sensibilisés aux difficultés de ces étudiants, lesquelles, 2 _____ personne ne s'en occupe, ne s'évanouiront pas toutes seules.

Rapports de sens : 1 _____
2 _____

g 1 _____ il avait beaucoup à faire et 2 _____ tout semblait se présenter de travers, Marc s'impatientait 3 _____ les choses s'en trouvaient plus compliquées encore.

Rapports de sens : 1 _____
2 _____
3 _____

h 1 _____ on l'entendît entrer, 2 _____ il était bien tard, Pierre-Luc avait retiré ses chaussures 3 _____ le parquet froid lui promettait un rhume.

Rapports de sens : 1 _____
2 _____
3 _____

i 1 _____ le film était moins intéressant que ne l'annonçaient les critiques, nous avons décidé, 2 _____ ce ne soit pas là notre habitude, de quitter la salle avant la fin de la projection.

Rapports de sens : 1 _____
2 _____

j De Calvi à Porto, 1 _____ on l'apercevait, la mer déroulait des flots bleus saupoudrés de lumière, 2 _____ à sa surface voguaient de blancs voiliers. Ah ! la Corse, quel beau pays !

Rapports de sens : 1 _____
2 _____

L'AUTOCORRECTEUR *Réponses des exercices de PRATIQUE aux pages 25 à 28.*

RAPPEL

Le **pronom relatif** est aussi un marqueur très utilisé qui a donné son nom à la proposition qu'il introduit. Il permet de relier deux phrases simples qui se suivent et où apparaissent deux groupes du nom identiques. Le mécanisme de l'enchâssement est simple: l'une des deux phrases est insérée dans l'autre parce que l'un des groupes du nom identiques a été remplacé par un pronom relatif.

Il existe deux catégories de pronoms relatifs:

— les pronoms invariables *qui, que, quoi, dont, où*;
— les diverses formes du pronom *lequel*.

On ne peut cependant employer indifféremment les pronoms relatifs l'un à la place de l'autre.
L'emploi du pronom relatif dépend:

— de la fonction du mot dont il tient la place: l'antécédent;
— de la nature (nom de personne, nom d'animal ou nom de chose) de cet antécédent.

DIAGNOSTIC

1 Voici des ensembles de phrases simples.
Effectuez les transformations nécessaires pour faire de chaque ensemble une phrase complexe utilisant des pronoms relatifs.
(Le pronom relatif à utiliser apparaît entre les parenthèses.)

a Ce matin, Caroline s'est levée d'excellente humeur.
Jean n'a pas vu Caroline si joyeuse depuis un bon moment déjà.
(Le pronom relatif à utiliser: *que.*)

_____
_____

b Élise s'est finalement procuré des billets pour le spectacle.
François lui avait tant parlé de ce spectacle.
(Le pronom relatif à utiliser: *dont.*)

_____
_____

c La lecture de ce best-seller se révèle fastidieuse.
La critique a fait bon accueil à ce best-seller.
(Le pronom relatif à utiliser: *auquel.*)

_____
_____

d Catherine avait semé de tulipes toute la plate-bande.
Elle adorait les tulipes.
La plate-bande, malgré son ensoleillement, n'avait rien produit.
(Les pronoms relatifs à utiliser: *qui, laquelle*.)

_____

_____

e Ces cours de grammaire étaient pourtant pour elle d'un grand intérêt.
Chloé se donnait beaucoup de mal pour ces cours de grammaire.
Elle suivait ces cours de grammaire avec une assiduité exemplaire.
(Les pronoms relatifs à utiliser: *lesquels, que*. De plus, il faudra unir les deux relatives par la conjonction de coordination *et*.)

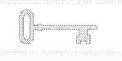

_____

_____

Réponses du DIAGNOSTIC à la page 305.

APPROFONDISSEMENT

Le **pronom relatif** est un marqueur très utilisé qui a donné son nom à la proposition qu'il introduit. On appelle donc «relative» tout fragment commençant par un pronom relatif et renfermant un verbe conjugué.

Le pronom relatif permet de relier deux phrases simples qui se suivent et où apparaissent deux groupes du nom identiques. Le mécanisme de l'enchâssement est simple: l'une des deux phrases est insérée dans l'autre parce que l'un des groupes du nom identiques a été remplacé par un pronom relatif.

Ex.: *Cette jeune femme est ma sœur.*
Cette jeune femme travaille à la bibliothèque.
devient:
*Cette jeune femme **qui** travaille à la bibliothèque est ma sœur.*

Les deux groupes du nom identiques *Cette jeune femme* ont été accolés:
Cette jeune femme Cette jeune femme travaille à la bibliothèque est ma sœur.
Remarquez qu'il faut faire suivre le groupe sujet *Cette jeune femme* du groupe verbal *travaille à la bibliothèque*.
Remplaçons maintenant le groupe du nom *Cette jeune femme* par le pronom relatif *qui*.
On obtient alors la phrase suivante:
*Cette jeune femme **qui** travaille à la bibliothèque est ma sœur.*

Il existe deux catégories de pronoms relatifs:
— les pronoms invariables **qui**, **que**, **quoi**, **dont**, **où**;
— les diverses formes du pronom **lequel**.

Attention cependant : On ne peut indifféremment employer les pronoms relatifs l'un à la place de l'autre.
L'emploi du pronom relatif dépend :

— de la fonction de l'antécédent (le mot dont il tient la place) ;
— de la nature (nom de personne, nom d'animal ou nom de chose) de cet antécédent.

Le pronom *qui*

Ex. 1 : *Serge, **qui** m'écoute toujours avec beaucoup d'attention, est mon ami.*

Les deux phrases simples sont : *Serge est mon ami.*
Serge m'écoute toujours avec beaucoup d'attention.

Dans la deuxième phrase, *Serge* est un nom de personne, sujet.
On doit alors utiliser le pronom *qui*, lequel peut représenter un nom de personne, d'animal ou de chose.

Attention : On aurait pu tout aussi bien écrire :
*Serge, **lequel** m'écoute toujours avec beaucoup d'attention, est mon ami.*
L'emploi de *lequel* aurait permis ici de mettre l'antécédent *Serge* en relief.

Ex. 2 : *Serge, **à qui** j'ai parlé de ce projet, est enthousiaste.*

Les deux phrases simples sont : *Serge est enthousiaste.*
J'ai parlé de ce projet à Serge.

Dans la deuxième phrase, *Serge* est un nom de personne, complément d'objet indirect.
On doit alors utiliser le pronom *qui* (précédé de la préposition *à* nécessitée par le verbe *parler*).
Le pronom *qui* ne peut représenter que des personnes ou des choses personnifiées.

On ne dit pas : **Le livre à qui je me suis référé...*, mais *Le livre auquel je me suis référé...*
Je me suis référé « à ce livre » (C.O.I.), nom de chose.

Le pronom *que*

Ex. 1 : *Ce projet **que** je caresse depuis longtemps connaîtra enfin un dénouement.*

Les deux phrases simples sont : *Ce projet connaîtra enfin un dénouement.*
Je caresse ce projet depuis longtemps.

Ex. 2 : *Paul, **que** Serge a consulté, est optimiste.*

Les deux phrases simples sont : *Paul est optimiste.*
Serge a consulté Paul.

Dans les exemples 1 et 2, *ce projet* est un nom de chose, tandis que *Paul* est un nom de personne. Cependant, tous les deux sont compléments d'objet direct.
On doit alors utiliser le pronom *que*, peu importe si l'antécédent est un nom de personne ou de chose.

Le pronom ***dont***

    Ex. 1 : *La réussite **dont** nous avons tant rêvé est pour bientôt.*

Les deux phrases simples sont : *La réussite est pour bientôt.*
            Nous avons tant rêvé de cette réussite.

    Ex. 2 : *Ce Paul **dont** je t'ai parlé est un excellent conseiller.*

Les deux phrases simples sont : *Ce Paul est un excellent conseiller.*
            Je t'ai parlé de ce Paul.

Dans les deux exemples ci-dessus, on doit utiliser le pronom ***dont*** : il remplace ici un groupe complément d'objet indirect. Il importe peu que l'antécédent soit un nom de personne ou de chose.

    Ex. 3 : *Les rêves sont des ébauches **dont** la valeur est incommensurable.*

Les deux phrases simples sont : *Les rêves sont des ébauches.*
            La valeur de ces ébauches est incommensurable.

Dans cet exemple, on doit utiliser le pronom ***dont*** : il remplace ici un groupe complément du nom.

<u>Attention</u> : Dans le pronom ***dont***, il y a donc toujours la préposition ***de*** sous-entendue.

Le pronom ***quoi***   *sur quoi sans quoi sans quoi à quoi.*

    Ex. : *Toutes ces choses à **quoi** il avait songé lui paraissaient inutiles maintenant.*

Les deux phrases simples sont : *Toutes ces choses lui paraissaient inutiles maintenant.*
            Il avait songé à toutes ces choses.

Le pronom relatif ***quoi*** a le plus souvent un antécédent de sens vague comme *rien, ce, chose, quelque chose*, etc., et est toujours précédé d'une préposition.

Le pronom ***où***

    Ex. : *Le terrain **où** nous pensons nous installer est à Montréal.*

Les deux phrases simples sont : *Le terrain est à Montréal.*
            Nous pensons nous installer sur ce terrain.

Dans cet exemple, on doit utiliser le pronom *où :* il remplace ici un groupe complément circonstanciel de lieu. L'antécédent de *où* est toujours un nom de chose.

Le pronom *lequel*

Ex. 1 : *Ces athlètes **sur lesquels** reposaient tous nos espoirs ont été disqualifiés.*

Les deux phrases simples sont : *Ces athlètes ont été disqualifiés.*
Tous nos espoirs reposaient sur ces athlètes.

Attention ici à la préposition qui suit le verbe *reposaient*.
Tous nos espoirs reposaient sur ces athlètes.
Il faut la garder au moment de décider quel pronom relatif retenir. Ici, on peut choisir entre les deux formes *sur lesquels* (m.p.) ou *sur qui* parce que l'antécédent est un nom de personne.

Ex. 2 : *Les études de marché **sur lesquelles** nous nous appuyons promettent de bons rendements.*

Les deux phrases simples sont : *Les études de marché promettent de bons rendements.*
Nous nous appuyons sur ces études de marché.

Dans cet exemple, on doit utiliser un des dérivés du pronom *lequel* parce que l'antécédent est un nom de chose. Surtout, il ne faut pas oublier la préposition *sur* qui suit le verbe *appuyons*. Cette préposition doit précéder le pronom relatif au moment de l'enchâssement de la deuxième phrase dans la première.

Ex. 3 : *Les grandes chaînes **auxquelles** nous comptons nous associer un jour nous considèrent déjà avec respect.*

Les deux phrases simples sont : *Les grandes chaînes nous considèrent déjà avec respect.*
Nous comptons nous associer à ces grandes chaînes un jour.

Dans cet exemple, on a utilisé un des dérivés du pronom *lequel*: il remplace ici un nom de chose, complément d'objet indirect.

Ex. 4 : *Les consommateurs **pour lesquels** nous travaillerons sans relâche seront certainement satisfaits.*

Les deux phrases simples sont : *Les consommateurs seront certainement satisfaits.*
Nous travaillerons sans relâche pour ces consommateurs.

Dans cet exemple, on a utilisé un des dérivés du pronom *lequel*: il remplace ici un nom de personne, complément d'objet indirect.

On pourrait cependant écrire : *Les consommateurs **pour qui** nous travaillerons sans relâche seront certainement satisfaits,* parce que l'antécédent est un nom de personne.

Dans ces quatre derniers exemples, le pronom relatif varie en genre et en nombre.
C'est le genre et le nombre de l'antécédent qui déterminent le genre et le nombre du pronom **lequel**, comme l'indique le tableau suivant.

Pronom	Antécédent	Genre et nombre
sur lesquels	*ces athlètes*	masculin pluriel
sur lesquelles	*les études de marché*	féminin pluriel
auxquelles	*les grandes chaînes*	féminin pluriel
pour lesquels	*les consommateurs*	masculin pluriel

Les formes ***auquel***, etc., ***duquel***, etc., peuvent avoir un complément circonstanciel comme antécédent.

        Ex.: *L'heure à laquelle je t'attendais...,*
             L'endroit duquel tu sortais..., etc.

De plus, il arrive souvent que les dérivés du pronom ***lequel*** soient précédés d'une préposition. C'est le verbe qui, le plus souvent, nous permet de savoir de quelle préposition sera précédé le pronom relatif.
L'utilisation des prépositions est une source importante d'erreurs.
Comment éviter les pièges de la préposition ?
Comment en effet ? Une lecture attentive des tableaux suivants vous fournira certainement quelques lumières...

Ces verbes se construisent avec la préposition *à*

échouer à un examen, s'intéresser à quelqu'un, nuire à..., obéir à..., penser à..., plaire à..., songer à..., sourire à..., ressembler à..., rêver à..., succéder à..., téléphoner à..., tenir tête à..., pardonner à...

Ces verbes se construisent avec la préposition *de*

profiter de l'occasion, douter de tout, s'apercevoir de son erreur, changer de..., craindre de..., décider de..., discuter de..., hériter de..., manquer de..., projeter de..., se repentir de..., rêver de..., avoir envie de..., avoir soin de..., traiter de..., se souvenir de..., écoper de..., se défendre de..., se corriger de...

Ces verbes se construisent avec les prépositions *à* et *de*

parler à Pierre de son projet, se plaindre à son supérieur de la lenteur des négociations, répondre à... de...

Ces verbes se construisent avec la préposition *sur*

compter sur..., s'appuyer sur..., réfléchir sur..., questionner sur..., s'acharner sur..., s'expliquer sur..., se prononcer sur...

Ces verbes se construisent avec la préposition *contre*

se fâcher contre..., s'assurer contre..., se battre contre..., échanger contre..., offrir contre..., pécher contre..., déblatérer contre..., se protéger contre..., se défendre contre..., se déclarer contre..., se dresser contre...

Ces verbes se construisent avec la préposition *pour*

voter pour..., répondre pour..., éprouver pour..., prendre pour..., quêter pour..., se donner pour...

Ces verbes se construisent avec la préposition *en*

croire en..., se transformer en..., transcrire en..., se costumer en..., se diviser en...

Bref, **pour un emploi correct des pronoms relatifs,** voyez le tableau suivant.

Fonction	Emplois généraux	Emplois particuliers
sujet	*qui* (1)	*lequel* (2) : pour éviter l'ambiguïté ou mettre l'antécédent en relief.
(1) Jean, **qui** est mon meilleur ami, viendra avec moi au cinéma. (2) Éric, **lequel** nous a parlé du film, ne pourra se joindre à nous.		
objet direct	*que* (3)	
(3) La critique **que** nous avons lue dans le journal est élogieuse.		
objet indirect	*dont* : si la préposition sous-entendue est *de*; (4)	**prép. + *qui*,** surtout en parlant des personnes (5) **prép. + *lequel*,** si la prép. supposée n'est pas *de*; (6), (7), (8), (9)
(4) Le spectacle **dont** on nous a parlé valait la peine d'être vu. (5) Pierre **à qui** elle s'est intéressée s'est montré indifférent. (6) La compagnie **à laquelle** il s'est intéressé en valait la peine. (7) Le froid **contre lequel** nous nous étions bien protégés était glacial. (8) La candidate **pour laquelle** nous avons voté fut élue. (9) Les principes **en lesquels** nous croyions furent peut-être oubliés.		
attribut du sujet	*que* (10)	
(10) La bande d'amis **que** nous étions se voyait alors régulièrement.		
complément du nom	*dont*, si le pronom relatif précède le nom complété; (11) *de + lequel*, si le relatif suit le nom complété; (12)	*de + qui*, surtout en parlant des personnes.(13)
(11) Les roses **dont** elle a fait un bouquet sont pleinement épanouies. = elle a fait un bouquet de ces roses. (12) La beauté de ce bouquet, **de laquelle** je ne me lasse pas, me manquera. = je ne me lasse pas de la beauté du bouquet. (13) Paul **de qui** elle vantait les mérites en était tout confus.		

complément circonstanciel	prép. + *lequel*; (14)	prép. + *qui*, surtout en parlant des personnes; (18)
	où, compl. circ. de lieu ou de temps; (15)	*dont*, compl. d'origine en parlant des personnes. (19)
	dont, compl. circ. de moyen, de cause, de manière. (16), (17)	

(14) Le magicien tenait un chapeau **duquel** il tira un lapin.
(15) Cette rivière **où** l'on se baignait autrefois est maintenant polluée.
(16) La façon **dont** il tenait le vase présageait du pire.
dont il tenait le vase = il tenait le vase d'une certaine façon = il tenait le vase d'une certaine **manière**.
(17) La maladie **dont** elle est morte aurait pu être guérie.
dont elle est morte = elle est morte **à cause de** cette maladie.
(18) Pierre **chez qui** je me suis arrêté est un hôte parfait.
(19) Le village **dont** elle est issue n'existe plus.

Les formes possibles du pronom **lequel** précédé d'une préposition sont les suivantes.

préposition	masc. sing.	fém. sing.	masc. plur.	fém. plur.
à	auquel	à laquelle	auxquels	auxquelles
de	duquel	de laquelle	desquels	desquelles
pour	pour lequel	pour laquelle	pour lesquels	pour lesquelles
dans	dans lequel	dans laquelle	dans lesquels	dans lesquelles
avec	avec lequel	avec laquelle	avec lesquels	avec lesquelles
sur	sur lequel	sur laquelle	sur lesquels	sur lesquelles

Enfin, une relative peut être **déterminative** ou **explicative**.

— Elle est **déterminative** lorsqu'elle est indispensable au sens de la principale.

Ex.: *Les gens **qui pensent comme toi** sont rares.*

On ne pourrait dire: *Les gens sont rares.* Cela changerait le sens de la principale.

Dans ce cas, **on n'encadre pas la relative par des virgules**.

— Elle est **explicative** lorsqu'elle n'est pas indispensable au sens de la principale.

Ex.: *Le panda, **qui est en danger d'extinction**, est un des animaux préférés des enfants.*

On pourrait dire: Le panda est un des animaux préférés des enfants. Le sens de la principale n'en serait pas changé.
Dans ce cas, **la relative se place entre deux virgules**.

PRATIQUE

1 Voici des ensembles de phrases simples.
Reliez ces phrases simples en une phrase complexe comportant une ou plusieurs relatives.
Le groupe de mots à remplacer par un pronom relatif est souligné.
(Pour connaître le pronom relatif à utiliser, trouvez d'abord la fonction de ce groupe de mots. Consultez ensuite les pages précédentes de la partie APPROFONDISSEMENT.)

a Ces bijoux sont hors de prix: oublie-les.
Tu convoites ces bijoux depuis que tu les as vus.

_____

_____

b Lors des débats oratoires, les étudiants nous ont beaucoup déçus.
Notre espoir reposait sur les étudiants.

_____

_____

c Par leur méchanceté, ces intrigues nous glacent le sang.
Elle noue ces intrigues.
Personne ne se méfie de ces intrigues.

_____

_____

d La confiance a été ternie par de douloureux soupçons.
Nous lui avons toujours accordé notre confiance.
L'amitié véritable repose sur la confiance.

_____

_____

e Le vent nous confirme la venue prochaine de l'hiver.
Le vent s'essouffle dans la plaine.
On entend la plainte monotone du vent.

_____

_____

2 Voici des ensembles de phrases simples.
Effectuez les transformations nécessaires pour faire de chaque ensemble une phrase complexe comportant une ou plusieurs relatives.
Le groupe de mots à remplacer par un pronom relatif est souligné.
(À la suite de certains ensembles, vous trouverez des indications à suivre.)

a Depuis bientôt un mois, Karine se prépare à l'examen d'entrée.
Elle ne peut se permettre d'échouer à cet examen.
Elle veut être admise en médecine.

(Il vous faut deux relatives explicatives.)

b Guy a offert à Isabelle une reproduction de Chagall.
Elle en rêvait depuis des mois.
Guy aime beaucoup Isabelle.

(Il vous faut une relative déterminative et une relative explicative.)

c Un camion a donné violemment contre une muraille rocheuse.
Cette muraille rocheuse bordait l'autoroute.
Ce camion appartenait à une compagnie de pâtes et papiers.
La direction de ce camion avait été faussée.

(Il vous faut trois relatives dont deux seront unies par la conjonction *et*.)

d Le jardin était bordé d'érables.
Le vent creusait des remous dans les érables.
Les larges feuilles des érables balayaient le parasol.
Grand-mère prenait le thé sous ce parasol.

(Il vous faut trois relatives :
— une relative introduite par le pronom *lequel*;
— deux relatives unies par la conjonction *et*.)

e À la suite de plaintes répétées, le sentier a été balisé.
Ces plaintes étaient parfaitement justifiées.
Ce sentier mène au lac.
De nombreux riverains empruntent ce sentier.

(Il vous faut trois relatives :
— une relative explicative introduite par un dérivé du pronom *lequel* ;
— deux relatives unies par la conjonction *et*.)

3 Voici des ensembles de phrases simples.
Effectuez les transformations nécessaires pour faire de chaque ensemble une phrase complexe comportant une ou plusieurs relatives.

a Des chercheurs ont découvert récemment un nouveau médicament.
La réputation de ces chercheurs n'est plus à faire.
Ce médicament réussira peut-être, un jour, à diminuer la mortalité due au sida.

b Mon professeur de linguistique enseigne aussi l'histoire.
On apprécie la compétence de ce professeur de linguistique.
Un étudiant de la classe voisine lui parle en ce moment.
L'histoire fut toujours ma matière préférée.

c La ville de Sherbrooke a été vivement appréciée par un nombre important de congressistes.
Se tenait là, il y a quelques semaines, le congrès annuel de l'Association nationale des professeurs de géographie.
L'hospitalité de Sherbrooke est remarquable.
Un nombre important de congressistes étaient venus, pour l'occasion, de tous les coins du pays.

d Votre lettre du 17 janvier dernier nous est heureusement parvenue dans les délais convenus.
Vous nous proposiez vos services dans cette lettre.
Nous nous faisons un plaisir de les retenir tout aussitôt.
Nous nous expliquerons sur ces délais à notre prochaine rencontre.

e La maison allait tomber sous le pic des démolisseurs.
Une façade entière de cette maison avait été ravagée par les flammes.
La maison, lentement, émergeait de la brume en ce matin de novembre.
Tout semblait baigner dans une vapeur irréelle en ce matin de novembre.

_____
_____
_____
_____

4 Complétez chacune des phrases suivantes à l'aide du pronom relatif qui convient.
(Attention : Dans certains cas, il faudra accompagner le pronom d'une préposition nécessitée par le verbe employé.)

a Les examens _____ j'ai échoué étaient beaucoup plus difficiles que je ne l'avais prévu.

b Les randonneurs, _____ l'allure trahissait la fatigue, gravirent péniblement les derniers escarpements _____ le vent avait façonnés en d'étranges figures.

c Le bleu du ciel _____ glissaient de fins lambeaux de nuages promettait une journée magnifique _____ il fallait profiter à tout prix.

d La jeune fille _____ il s'intéressait n'avait pas semblé indifférente.

e Le colloque, _____ le comité avait tant travaillé et _____ on avait invité tous les spécialistes de l'heure, fut un succès.

f Si étroite était la marge de manœuvre _____ nous devions nous maintenir que c'était là un tour de force.

g Ce bois _____ nous connaissons les moindres recoins et _____ permet de découvrir à chaque pas une variété différente de fleurs sauvages fait actuellement l'objet de spéculations.

h Son agenda, _____ il biffait chaque jour les tâches remplies et _____ il notait soigneusement tous ses rendez-vous, témoignait éloquemment de son sérieux.

i Cette situation _____ la complexité nous avait effrayés et _____ nous avions si peur s'est résorbée comme par enchantement.

j La neige _____ elles avaient tant souhaitée et _____ est finalement tombée les a remplies d'une fébrilité folle.

L'AUTOCORRECTEUR *Réponses des exercices de PRATIQUE aux pages 29 à 32.*

RAPPEL

QUAND DOIT-ON UTILISER LA VIRGULE?

La **virgule** est nécessaire pour séparer deux propositions unies par *mais*, *donc*, *car*, *or*, *cependant*, *toutefois*, *néanmoins,* etc. En revanche, on ne sépare pas généralement par une virgule les propositions coordonnées par *et*, *ou*, *ni*.
La **virgule** doit toujours isoler en tête de phrase un fragment exprimant une circonstance.
De même, des **virgules** doivent toujours encadrer un fragment exprimant une circonstance qu'on loge au cœur de la phrase.
Des **virgules** doivent toujours encadrer une relative explicative.
Une **virgule** isole le plus souvent en tête de phrase un mot ou une courte expression jouant le rôle d'un marqueur de relation.

QUEL EST LE RÔLE DU DEUX-POINTS?

Le **deux-points** peut marquer le rapport logique qui relie deux indépendantes. Les rapports de sens les plus fréquents ainsi mis en relief sont ceux de la **causalité** et de la **conséquence**.

DIAGNOSTIC

1 Il manque 17 virgules dans l'extrait suivant.
Rétablissez-les.

Trois virgules seront nécessaires pour isoler un marqueur de relation en tête de phrase ;
une seule indiquera la présence d'une relative explicative ;
une seule servira à séparer des propositions coordonnées ;
trois virgules seront nécessaires pour isoler un complément circonstanciel en tête de phrase ;
dix virgules encadreront, au cœur de la phrase, des compléments circonstanciels. Mais, l'une d'entre elle sert déjà à indiquer la présence de la relative explicative. Vous en placerez donc neuf.

Naissance d'un « nez » extraordinaire

Et c'est naturellement à Paris que la puanteur était la plus grande car Paris était la plus grande ville de France. Et au sein de la capitale il était un endroit où la puanteur régnait de façon particulièrement infernale entre la rue aux Fers et la rue de Ferronnerie c'était le cimetière des Innocents.

Pendant huit cents ans on avait transporté là les morts de l'Hôtel-Dieu et des paroisses circonvoisines. Pendant huit cents ans on y avait jour après jour charroyé les cadavres par douzaines et on les y avait déversés dans de longues fosses.

Or c'est là à l'endroit le plus puant de tout le royaume que vit le jour le 17 juillet 1738 Jean-Baptiste Grenouille. La chaleur pesait comme du plomb sur le cimetière projetant sur les rues avoisinantes son haleine pestilentielle où se mêlaient l'odeur des melons pourris et celle de la corne brûlée.

Patrick Süskind, *Le parfum*, Paris, Fayard, 1986.

2 Dans les phrases suivantes, mettez le deux-points là où il en faut pour annoncer une cause ou une conséquence.

a   Vertement, elle lui signifia son opposition manifestement, l'idée n'avait pas l'heur de lui plaire.

b   Marc entend la porte d'entrée s'ouvrir Anne-Catherine arrive enfin.

c   Myriam a de nouveau la migraine la tension de la fin de session sans doute !

d   Ma petite chatte est montée sur la table. Elle a tapé une fleur du vase toutes les autres ont frémi.

e   Elle en a tapé une autre même résultat. Espiègle, elle est prête à jouer sans fin à ce nouveau jeu.

Réponses du DIAGNOSTIC aux pages 305 et 306.

APPROFONDISSEMENT

QUELS SONT LES RÔLES DE LA VIRGULE ET DU DEUX-POINTS ?

La **virgule** est nécessaire pour séparer deux propositions unies par *mais*, *donc*, *car*, *or*, *cependant*, *toutefois*, *néanmoins,* etc. En revanche, on ne sépare pas généralement par une virgule les propositions coordonnées par *et*, *ou*, *ni*.

> Ex. : *Le soleil luit, mais l'herbe se dessèche.*
> *Le soleil luit et l'herbe se dessèche.*

La **virgule** doit toujours isoler en tête de phrase un fragment exprimant une circonstance.

> Ex. : ***Grâce à cette étude***, *il est possible d'affirmer que les écologistes ont raison.*
> ***Pour en finir avec cette histoire***, *nous lui intenterons un procès.*
> ***Bien que cette pratique soit condamnable***, *plusieurs y ont recours.*

De même, des **virgules** doivent toujours encadrer un fragment exprimant une circonstance qu'on loge au cœur de la phrase.

> Ex. : *Il est possible d'affirmer,* ***grâce à cette étude****, que les écologistes ont raison.*
> *Plusieurs,* ***bien que cette pratique soit condamnable****, y ont recours.*

Placé à la fin de la phrase, le fragment exprimant une circonstance, sauf s'il est d'une longueur importante, suit sans virgule.

> Ex. : *Nous lui intenterons un procès* ***pour en finir avec cette histoire****.*
> *Plusieurs y ont recours,* ***bien que cette pratique soit condamnable****.*

> Des **virgules** doivent toujours encadrer une relative explicative.

> Ex. : *Le panda, **qui est en danger d'extinction**, est un des animaux préférés des enfants.*

On pourrait dire : *Le panda est un des animaux préférés des enfants*. Le sens de la principale n'en serait pas changé. La relative apporte ici une précision dont, à la rigueur, on pourrait se passer. Ce type de relative se place toujours entre deux virgules.

> Une **virgule** isole le plus souvent en tête de phrase un mot ou une courte expression jouant le rôle d'un marqueur de relation.

> Ex. : ***Finalement**, nous n'avons rien trouvé à redire.*
> ***De plus**, ne faut-il pas rendre notre rapport dans deux jours ?*

(Ces cas d'utilisation de la virgule complètent ceux fournis aux pages 36 et 37.)

ATTENTION !

Aucune virgule ne doit séparer le groupe sujet, aussi étendu soit-il, du groupe verbal.

> Ex. : *Pomiculteur depuis peu, **mon ami Jean**(*,) m'apportera les pommes qu'il m'a promises.*

Aucune virgule ne doit séparer un groupe complément, aussi étendu soit-il, du mot qu'il complète.

— complément du verbe   Ex. : *Jean a fait faire (*,) **à son jeune frère** (*,) une longue balade en moto.*
— complément d'un nom   Ex. : *La sœur charmante, jolie et fort intelligente (*,) **de mon ami Paul** a conquis tous ses amis.*
— complément d'un comparatif Ex. : *Il vaut mieux ramasser des connaissances (*,) **que de ramasser du vil argent**.*

Aucune virgule ne doit séparer une principale d'une subordonnée qui lui donne son sens.

> Ex. : ***Je voudrais tant** (*,) que vous ne fassiez plus d'erreur en ponctuation.*
> ***Elle a tant et si bien travaillé** (*,) que ses résultats sont montés en flèche.*

> Le **deux-points** sert souvent à marquer le rapport logique qui relie deux phrases simples.
> Les rapports de sens les plus fréquents sont ceux de la **causalité** et de la **conséquence**.

> Ex. : *La soirée avait été bien terne : Julie n'avait pu se libérer.*
> (Ici, c'est un rapport de causalité.)

> Ex. : *Mon frère travaille trop : l'épuisement est à craindre.*
> (Ici, c'est un rapport de conséquence.)

PRATIQUE

1 Dans les phrases suivantes, les virgules ont été omises.
Rétablissez-les.

a Lors de notre dernier voyage en Grèce un vieil homme qui nous avait entendus parler français nous a arrêtés afin d'avoir des nouvelles du pays.

b Et ce n'est pas tout! Après nous avoir entretenus de son enfance comme notre intérêt allait grandissant il nous a invités chez lui à prendre un verre d'ouzo.

c Évidemment il ne lui avait pas semblé utile alors que nous l'attendions depuis une heure de nous prévenir qu'il allait être en retard.

d Si tout s'était déroulé comme nous l'avions prévu aucune des personnes présentes n'aurait eu à subir de contretemps fâcheux.

e Puis le miracle se produit : un compatriote la reconnaît lui fournit les papiers nécessaires l'aide à quitter le pays.

f Julie sans être une championne s'était toujours inscrite à des compétitions toutefois ses chances de remporter une victoire étaient minces.

g Cet après-midi-là il faisait très gris dehors cependant dans cette belle maison paisible une femme inventait un soleil à ranger dans des boîtes à lunch. (Monique Roy)

h Lorsque je lui fais remarquer qu'elle ne jouira plus dorénavant de beaucoup d'heures de loisir pour effectuer ses randonnées en forêt au cours desquelles elle aime tant recueillir foin d'odeur champignons et plantes médicinales elle m'assure qu'elle compte sur ses vieux jours pour le faire! (Julie Stanton)

i Je suis si fatiguée : ton ami qui a une maison en Martinique me recevrait-il pour deux semaines en janvier ?

j Par conséquent nous serons contraints malgré notre réticence à procéder de cette façon à vous envoyer une mise en demeure laquelle — on s'en doute — ne sera pas très appréciée.

2 Justifiez l'emploi des virgules utilisées dans les phrases de l'exercice no 1 en remplissant le tableau ci-dessous. Pour ce faire, inscrivez à la suite de chaque justification les lettres désignant les phrases où s'applique cette justification.

Un fragment précisant une circonstance est placé en tête de phrase : _____

Un fragment précisant une circonstance est placé au cœur de la phrase : _____

Deux propositions sont unies par un coordonnant autre que *et*, *ou*, *ni* : _____

Il s'agit d'une relative explicative : _____

Un marqueur de relation se trouve en tête de phrase : _____

Il s'agit d'une énumération : _____

QUELS SONT LES MOYENS DE RELIER DES PHRASES SIMPLES ?

3 Dans chacune des phrases suivantes, utilisez des virgules là où il en faut.

a En fait, les premiers signes sont toujours les mêmes : maux de gorge, tête lourde et écoulement nasal, mais ne vous affolez pas : vous vous en remettrez.

b De temps à autre, il descendait rendre une petite visite à Rémi au magasin, recevait une caresse amicale sur le crâne, une autre, plus aléatoire, de Mathilde et alors, tout étant bien en ordre, remontait à l'étage rejoindre son poste. (Jean Rouaud)

c L'amour, qui est parfois aveugle et exclusif, ne souffre aucun partage, mais l'amitié peut se multiplier, s'élargir, car elle est toujours le fruit d'un choix lucide et délibéré.

d Notre amitié est une belle amitié qui, comme un tricot, s'allonge, s'allonge et nous tient au chaud.
(Rollande Allard-Lacerte)

e Dès lors, une fois l'habitude prise, on la laissa divaguer à sa guise : on avait du mal à la suivre, car son passé ne lui revenait que par bribes éparses.

f Évidemment, l'urbanité n'est pas l'unique apanage des gens de la ville, mais dans celle-ci, où l'on s'empile, le souci de ne pas déranger, de ne pas polluer, de ne pas agresser atténue les conflits, diminue la tension et devrait permettre de cultiver cette morale de la délicatesse qui est le sens de la politesse authentique. (Monique LaRue)

g Un jour, il confia à quelques-unes de ses élèves, dont j'étais, qu'à Nice, dans le sud-est de la France, il avait exposé certaines de ses toiles : à cette époque, il peignait beaucoup.

h À peu près à ce moment-là, mon frère fut engagé comme gardien de nuit dans un immeuble où la plupart des locataires, quoique courageux et bien-portants, craignaient les cambrioleurs.

4 Dans les phrases e) et g) de l'exercice no 3, justifiez la présence du deux-points.

e) _____
g) _____

L'AUTOCORRECTEUR   *Réponses des exercices de PRATIQUE aux pages 32 à 34.*

ÉVALUATION

(50 points)

1 (20 points)
Voici des ensembles de phrases simples.
Dans chaque cas, reliez les phrases par un marqueur exprimant le rapport de sens indiqué.

a Le silence est d'or, à ce qu'il paraît.
La parole est d'argent.

Rapport de sens : **opposition**.

b Elle était malade.
Marie-Josée n'a pu assister à la représentation de *Broue*.

Rapport de sens : **cause**.

Rapport de sens : **conséquence**.

c Les résultats aux examens seront publiés.
Les étudiants s'inscriront aux activités pédagogiques de la session d'hiver.

Rapport de sens : **temps**.

d Ils ne doutent pas d'avoir réussi.
Ils éprouvent quelque appréhension à la perspective de voir afficher les résultats.

Rapport de sens : **opposition**.

e Marc satisfait pleinement aux exigences.
Il a, tout aussitôt, posé sa candidature.

Rapport de sens : **conséquence**.

_____
_____

Rapport de sens : **cause**.

_____
_____

f Le temps reste au beau fixe.
La neige continue de tomber.
Marielle et moi, nous nous offrirons une journée de ski.

Rapport de sens : **condition**.

_____
_____

g L'avenir est incertain pour plusieurs.
Restons optimistes.
Il y a toujours une place au soleil pour quiconque veut réussir.

Rapport de sens : **concession** et **cause**.

_____
_____

2 (20 points)
**Certains pronoms relatifs utilisés dans les phrases suivantes sont mal employés.
Soulignez-les.
Corrigez-les en récrivant toute la phrase.**

a Ces messages publicitaires dont on a ajouté des ingrédients d'un goût douteux n'ont guère fait l'unanimité chez les consommateurs.

_____
_____

b Les exigences de la mise en marché sont telles qu'il est impossible de proposer un produit pour lequel on n'a pas auparavant mesuré l'exacte qualité.

_____
_____

c Le poste auquel elle avait offert ses services avait déjà été comblé.

d Une amie, auquel elle avait parfaitement confiance, avait raconté, à son sujet, de bien vilaines choses.

e Ces clients que j'avais pressenti les attentes et dont j'avais multiplié les démarches s'étaient montrés satisfaits.

f Pierre qu'elle avait toujours compté s'était esquivé sous de vagues prétextes.

g Les excuses à quoi il avait eu recours et lesquels elle avait fait mine d'accepter étaient cousues de fil blanc.

h La région dont je viens est maintenant si développée que je ne la reconnais plus.

3 (10 points)
À l'aide de virgules et de deux-points, ponctuez les phrases du court texte suivant.

Une nouvelle voiture

Finalement après bien des tergiversations Myriam s'est décidée sa prochaine voiture sera une américaine. Afin de lui faire plaisir Marc pour qui cela importe peu l'accompagnera toutes les fins de semaine des mois à venir chez les concessionnaires de la ville. Une chose est certaine son choix sera le bon. De cela Myriam en est persuadée !

L'AUTOCORRECTEUR *Réponses de l'ÉVALUATION aux pages 34 à 36.*

4

COMMENT ALLÉGER UNE PHRASE TROP LONGUE ?

4

COMMENT ALLÉGER UNE PHRASE TROP LONGUE ?

RAPPEL

La production d'un texte, quel qu'il soit, exige que l'on traduise les idées en des phrases correctes, bien sûr, mais surtout parfaitement intelligibles. Or, souvent, la longueur de la phrase nuit à sa compréhension parce que l'idée se perd alors dans un fouillis de mots.
Mais, comment alléger une phrase trop longue ?

Le moyen le plus simple reste le **point**.
Pourquoi, en effet, ne pas fermer par un point une séquence de mots où un groupe sujet et un groupe verbal rendent parfaitement l'idée que l'on veut exprimer ? Nul n'est besoin d'une surenchère de détails. Si besoin est, ils feront l'objet d'une autre phrase.

Pour alléger une phrase trop longue, rien de tel que le **pronom**. Le pronom permet d'éviter la répétition fâcheuse des mêmes mots. Mais attention, il faut bien identifier le genre et le nombre du nom dont le pronom tient la place : le pronom doit obligatoirement prendre le genre et le nombre de ce nom.

Une phrase trop longue, c'est souvent une phrase où, pour apporter une précision à un groupe du nom, on a utilisé une relative.
Cette relative peut avantageusement être remplacée par un simple **adjectif**, une **apposition**...

Une phrase trop longue, c'est aussi une phrase où le complément circonstanciel de phrase prend trop de place. Rappelons-le : le complément circonstanciel de phrase fournit des précisions quant aux circonstances (temps, cause, but, condition, opposition...) entourant ce qui est dit dans le reste de la phrase.
La langue fournit plusieurs moyens de préciser ces circonstances : un adverbe, un groupe de mots précédé d'une préposition, une subordonnée, une participiale...
Pour alléger une phrase trop longue, il suffit souvent de remplacer la subordonnée circonstancielle par un groupe de mots introduit par une préposition. Donnons à ce groupe de mots son nom grammatical, il s'agit d'un **groupe prépositionnel**.

Une phrase trop longue, c'est enfin une phrase où la tournure est lourde et compliquée.
Effectuer des déplacements au sein de la phrase peut s'avérer judicieux.
En tête de phrase viendront les précisions qu'apportent les groupes prépositionnels ou les adjectifs ; le reste, groupe sujet et groupe verbal, suivra dans l'ordre.

DIAGNOSTIC

1 Les phrases suivantes sont trop longues.
Récrivez-les en les allégeant.
Les consignes placées à leur suite vous guideront.

a À une heure de la fermeture officielle des bureaux de vote, le taux de participation était d'un peu plus de 50 % et les résultats devraient être connus dans les prochaines heures.
(Utilisez le point.)

b La contradiction est flagrante entre les deux sections du département de Sciences sociales. La première section dénonce la lenteur de certains étudiants à compléter leurs études collégiales et une autre section, qui l'encourage, refuse d'admettre que des collégiens qui prennent cinq ou six sessions à compléter leur formation générale soient nécessairement des fainéants.
(Utilisez le point et remplacez certains groupes du nom par les pronoms *l'un* et *l'autre.*)

_____

_____

_____

_____

c Même si elles divergent parfois d'opinion, les associations étudiantes, qui ont pour rôle de représenter des milliers d'étudiants, feront front commun, dimanche prochain, pour riposter à la réforme des cégeps envisagée par Québec.
(Utilisez un nom pour remplacer le fragment suivant de la relative : *qui ont pour rôle de représenter.*)

_____

_____

_____

d Les diverses fédérations fermeront les yeux sur les différends qui les opposent régulièrement afin de maximiser leur force de frappe.
(Utilisez un déterminant possessif à la place de *les* dans le groupe *les différends* pour remplacer la relative : *qui les opposent régulièrement.*)

_____

_____

e Des milliers d'enfants sont psychologiquement brisés parce qu'ils subissent les sarcasmes de leurs parents et parce qu'ils sont littéralement coupés de toute parole affectueuse et de toute expérience sociale valorisante.
(Supprimez la locution *parce que* et réaménagez la phrase de façon à placer les circonstances de cause en tête de phrase. Vous devrez, pour ce faire, trouver un adjectif qualificatif qui résume l'idée.)

_____

_____

Réponses du DIAGNOSTIC à la page 306.

APPROFONDISSEMENT

QUAND PEUT-ON TERMINER UNE SUITE DE MOTS PAR UN POINT?

La phrase est essentiellement faite de groupes et chacun de ces groupes assure dans la phrase une fonction grammaticale, avons-nous dit.
Le **groupe verbal** affirme qu'une action a lieu, a eu lieu ou aura lieu, qu'un état est, était ou sera réalisé.
Le **groupe sujet** nous renseigne sur l'identité de celui qui fait l'action ou à qui on attribue une caractéristique.
Le **groupe complément circonstanciel de la phrase** précise les circonstances entourant ce qui est dit.

Ex.: *Avec une majestueuse indifférence, les montagnes barraient l'horizon.*

L'analyse de cette phrase fait ressortir les groupes fonctionnels suivants:
un groupe verbal (verbe + C.O.D.): *barraient l'horizon*;
un groupe sujet: *les montagnes*;
un groupe complément circonstanciel de la phrase: *avec une majestueuse indifférence*.

La phrase est complète et parfaitement structurée. Et, pour le signifier, on place un point à la fin de cette suite de mots. Ajouter d'autres précisions serait l'allonger inutilement.
Mais, me direz-vous, il est important que l'on sache que ces montagnes séparent mon pays du pays voisin et qu'elles sont couvertes de neiges éternelles.
Aussi est-ce la phrase suivante qui rend parfaitement mon idée!

Avec une majestueuse indifférence, les montagnes qui séparent mon pays du pays voisin et qui sont couvertes de neiges éternelles barraient l'horizon.

Très bien. Cette phrase est parfaitement acceptable. Mais, avouez qu'elle est longue.
L'alléger est simple. Il faut:
— dégager les éléments essentiels dont on ne peut se passer;
— utiliser les autres éléments comme bases d'une autre phrase.

Avec une majestueuse indifférence, les montagnes barraient l'horizon.
Couvertes de neiges éternelles, elles séparent mon pays du pays voisin.

PRATIQUE

1 Séparez chacune des phrases suivantes en ses groupes fonctionnels.
Indiquez ensuite la fonction de chacun des groupes de mots (ex.: V. + C.O.D. + C.O.I. + ...) qui forment le groupe verbal.

a Notre tasse de thé à la main, le souper terminé, mon ami et moi échangions les nouvelles de la journée.

_____ : _____
_____ : _____
_____ : _____

échangions les nouvelles de la journée: G.V. (V. + _____)

COMMENT ALLÉGER UNE PHRASE TROP LONGUE?

b Entre les branches des arbres, le soleil inonde le jardin de traînées de lumière.

_____ : _____
_____ : _____

inonde le jardin de traînées de lumière : G.V. (V. + _____ + _____)

c Parce que, depuis l'accident, il est très instable, je m'occupe de lui.

_____ : _____
_____ : _____

m'occupe de lui : G.V. (V. + _____)

d Avec une patience d'ange, ma sœur répétait les mêmes recommandations à ses enfants.

_____ : _____
_____ : _____

répétait les mêmes recommandations à ses enfants : G.V. (V. + _____ + _____)

e Le soir, par la fenêtre entrouverte, nous parviennent les effluves embaumés des lilas.

_____ : _____
_____ : _____

nous parviennent : G.V. (V. + _____)

_____ : _____

f Devant la maison en flammes, avec des murmures de désolation s'était agglutinée une foule de curieux.

_____ : _____
_____ : _____

s'était agglutinée : G.V. (V.)

_____ : _____

g Avec une soudaineté étrange, la nuit silencieuse fut déchirée d'un grand cri.

_____ : _____
_____ : _____

fut déchirée d'un grand cri : G.V. (V. + _____)

2 Allégez les phrases suivantes en utilisant le point.
Pour ce faire, identifiez mentalement les groupes fonctionnels appartenant à chacune des séquences de mots.

a Dans le réseau communautaire, l'heure est à la concertation aux prises avec une clientèle de plus en plus lourde, les groupes communautaires ont senti l'urgence de s'attaquer aux problèmes d'ordre économique.

b L'athlète américain Carl Lewis pense que l'Afrique du Sud a changé le champion olympique a déclaré qu'il était prêt, maintenant, à courir dans ce pays.

c Lorsqu'elle avait ravi la place de numéro 1 mondiale à Martina Navratilova le 7 avril 1980, Tracy Austin semblait engagée sur la voie royale des plus grands succès pourtant, près de 13 ans plus tard, c'est Martina qui vient de battre dimanche la numéro 1 mondiale Monica Seles en finale du Tournoi de Paris, alors que Tracy n'a pu espérer rien de plus qu'une modeste victoire 7-5 et 6-4, face à l'Australienne Rennae Stubbs.

d Pour que la littérature existe, il ne suffit pas de vendre des livres la littérature ne vit pas seulement dans le papier ou dans les mots elle vit entre les lignes, dans le souffle et la respiration d'un récit elle vit dans l'inédit et l'indicible.

e Lorsque Céline Dion a entendu son nom, elle a rapidement traversé la salle pour monter sur la scène et recevoir son prix vêtue d'une longue robe de dentelle noire, elle a remercié les auteurs de la chanson *Beauty and the Beast,* Alan Menken et Howard Ashman.

L'AUTOCORRECTEUR *Réponses des exercices de PRATIQUE aux pages 37 et 38.*

APPROFONDISSEMENT

LE PRONOM

Le groupe nominal, quelle que soit son étendue, peut toujours être remplacé par un pronom.

Ex. : ***Le jeune garçon*** *traverse la rue.*
Les fleurs *embaument la maison.*
Chloé, la fille de mon neveu, *est venue nous voir.*

Dans chacune de ces phrases, nous pouvons remplacer le groupe sujet (ici, en gras) par un pronom.
Dans nos conversations et nos écrits, nous le faisons sans même y penser.

Ex. : ***Il*** *traverse la rue.*
Elles *embaument la maison.*
Elle *est venue nous voir.*

Ici, la chose est possible parce que nous nous sommes placés dans un contexte signifiant. Nous connaissons les « antécédents » de ces trois pronoms. Sans cette connaissance, les trois phrases ne nous informent guère. Reçues telles quelles, elles nous laissent sur notre faim. Qui se cache derrière le *il* de la première phrase ? S'agit-il de Marc ? De François ? Nous n'en savons rien.

Voilà pourquoi on dit que le pronom joue un rôle de ***représentant du groupe du nom***.
Et, comme représentant d'un groupe du nom, le pronom appartient à différentes espèces et a toujours, forcément, un ***antécédent***. L'antécédent est le nom dont le pronom tient la place. Ce fait explique que le pronom prend le nombre (singulier ou pluriel) et parfois le genre (féminin ou masculin) de cet antécédent.

Vous trouverez, à l'annexe 2 du présent cahier, la liste des différentes espèces de pronom.

PRATIQUE

1 Dans chacune des phrases suivantes, on a souligné un groupe du nom.
Récrivez chaque phrase en remplaçant le groupe du nom par un pronom de l'espèce indiquée entre parenthèses.
Donnez-lui le genre et le nombre qui conviennent.

a À l'angle des rues Brûlé et Maricourt, une nouvelle maison a été construite, cette maison, aux yeux des enfants, paraissait immense.
(Il faut un pronom relatif dérivé du pronom *lequel*.)

_____

_____

b Geneviève a rappelé à Éric son rendez-vous avec Josée. <u>Éric</u> y a couru, mais est arrivé trop tard : <u>la jeune fille</u> venait de partir.
(Il faut d'abord un pronom personnel ; ensuite, un pronom démonstratif.)

c Alain s'est acheté de nouvelles bottes de ski. Myriam et Marc, qui les ont vues, préfèrent <u>leurs bottes</u>.
(Il faut un pronom possessif.)

d Ses grands-parents, auprès de <u>ses grands-parents</u> elle se réfugiait toujours, lui pardonnaient mal d'espacer ses visites.
(Il faut un pronom relatif.)

e Cher lunatique ! Il croit que toutes les autos sont comme <u>son auto</u> : vétustes et déglinguées.
(Il faut un pronom possessif.)

f Annie et Caroline ont trouvé un petit chien. <u>Ni l'aînée ni la cadette</u> ne veulent l'abandonner : <u>les deux petites filles</u> en auraient trop de chagrin.
(Il faut un pronom indéfini et un pronom personnel.)

g <u>Une personne qui</u> a beaucoup voyagé a ramassé des souvenirs à la pelle.
<u>Ces beaux souvenirs</u> tiennent au chaud les jours d'ennui.
(Il faut un pronom indéfini et un pronom démonstratif.)

h Nous traversons une période difficile. Mes amies se serrent la ceinture. <u>Aucune amie</u> n'achète sans longtemps hésiter. <u>Certaines amies</u> se sont mises à la couture.
(Il faut dans chaque cas un pronom indéfini.)

i Nous avons choisi des billets pour plusieurs spectacles. Nous désirons t'en offrir un. <u>Quel billet</u> veux-tu ?
(Il faut un pronom interrogatif.)

j Nicole et Céline ont organisé une fête de quartier. <u>Nos amies</u> ont invité cinq couples du voisinage. <u>Un couple de leurs voisins</u> seulement a répondu à l'invitation. <u>Nos amies</u> étaient très déçues.
(Il faut un pronom démonstratif, un pronom numéral et un pronom personnel.)

2 Observez l'orthographe des pronoms que vous venez d'écrire à l'exercice no 1.
Quelle conclusion pouvez-vous tirer quant à leur genre et à leur nombre ?

3 Allégez les phrases suivantes en utilisant des pronoms pour remplacer les groupes de mots que vous trouvez redondants.

a L'initiative américaine d'organiser des parachutages humanitaires a reçu un timide soutien des principaux alliés de Washington. Toutefois, ces principaux alliés de Washington refusent de s'engager dans une opération dont les experts mettent en doute l'efficacité.

b Il n'est pas facile pour les jeunes de s'intégrer au parti politique de leur choix et d'y jouer un rôle. Là, comme ailleurs, l'arrimage des générations est malaisé et, souvent, les jeunes se sentent isolés.

c Une chose est sûre : pour mieux s'exercer, la démocratie a évidemment besoin d'information, mais la démocratie a bien davantage besoin de débats publics.

d Les collèges ont été créés il y a près de 25 ans. Les collèges représentent un atout important pour le développement industriel et économique du Québec. Souhaitons aux collèges un avenir à la mesure de l'importance de leur rôle.

e Nous sommes engagés dans une course technologique, mais nous n'avons aucune idée de l'impact qu'aura sur notre société la course technologique.

L'AUTOCORRECTEUR   *Réponses des exercices de PRATIQUE aux pages 39 à 41.*

APPROFONDISSEMENT

LA RELATIVE

De toutes les subordonnées rencontrées jusqu'ici, la relative est celle qui nous est la plus familière. Elle se rattache généralement à un nom et se glisse très facilement dans la phrase. Cependant, elle présente quelques difficultés.

1   La relative peut donner lieu à une équivoque :

Le chien de Richard, qui est très affectueux, m'a suivie hier soir.
Qui est affectueux ? Le chien ou Richard ? La phrase, telle qu'elle est formulée, ne permet pas de le savoir.
Le fils de mon voisin, qui est un très bon bricoleur, m'a invitée à souper.
Dans cette phrase, l'ambiguïté créée par le pronom relatif est encore plus évidente. Qui est bon bricoleur ? Le père ou le fils ?

2   Le pronom relatif est parfois employé ou orthographié incorrectement :

La jeune fille *que je sors avec est une amie d'enfance.
qui doit être :
La jeune fille avec qui je sors est une amie d'enfance.
Les amies *auxquels j'ai confié cette tâche s'en sont acquittées avec soin.
qui doit être :
Les amies auxquelles j'ai confié cette tâche s'en sont acquittées avec soin.

COMMENT ALLÉGER UNE PHRASE TROP LONGUE ?

La relative est d'emploi fréquent et elle est souvent indispensable. Il faut donc apprendre à l'employer correctement. Mais, il faut savoir que, dans certains cas, on peut la remplacer avantageusement par une formulation plus légère.

L'apposition

Ex.: *Cet homme, **qui travaille avec mon père**, est très compétent.*
peut devenir:
*Cet homme, **collaborateur de mon père**, est très compétent.*

Ici, la relative a cédé sa place à un nom en apposition suivi d'un complément.
Notez les virgules qui encadrent l'apposition.

L'adjectif ou le participe

Ex.: *Des semaines **qui ont paru très longues** ont précédé l'annonce des résultats.*
peut devenir:
*Des semaines **interminables** ont précédé l'annonce des résultats.*

Ex.: *Michel, **qui tient habituellement ses promesses**, m'avait promis de m'emmener au cinéma.*
peut devenir:
*Michel, **habituellement fidèle à ses promesses**, m'avait promis de m'emmener au cinéma.*

Ex.: *La réception **qui a eu lieu à l'occasion du mariage de Marc et de Myriam** a été très réussie.*
peut devenir:
*La réception **donnée à l'occasion du mariage de Marc et de Myriam** a été très réussie.*

Ex.: *Une table, **qui était au milieu de la salle**, regorgeait de plats variés.*
peut devenir:
*Une table, **dressée au milieu de la salle**, regorgeait de plats variés.*

Ici, un adjectif ou un participe, seul ou suivi d'un complément, a remplacé la relative, conférant à la phrase une légèreté nouvelle.

Le déterminant possessif

Ex.: *Le professeur **qui m'enseigne le français** aime beaucoup la poésie.*
peut devenir:
***Mon** professeur **de français** aime beaucoup la poésie.*

Ex.: *Le but **qu'il poursuit** est de nous faire partager son intérêt.*
peut devenir:
***Son** but est de nous faire partager son intérêt.*

Ici, un simple possessif suivi d'un nom a remplacé la relative.

Le groupe prépositionnel

Ex.: L'amour **qu'une mère éprouve pour ses enfants** est sans limites et souvent inconditionnel.
peut devenir :
L'amour **d'une mère pour ses enfants** est sans limites et souvent inconditionnel.

Ex.: Lors du dernier débat oratoire, l'orateur, **qui ne trouvait plus d'arguments,** a vu son adversaire triompher.
peut devenir :
Lors du dernier débat oratoire, l'orateur, **à bout d'arguments,** a vu son adversaire triompher.

Ici, une préposition ou une locution prépositive suivie d'un complément s'est substituée à la relative. Cette façon de faire est très simple : la préposition, suivie du complément du verbe, remplace le pronom relatif et le verbe.

PRATIQUE

1 Voici un premier lot de phrases dans lesquelles les relatives ont été soulignées.
Récrivez chaque phrase en remplaçant la relative par un nom en apposition suivi d'un complément.
Pour ce faire, puisez un nom dans la banque suivante que vous ferez suivre du fragment apparaissant en gras dans la phrase.

gagnant   *propriétaire*
base   *précurseur*
noyau   *amateur*
pourvoyeur   *agresseur*
explorateur   *spectateur*

a   René, qui aime beaucoup les **antiquités**, a visité tous les antiquaires de la région.

_____

b   Bien des parents, qui fournissent à **leurs enfants** ce qu'il leur faut, se plaignent de leur ingratitude.

_____

c   Les curieux, qui assistaient **au tournage du film**, s'émerveillaient du talent des comédiens.

_____

d   Le chien, qui a attaqué les **jeunes enfants de mes voisins**, devra être euthanasié.

_____

COMMENT ALLÉGER UNE PHRASE TROP LONGUE ?

e Les astronomes, qui scrutent le **monde interstellaire**, ont toujours été éblouis par la beauté des myriades d'étoiles.

f Saint Jean-Baptiste, qui annonça la venue **du Christ**, donna son nom à la fête des Québécois.

g Ton ami, qui a **une maison en Martinique**, me recevrait-il pour deux semaines en janvier ?

h La confiance, sur laquelle repose **l'amitié véritable**, souffrirait mal d'être trahie.

i Les Russes, qui lors des derniers jeux remportèrent les **médailles d'or et de bronze en haltérophilie**, ont fait l'objet de commentaires aigres-doux.

j Ces amis, autour desquels devait se former **notre troupe de théâtre**, nous ont fait faux bond.

2 Voici un deuxième lot de phrases dans lesquelles les relatives ont été soulignées.
Récrivez chaque phrase en remplaçant la relative par un adjectif ou un participe passé, seul ou suivi d'un complément.
Pour ce faire, puisez cet adjectif ou ce participe passé dans la banque suivante :

prochain   *ultérieur*
simultané   *récent*
antérieur   *permanent*
intermittent   *cueilli*
versatile   *alternatif*
impassible   *indulgent*
fraîche   *persistant*
éventuel   *sourd*
acquis

a Des événements qui se produiront plus tard ou qui pourraient se produire devraient influer sur leur décision.

b Qu'a utilisé ce concepteur ? Deux mouvements qui se font en même temps ou qui se font tour à tour ?

c Des découvertes qui ont eu lieu dernièrement, des nouvelles qui viennent d'arriver, voilà ce que les directeurs de la revue prévoient publier dans un avenir qui n'est pas trop éloigné.

COMMENT ALLÉGER UNE PHRASE TROP LONGUE ?

d Une activité qui ne s'arrêtait jamais régnait au sein de l'entreprise.

e Une fièvre qui cessait et revenait laissait présager une maladie qui allait se prolonger.

f Heureux homme ! Il avait un caractère qui aimait le changement et qui, toujours, quels que soient les imprévus, ne s'émouvait jamais.

g Notre sœur, qui pardonne aisément à son fils, s'est rendu compte que, malgré sa générosité et sa tolérance, celui-ci, qui n'écoute jamais ses recommandations, risquait de devenir très difficile.

h Toutes ces fleurs qui proviennent de votre jardin sont magnifiques. C'est grâce à votre savoir-faire qui a été acquis pendant les années qui ont précédé l'aménagement de votre jardin actuel qu'elles ont crû si bellement !

3 Voici un troisième lot de phrases dans lesquelles les relatives ont été soulignées. Récrivez chaque phrase en remplaçant la relative par un simple possessif suivi d'un nom.

a L'objectif que tu poursuis est irréaliste.

b L'influence que nous exerçons a été déterminante puisqu'elle nous doit le poste qu'elle occupe.

c Elles ont accepté l'invitation que Jean leur a faite.

d L'aversion qu'une telle attitude vous inspire est justifiée.

e À mon retour, je te promets la première visite que je ferai.

f La dette que notre fille a contractée envers vous vous sera remboursée.

g La générosité que tu as eue pour nos élèves lors de la dernière collecte de fonds nous a ravis.

_____

h Le médecin qui me soigne m'a semblé préoccupé par les derniers résultats.

_____

i Le secrétaire qui travaille pour moi est très compétent.

_____

j Les intrigues qu'il a nouées et les complots qu'il trame relèvent de la pure fantaisie.

_____

4 Voici un quatrième lot de phrases dans lesquelles les relatives ont été soulignées.
Récrivez chaque phrase en remplaçant la relative par une préposition ou une locution prépositive suivie d'un nom ou d'un groupe du nom complément.
Pour ce faire, choisissez une préposition ou une locution prépositive dans la banque suivante.
(Certaines d'entre elles ne seront pas utilisées.)

à	*d'après*
pour	*hors de*
dans	*en forme de*
de	*au-dessus de*
sans	*au-dessous de*
contre	*à bout de*
chez	*à travers*

a Un groupe qui comprend plusieurs réfugiés est attendu incessamment à Mirabel.

_____

b Le politicien qui ne trouve plus d'arguments se trouve dans une situation délicate.

_____

c L'admiratrice qui portait le chemisier rouge avait semblé le reconnaître.

_____

d Une île qui avait la forme d'un champignon se dessinait au large.

_____

e Le premier ministre avait prononcé un discours incendiaire qui combattait le projet de loi.

_____

f Des faits qui ne pouvaient faire l'objet d'un doute quelconque avaient convaincu le jury de la culpabilité du suspect.

g Elle avait emprunté la route qui passait par le bois et qui ne présentait, selon vous, aucun danger. Pourtant, elle s'était perdue !

h Sans crier gare, le professeur avait imposé un long travail qui devait être remis le lendemain.

i Les deux cousines, qui avaient alors le même âge, s'étaient fait une fête de ce voyage.

j Mon amie Hélène, linguiste qui a du talent, avait accepté un poste qui était inférieur à sa compétence.

L'AUTOCORRECTEUR *Réponses des exercices de PRATIQUE aux pages 41 à 45.*

APPROFONDISSEMENT

LE COMPLÉMENT CIRCONSTANCIEL DE PHRASE

Le complément circonstanciel de phrase fournit des précisions quant aux circonstances (temps, cause, but, condition, opposition...) entourant ce qui est dit dans le reste de la phrase.
La langue fournit plusieurs moyens pour préciser ces circonstances: un adverbe, un groupe de mots précédé d'une préposition (groupe prépositionnel), une subordonnée, une participiale...

Parfois, la subordonnée, de par sa longueur, peut contribuer à alourdir la phrase.
Pour l'alléger, il suffit souvent de remplacer la subordonnée par un groupe prépositionnel.

Ex.: ***Parce qu'elle a reçu l'aide de François***, *Nadia a réussi son examen.*

Rien à redire: cette phrase est parfaitement structurée !
C.C. de cause: *Parce qu'elle a reçu l'aide de François,*
G.S.: *Nadia*
G.V. (V. + C.O.D.): *a réussi son examen.*

Mais, cette phrase est longue.
Cherchons un moyen de l'alléger.
Aucun adverbe ne convient ici pour signifier la cause.

COMMENT ALLÉGER UNE PHRASE TROP LONGUE ?

Le groupe de mots *l'aide de François* est essentiel. Il faut donc une préposition ou une locution prépositive introduisant l'idée d'une cause.
La consultation de l'annexe 4 permet de trouver *grâce à*.

Donc : ***Parce qu'elle a reçu l'aide de François,*** *Nadia a réussi son examen.*
pourrait s'écrire :
Grâce à l'aide de François*, Nadia a réussi son examen.*

À la rigueur, toutes les tournures, si elles sont françaises, se valent. L'important est de se donner, comme scripteur, un éventail de choix qui permette de soupeser les mérites de l'une et de l'autre. Ne connaître qu'une seule tournure, c'est rester prisonnier d'un carcan dans lequel on ne peut se sentir à l'aise.

En ce domaine comme en tous les autres, l'élégance, la concision et la clarté demeurent les meilleurs guides. De tous les compléments, les compléments circonstanciels de la phrase sont ceux dont la place est la plus aléatoire. Aussi les disposerons-nous de façon à respecter l'ordre, la liaison et l'harmonie des idées.

La liaison avec la phrase précédente

Ex. : *Au milieu de la pièce, se trouvait **une petite table**.*
Sur cette table*, des fleurs achevaient de se flétrir.*

On y gagnera à placer en début de phrase le complément qui assure la liaison avec la phrase précédente.

L'ordre chronologique

Ex. : ***Dès le lever du soleil****, les randonneurs se mettaient en route avec un entrain renouvelé.*

On cherchera, le plus possible, à respecter l'ordre chronologique des faits.

La répartition des compléments circonstanciels

Ex. : ***Sur le fond sombre de la forêt****, des érables rouges allument des feux d'artifice **sitôt l'automne revenu***.

On verra à équilibrer la phrase en distribuant les différents C.C. de façon harmonieuse.

Cependant, placer en début de phrase, et dans un ordre logique, les circonstances de lieu, de temps ou de manière se révélera parfois plus judicieux.

Ex. : ***Dans les forêts nord-américaines, au mois de septembre, dans une débauche de couleurs plus belles les unes que les autres****, les arbres annoncent triomphalement le retour de l'automne.*

PRATIQUE

1 Vous trouverez ci-après des G.S., des G.V. et différents compléments circonstanciels.
À l'aide de ces éléments, rédigez une phrase harmonieuse.
(N'oubliez pas les virgules et les points.)

- **a** G.S. : tous les oiseaux des alentours
  G.V. : s'étaient donné rendez-vous
  C.C. de lieu : dans les profondeurs des feuillages
  C.C. de temps : dès le lever du jour

  _____
  _____

- **b** G.S. : les mordus de la pêche, jeunes et vieux,
  G.V. : s'étaient retrouvés sur les rives du lac
  C.C. de temps : le matin de l'ouverture de la pêche
  C.C. d'opposition : malgré une pluie diluvienne

  _____
  _____

- **c** G.S. : des milliers de réfugiés, hommes, femmes et enfants,
  G.V. : confient leur vie à de vieux bateaux
  C.C. de manière : l'angoisse et la tristesse chevillées au cœur
  C.C. de but : afin de fuir leur pays en guerre

  _____
  _____

- **d** G.S. : certains fervents de la motoneige
  G.V. : s'aventurent sur le lac
  C.C. de temps : sitôt les temps froids arrivés
  C.C. d'opposition : sans égard au danger que présente la glace trop mince

  _____
  _____

2 Dans les phrases suivantes, les compléments circonstanciels de phrase ont déjà été soulignés.
Récrivez chaque phrase en transformant le complément circonstanciel selon la consigne donnée.

- **a** Le cœur serré, Marie parcourut toutes les rues du quartier <u>afin de trouver son jeune fils égaré</u>.
  [Remplacez le fragment souligné par un groupe prépositionnel (préposition + groupe du nom).]

  _____
  _____

COMMENT ALLÉGER UNE PHRASE TROP LONGUE ?

b Parce qu'ils ont beaucoup travaillé, Jean et Sandrine ont réussi à surmonter leurs difficultés.
[Remplacez le fragment souligné par un groupe prépositionnel (préposition + groupe du nom).]

_____

_____

c Bien que nous lui ayons dit de prendre garde, il s'élança tête baissée dans la pente.
[Remplacez le fragment souligné par un groupe prépositionnel (préposition + groupe du nom).]

_____

_____

d Nous connaissons cette pente parce que nous l'avons descendue plusieurs fois.
[Remplacez le fragment souligné par un groupe prépositionnel (préposition + verbe à l'infinitif).]

_____

_____

e Dès qu'ils ont reçu notre appel à l'aide, tous nos amis sont venus.
[Remplacez le fragment souligné par un groupe prépositionnel (préposition + groupe du nom).]

_____

_____

f Éric se mit au piano parce qu'il n'avait rien d'autre à faire.
[Remplacez le fragment souligné par un groupe prépositionnel (préposition + groupe du nom).]

_____

_____

g Quand tu es absent, toutes mes journées s'effritent dans l'attente de ton retour.
[Remplacez le fragment souligné par un groupe prépositionnel (préposition + groupe du nom).]

_____

_____

h Nous l'avons trouvé, à son retour, bien mieux que quand il est parti pour la Chine.
[Remplacez le fragment souligné par un groupe prépositionnel (préposition + groupe du nom).]

_____

_____

L'AUTOCORRECTEUR   *Réponses des exercices de PRATIQUE aux pages 45 et 46.*

APPROFONDISSEMENT

SUBSTITUTIONS ET DÉPLACEMENTS

Une phrase trop longue, c'est enfin une phrase où la tournure est devenue lourde et compliquée par la multiplication des *que* ou des locutions de subordination.
Effectuer des substitutions ou des déplacements au sein de la phrase peut alors y remédier.
La façon de faire est relativement simple.

> Ex.: *Nous nous réjouissons <u>que tu réussisses</u>.*

Dans cette phrase, *que tu réussisses* est complément d'objet indirect. Sans changer le sens de la phrase, on peut la récrire en remplaçant ce C.O.I. par un **groupe prépositionnel**.

> *Nous nous réjouissons **de ton succès**.*

La phrase y a gagné en légèreté.

Voici un autre exemple.

> Ex.: *Tous admettent <u>que ce document est authentique</u>.*

Ici, *que ce document est authentique*, complément d'objet direct, peut être remplacé par **un groupe du nom**.

> *Tous admettent **l'authenticité de ce document**.*

Examinons une autre phrase où le scripteur a eu recours à une circonstancielle de conséquence et tâchons de l'alléger.

> Ex.: *Myriam était intelligente, élégante et pleine de talents, si bien qu'elle eut facilement le poste.*

La marche à suivre est la suivante.

1 Trouver les attributs.

> *Myriam était <u>intelligente</u>, <u>élégante</u> et <u>pleine de talents</u>, si bien qu'elle eut facilement le poste.*

2 Les mettre en tête de phrase.

> *Intelligente, élégante et pleine de talents...*

3 Supprimer le verbe *être*, la locution conjonctive de subordination et le pronom.

> *Myriam ~~était~~ intelligente, élégante et pleine de talents, ~~si bien qu'elle~~ eut facilement le poste.*

4 Accoler le sujet au verbe.

> *Intelligente, élégante et pleine de talents, Myriam eut facilement le poste.*

La phrase est évidemment plus nette et plus légère.

On peut alléger une phrase d'une autre façon.

> Ex.: *Parce que tes affaires sont prospères, tu fais moins attention. Méfie-toi!*

Marche à suivre:

1 Trouver l'attribut.

Parce que tes affaires sont prospères, tu fais moins attention. Méfie-toi!

2 Supprimer le verbe *être* et la locution conjonctive de subordination.

~~Parce que~~ tes affaires ~~sont~~ prospères, tu fais moins attention. Méfie-toi!

3 Remplacer l'adjectif attribut par le nom de la même famille.

La prospérité de tes affaires

4 Remplacer le verbe par un autre verbe plus susceptible de bien rendre l'idée.

La prospérité de tes affaires te rend moins vigilant. Méfie-toi!

La tournure est certes plus vive et plus alerte, mais quel travail!

Bref, la production d'un texte, quel qu'il soit, exige des phrases correctes, parfaitement intelligibles. Or, souvent, la longueur de la phrase nuit à sa compréhension parce que l'idée s'est perdue dans les méandres d'une phrase trop longue.

Alléger une phrase trop longue, c'est en premier lieu la bien **ponctuer**. De même, utiliser des **pronoms** pour éviter la répétition des mêmes mots et remplacer la relative par un simple **adjectif**, une **apposition**, etc., contribuent souvent à donner légèreté et vie à une phrase trop longue.
Enfin, il suffit parfois de remplacer la subordonnée circonstancielle par un **groupe prépositionnel** ou d'effectuer des déplacements au sein de la phrase pour conférer à la phrase ses qualités essentielles: concision, couleur, harmonie dans une économie de moyens.

PRATIQUE

1 **Dans les phrases suivantes, les compléments d'objet ont déjà été soulignés.**
Sans changer le sens de la phrase, récrivez-la en transformant le complément d'objet selon la consigne donnée.

a Mes frères avaient promis qu'ils veilleraient à la quiétude de notre séjour.
(Remplacez le fragment souligné par un verbe à l'infinitif.)

b Les policiers avaient craint <u>que le prévenu ne s'échappe</u>.
(Remplacez le fragment souligné par un groupe du nom.)

c L'assemblée proposa <u>que la réunion fût ajournée</u>.
(Remplacez le fragment souligné par un groupe du nom.)

d Tous avaient beau l'affirmer ; j'étais, quant à moi, persuadé <u>que cette histoire était fausse</u>.
(Remplacez le fragment souligné par un groupe prépositionnel.)

e Es-tu convaincu <u>qu'il est important de toujours être à l'heure</u> ?
(Remplacez le fragment souligné par un groupe prépositionnel.)

f Nous souhaitions tous <u>qu'il abandonne cette idée saugrenue</u>.
(Remplacez le fragment souligné par un verbe à l'infinitif.)

2 **Les phrases de l'exercice qui suit sont lourdes et ternes.**
Transformez-les en des phrases beaucoup plus légères de la façon suivante.
Soulignez les attributs.
Mettez-les en tête de phrase.
Supprimez le verbe *être* et la locution conjonctive de subordination.

a Vu que notre collègue était perspicace, elle a vite trouvé la cause du problème.

b Ma mère était inquiète de tout, de sorte qu'elle n'envisageait l'avenir que sous son jour le plus noir.

c Lorsque tu étais enfant, tu cherchais à saisir les rais de lumière que laissaient filtrer les persiennes.

d Lorsque Pauline est exaspérée, elle tient des propos d'une incohérence totale.

e Dès qu'il sera revenu de voyage, Alain passera certainement me voir.

f Les enfants étaient empressés et serviables parce qu'ils croyaient qu'ainsi Noël se montrerait plus généreux.

COMMENT ALLÉGER UNE PHRASE TROP LONGUE ?

g Quand les parents furent devenus vieux, les enfants ne purent se résoudre à les envoyer en centre d'accueil.

h Lors de l'entrevue, Marc était rempli d'appréhension, tant et si bien qu'il donna de lui-même l'image d'un garçon timoré.

3 **Les phrases de l'exercice qui suit sont lourdes et ternes.**
Transformez-les en des phrases beaucoup plus légères de la façon suivante.
Soulignez l'adjectif attribut.
Remplacez-le par le nom de la même famille.
Supprimez le verbe *être* et la locution conjonctive de subordination.

<u>Attention</u>: **Ce genre de substitution obligera parfois à changer l'autre verbe de la phrase.**

a Parce que la tour était haute, le feu se transforma en brasier.

b Puisque la caserne des pompiers est toute proche de notre maison, nous n'avons pas à craindre les ravages d'un incendie.

c Comme il était raffiné et gourmand, il voulait des mets recherchés.

d Bien qu'elle fût sagement économe, elle succombait souvent aux tentations des boutiques.

e Que m'importe qu'elle soit coquette, jalouse et frivole : je l'aime!

f Lorsqu'on est malheureux, on apprend à être compatissant.

L'AUTOCORRECTEUR   *Réponses des exercices de PRATIQUE aux pages 47 à 49.*

ÉVALUATION

(50 points)

1 (40 points)
Récrivez les phrases suivantes dans un style plus vif et plus alerte.

a Parce que la pente était très inclinée, l'accident se transforma en catastrophe.

b Les avocats qui me conseillent affirment que nous aurons gain de cause.

c Le gouvernement exige que tous les contribuables acquittent sans attendre les contraventions reçues.

d Le gala annuel de l'Orchestre de chambre I Musici de Montréal aura lieu le 10 mars à l'hôtel Quatre Saisons cet événement marquera le lancement des célébrations du 10ᵉ anniversaire de l'orchestre.

e Le ministère vous a recommandé que vos textes ne soient pas trop longs.

f Quand elles furent abandonnées à elles-mêmes, elles se sentirent complètement perdues.

g Pour le fidèle qui est respectueux de la liturgie islamique, le jeûne rituel compte parmi les cinq obligations fondamentales, qui sont appelées les « cinq piliers de l'Islam ».

h Quand ils eurent refusé l'invitation, ils prirent conscience de tout le chagrin causé.

i Lorsque tu étais riche, tu te plaignais de la voracité du gouvernement ; maintenant que tu es pauvre, tu te plains de la piètre qualité des services quand donc seras-tu satisfait ?

j Je ne doute pas que vous soyez franc et honnête.

k Comme il était clairvoyant, quelles que fussent les circonstances, il mettait au jour les plus noires machinations.

l Quand les cours seront terminés, je me hâterai de rentrer chez moi.

m Comme le délai de paiement était échu depuis belle lurette, il prétendit avoir oublié.

n Des faits si importants méritent qu'on leur accorde notre attention.

o Parce que ma mère était très bonne et généreuse, elle écoutait avec patience le récit de nos petites misères.

p Plus de 70 000 personnes ont participé dimanche matin à une course à pied dans les rues de Madrid selon les organisateurs de l'épreuve, il s'agit là d'un record mondial de participation pour une manifestation de ce genre.

q Bien qu'il soit fier et orgueilleux, il peut avoir du chagrin.

r Les professeurs avaient compris qu'un tel concours était important.

s Comme leur accueil est chaleureux, les gens restent plus longtemps chez eux.

t Avec une aisance qu'on lui enviait, Anik nous entretenait de ce qui la passionnait.

2 (10 points)
Récrivez le texte suivant de façon à le rendre acceptable.
Pour ce faire, découpez-le en phrases. (Il y en aura six.)
Remplacez les fragments soulignés par des pronoms.
Supprimez la relative. (Elle est entre crochets.)

Au Pont Baily, dans le centre de Belet Huen, petite ville de Somalie, une quarantaine de soldats canadiens occupent depuis trente-six heures les deux accès <u>les soldats canadiens</u> tentent de contrôler le flux des personnes et des véhicules [qui circulent d'un quartier à un <u>autre quartier</u>] depuis une semaine, les relations se sont dégradées entre <u>les soldats canadiens</u> et un groupe de Somaliens <u>certains Somaliens</u> accusent les Canadiens de favoriser un clan au détriment <u>d'autres clans</u> la semaine dernière, la tension a dégénéré en affrontement bilan : un Somalien a été tué et deux autres ont été blessés par des soldats.

L'AUTOCORRECTEUR *Réponses de l'ÉVALUATION aux pages 49 et 50.*

5

COMMENT MAÎTRISER LA CONJUGAISON VERBALE ?

5

COMMENT MAÎTRISER LA CONJUGAISON VERBALE ?

RAPPEL

Le **verbe** est, dans la phrase, **la partie qui se conjugue**.
Et, conjuguer un verbe, c'est énumérer l'ensemble des formes différentes que le verbe peut prendre selon le **mode**, le **temps**, la **personne** et la **voix**, lesquels entraînent des modifications de la terminaison du verbe à conjuguer.

DIAGNOSTIC

1 Placez correctement chacun des verbes suivants dans le tableau ci-après selon le mode et le temps auxquels il est conjugué.
Dans chaque cas, indiquez entre les parenthèses l'infinitif du verbe.

nous mourrons	je jette	vous alliez	tu croyais
nous nous battions	elle ira	vous dites	qu'il voie
je me bats	que tu saches	que je sois	ils connaissaient
qu'elles tiennent	je pourrai	que tu veuilles	elles feront
tu te rendras	elle consentait	nous courons	elle acquiert

INDICATIF présent

_____ (_____)
_____ (_____)
_____ (_____)
_____ (_____)
_____ (_____)

INDICATIF imparfait

_____ (_____)
_____ (_____)
_____ (_____)
_____ (_____)
_____ (_____)

INDICATIF futur simple

_____ (_____)
_____ (_____)
_____ (_____)
_____ (_____)
_____ (_____)

SUBJONCTIF présent

_____	(_____)
_____	(_____)
_____	(_____)
_____	(_____)
_____	(_____)

Réponses du DIAGNOSTIC à la page 307.

APPROFONDISSEMENT

Le **verbe** est, dans la phrase, **la partie qui se conjugue.**

Et, qu'est-ce que conjuguer un verbe ?

C'est énumérer l'ensemble des formes différentes que le verbe peut prendre selon le **mode**, le **temps**, la **personne** et la **voix**, lesquels entraînent des modifications de la terminaison du verbe à conjuguer.

Un verbe renferme toujours deux éléments: un **radical** et une **terminaison**.

Alors que le radical est la partie généralement invariable du verbe, la terminaison est la partie variable dont les différentes formes indiqueront le mode, le temps, la personne et le nombre.

En français, le verbe est la classe de mots qui présente le plus grand nombre de formes différentes. Aussi est-il nécessaire de bien comprendre les mécanismes de la conjugaison, qui obéissent à des règles précises pour les verbes en *-er*, en *-ir* (part. présent en *-issant*), en *-ir* (part. présent en *-ant*) en *-re* et en *-oir*.

Les cas d'exception sont moins nombreux qu'on ne le pense mais obligent — hélas ! — à une mémorisation patiente.

Combien y a-t-il de modes ?

Les modes sont au nombre de six. Parmi les six modes, on trouve les modes **personnels** et les modes **impersonnels**.

Les modes personnels sont ceux qui se conjuguent selon les personnes (*je, tu, il, elle, nous, vous, ils, elles*). Ce sont les modes **indicatif**, **conditionnel**, **impératif** et **subjonctif**.

Ex.: *Jean **travaille** comme recherchiste.*
*S'il le pouvait, il **poursuivrait** ses études.*
▶ Alors que le mode **indicatif** exprime un fait certain, réel, le mode **conditionnel** exprime un fait éventuel.

Ex.: *Ne te **décourage** pas.*
▶ Le mode **impératif** exprime un ordre.

Ex.: *Elle craignait qu'il ne **soit** pas là.*
▶ Le mode **subjonctif**, que l'on trouve le plus souvent dans les subordonnées, présente l'action comme uniquement pensée, envisagée.

Les modes impersonnels sont ceux qui ne se conjuguent pas selon les personnes. Ce sont les modes **infinitif**, où le verbe s'assimile à un nom, et **participe**, où le verbe présente toutes les caractéristiques d'un adjectif.

Quelle différence y a-t-il entre temps simples et temps composés ?

Le mot *temps* s'utilise pour indiquer la « date » de l'action (passé, présent, futur).

Ex.: *Je **travaille** tous les jours cette semaine.*
▶ Le temps **présent**, c'est le moment de la parole.

Tous les faits ayant lieu **avant** le moment de la parole se situent dans la zone du **passé**.

Ex.: *Cet été-là, j'**ai** beaucoup **travaillé**.*
▶ **Passé composé** quand l'action, accomplie, a eu lieu à un moment du passé.

Ex.: *Je **travaillais** alors tous les soirs.*
▶ **Imparfait** quand l'action, en cours d'accomplissement, implique une idée de durée ou de répétition dans le passé.

Ex.: *Je **travaillai**, ce soir-là, jusqu'à minuit.*
▶ **Passé simple** quand l'action, en cours d'accomplissement, a eu lieu à un moment du passé.

Tous les faits ayant lieu **après** le moment de la parole se situent dans la zone du **futur**.

Ex.: *La semaine prochaine, je **travaillerai** tous les jours.*

Dans les tableaux de conjugaison, aux **temps simples** s'opposent les **temps composés**.

Les temps **simples** sont ceux où le verbe ne présente qu'un seul mot.

Ex.: *Tu **vas**, **allais**, **iras** au cinéma.*

Les temps **composés** sont ceux où le participe passé du verbe conjugué est joint à l'auxiliaire *être* ou *avoir*.

Ex.: *Tu [**es**, **étais**, **seras**] **allé** au cinéma.*
*Tu [**as**, **avais**, **auras**] **trouvé** le film intéressant.*

Il y a donc des formes simples au présent, au passé, au futur et dans chaque mode, et il y a des formes composées au passé, au futur et dans chaque mode.

Ex. : *Je chante,
je chantais,
je chanterai*   sont des temps simples.

*J'ai chanté,
j'avais chanté,
j'aurai chanté,*   où l'on remarque la présence de l'auxiliaire (ici, l'auxiliaire avoir), sont des temps composés.

Quelles sont les personnes grammaticales ?

La **personne grammaticale** joue un rôle important en conjugaison verbale. Elle détermine, tout comme le mode et le temps, la terminaison du verbe.
La catégorie de la personne grammaticale comporte trois positions : ***je, tu, il-elle-on***.
Chacune de ces trois personnes varie selon le nombre.
Au pluriel, nous trouverons donc : ***nous, vous, ils-elles***.

PRATIQUE

1 Ci-dessous vous trouverez deux tableaux de conjugaison.
Écrivez-y les formes des verbes AVOIR et ÊTRE aux modes et aux temps demandés.
Mémorisez-les.

AVOIR

	Indic. présent	Indic. imparfait	Indic. passé simple
j'			
tu			
il/elle/on			
nous			
vous			
ils/elles			

COMMENT MAÎTRISER LA CONJUGAISON VERBALE ?

	Indic. futur simple	**Conditionnel présent**
j'	_____	_____
tu	_____	_____
il/elle/on	_____	_____
nous	_____	_____
vous	_____	_____
ils/elles	_____	_____

	Subj. présent	**Impératif**	**Participe passé**
que j'	_____		_____
que tu	_____	_____	
qu'il/elle/on	_____		
que nous	_____	_____	
que vous	_____	_____	
qu'ils/elles	_____		

passé composé	j'	_____
plus-que-parfait	tu	_____
futur antérieur	il	_____
conditionnel passé	nous	_____
subjonctif passé	que j'	_____

ÊTRE

	Indic. présent	**Indic. imparfait**	**Indic. passé simple**
je	_____	_____	_____
tu	_____	_____	_____
il/elle/on	_____	_____	_____
nous	_____	_____	_____
vous	_____	_____	_____
ils/elles	_____	_____	_____

	Indic. futur simple	**Conditionnel présent**
je	_____	_____
tu	_____	_____
il/elle/on	_____	_____
nous	_____	_____
vous	_____	_____
ils/elles	_____	_____

	Subj. présent	**Impératif**	**Participe passé**
que je	_____		_____
que tu	_____		
qu'il/elle/on	_____		
que nous	_____	_____	
que vous	_____	_____	
qu'ils/elles	_____		

passé composé	j'	_____
plus-que-parfait	tu	_____
futur antérieur	il	_____
conditionnel passé	nous	_____
subjonctif passé	que j'	_____

2 Voici une série de verbes conjugués.
Écrivez entre les parenthèses l'infinitif du verbe.
Indiquez pour chacun le mode et le temps.

				Mode	**Temps**
a	Nous faisions	:	(_____)	_____	_____
b	On lancerait	:	(_____)	_____	_____
c	Je sers	:	(_____)	_____	_____
d	Qu'il dise	:	(_____)	_____	_____

COMMENT MAÎTRISER LA CONJUGAISON VERBALE ?

				Mode	Temps
e	Tu pourras	:	(_____)	_____	_____
f	Ils furent	:	(_____)	_____	_____
g	Chantons	:	(_____)	_____	_____
h	Nous voulions	:	(_____)	_____	_____
i	Qu'elle sache	:	(_____)	_____	_____
j	Je prends	:	(_____)	_____	_____
k	Vous courrez	:	(_____)	_____	_____
l	Que tu ailles	:	(_____)	_____	_____
m	Ils eurent	:	(_____)	_____	_____
n	Nous enverrons	:	(_____)	_____	_____
o	Tu tiendrais	:	(_____)	_____	_____

L'AUTOCORRECTEUR — *Réponses des exercices de PRATIQUE aux pages 51 à 53.*

RAPPEL

La **voix** joue un rôle dans la conjugaison.
En français, il existe deux voix: l'**actif** et le **passif**. Ce sont là les formes que prend le verbe pour exprimer le rôle joué par le sujet dans l'action.
On peut dire, en gros, qu'à la **voix active** le sujet fait l'action alors qu'à la **voix passive** le sujet subit l'action.
La voix fait varier la conjugaison en déterminant la présence ou l'absence de l'**auxiliaire *être***.
En effet, à la voix passive, le verbe se compose toujours de l'auxiliaire **être** et du **participe passé** du verbe à conjuguer.

DIAGNOSTIC

1 Indiquez à quelle voix sont employés les verbes des phrases suivantes.
Inscrivez dans les parenthèses la lettre A pour la voix active ou la lettre P pour la voix passive.

a   Les dossiers égarés ont été retrouvés (   ) fort heureusement.

b   Les savoureux desserts, qui vous ont été servis (   ) lors du banquet de clôture, avaient été choisis (   ) par le président du comité lui-même.

c Tous les événements qui vous ont été racontés (   ) par le guide de l'expédition sont arrivés (   ) dans l'ordre où ils vous ont été décrits (   ).

d Les cambrioleurs, qui étaient sortis (   ) par les fenêtres, s'étaient emparés (   ) de tous les appareils électroniques.

e Elles sont retournées (   ) chez elles profondément humiliées par les explications qui leur ont été fournies (   ) pour justifier le refus de leur candidature.

f Ne craignez (   ) rien : cette somme vous sera payée (   ), séance tenante, par le débiteur.

Réponses du DIAGNOSTIC à la page 308.

APPROFONDISSEMENT

POURQUOI ET COMMENT CONJUGUER UN VERBE À LA VOIX PASSIVE ?

Les **voix**, l'**actif** et le **passif**, jouent aussi un rôle dans la conjugaison.

On peut dire, en gros, qu'à la **voix active** le sujet fait l'action.

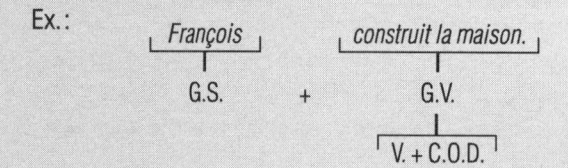

Ex. : François | construit la maison.
       G.S.   +   G.V.
                    V. + C.O.D.

À la **voix passive**, *François* reste l'agent de l'action, mais le C.O.D. devient le sujet.

Ex. : *La maison est construite par François.*

La voix fait varier la conjugaison en déterminant la présence ou l'absence de l'**auxiliaire être**.
À la voix passive, le verbe se compose toujours de l'auxiliaire **être** et du **participe passé** du verbe à conjuguer.

Ex. :	**Voix active**	**Voix passive**
Imparfait	*François construisait la maison.*	*La maison était construite par François.*
Futur simple	*François construira la maison.*	*La maison sera construite par François.*
Passé composé	*François a construit la maison.*	*La maison a été construite par François.*

On dira, par exemple, de la forme verbale *était construite* qu'il s'agit du verbe *construire* à l'indicatif, à l'imparfait et à la voix passive.
Donc, une fois qu'on a reconnu la voix passive dans une phrase, il suffit de considérer l'auxiliaire pour connaître le mode et le temps du verbe conjugué.
Ici, à la voix active, *était construite* devient *construisait*, qui est à l'indicatif imparfait, tout comme l'auxiliaire *était*.

Pour faire passer une phrase de la voix active à la voix passive, il suffit de respecter la marche à suivre que voici :

1. **Trouver le groupe sujet.**
   Le groupe sujet deviendra le complément d'agent à la voix passive.

2. **Trouver le groupe C.O.D.**
   Le groupe C.O.D. deviendra le groupe sujet à la voix passive.

3. **Trouver le temps du verbe.**
   Le temps du verbe sera celui de l'auxiliaire *être* suivi du participe passé du verbe de la phrase à la voix active.

   Ex. : *Tous les jours de la semaine, Paul conduit le chien chez le vétérinaire.*
   deviendra
   Tous les jours de la semaine, le chien est conduit chez le vétérinaire par Paul.

À la voix active, le groupe sujet est *Paul*.
À la voix passive, il deviendra le complément d'agent : *par Paul*.

À la voix active, le groupe C.O.D. est *le chien*.
À la voix passive, il deviendra le sujet.

À la voix active, le verbe *conduit* est au présent de l'indicatif.
À la voix passive, le temps du verbe sera le présent de l'indicatif du verbe *être* (*est*) suivi du participe passé du verbe *conduire* (*conduit*).

Quant aux compléments circonstanciels de temps *Tous les jours de la semaine* et de lieu *chez le vétérinaire*, ils sont restés inchangés.

PRATIQUE

1 **Récrivez les phrases suivantes à la voix passive en gardant pour le verbe le même mode et le même temps.**

a   La gloire et la fortune combleront également l'un et l'autre.

_____

_____

b L'être humain et la façon dont il évolue ont toujours fasciné Jean.

c À cette époque, on nous avait donné des leçons particulières.

d Des gens de toutes les classes de la société consultent régulièrement les astrologues.

e C'est avec beaucoup de joie que les jeunes enfants ouvrirent leurs cadeaux.

f Lors de son retour au Québec, des centaines d'admirateurs attendaient la chanteuse qu'avaient acclamée en France des foules délirantes.

g Depuis vingt ans, René Dumont, tiers-mondiste et écologiste convaincu, met en garde les pays occidentaux contre les dangers qui menacent l'Afrique.

L'AUTOCORRECTEUR *Réponses de l'exercice de PRATIQUE aux pages 53 et 54.*

RAPPEL

Dans la conjugaison des temps composés, quel auxiliaire faut-il utiliser : *avoir* ou *être* ?

— *avoir* s'emploie dans la conjugaison :

- des temps composés des verbes *avoir* et *être* ;
- des temps composés des verbes transitifs ;
- des temps composés de nombreux verbes intransitifs ;
- des temps composés des verbes impersonnels dits météorologiques.

COMMENT MAÎTRISER LA CONJUGAISON VERBALE ?

— *être* s'emploie dans la conjugaison:

- de tous les temps des verbes passifs;
- des temps composés des verbes pronominaux;
- des temps composés de certains verbes intransitifs.

DIAGNOSTIC

1 Écrivez le participe passé des verbes suivants au masculin singulier en l'employant avec *avoir* ou *être* selon le cas.

a écrire: _____

b naître: _____

c souffrir: _____

d aller: _____

e devoir: _____

f coudre: _____

g croître: _____

h mourir: _____

i acquérir: _____

j s'asseoir: _____

Réponses du DIAGNOSTIC à la page 308.

APPROFONDISSEMENT

DANS LA CONJUGAISON DES TEMPS COMPOSÉS, QUEL AUXILIAIRE FAUT-IL UTILISER : *AVOIR* OU *ÊTRE* ?

Affirmons d'abord que les verbes *avoir* et *être* peuvent être utilisés comme verbes.

Ex. : *Elle a un joli sourire.*
Ces gens ont une nombreuse famille.   Ici, *avoir* exprime la possession.

Ex. : *Cela est.*   Ici, *être* signifie « exister ».
Il est chez lui.   Ici, *être* signifie « se trouver ».
Demain, je serai à Québec.   Ici, *être* signifie « aller ».
Cette cassette est à Jean.   Ici, *être* signifie « appartenir ».
Marie est charmante.   Ici, *être* sert de lien entre un sujet et son attribut.

Cependant, quand ils servent à la conjugaison des autres verbes ou encore à la conjugaison d'eux-mêmes, *avoir* et *être* jouent le rôle d'**auxiliaire**.

— *avoir* s'emploie dans la conjugaison des temps composés :

- des verbes *avoir* et *être* (*j'ai eu, j'ai été*) ;
- des verbes transitifs (*elle a mangé des fruits, ils ont parlé à leurs amis*) ;
- de nombreux verbes intransitifs (*j'ai couru, j'ai dormi*) ;
- des verbes impersonnels dits météorologiques (*il a neigé, il a fait soleil*).

— *être* s'emploie dans la conjugaison :

- de tous les temps des verbes passifs (*il est honoré par..., elle est reconnue par...*) ;
- des temps composés des verbes pronominaux ou employés à la forme pronominale (*je me suis lavé, tu t'es promené*) ;
- des temps composés de certains verbes intransitifs (*il est tombé, elle est morte*).

Attention : Certains verbes intransitifs (*sortir, entrer, descendre, monter, apparaître, passer...*) utilisent l'un et l'autre comme auxiliaire : ***avoir*** quand on veut insister sur l'**action** et ***être*** quand on veut insister sur le **résultat de l'action** :

Ex. : *J'ai sorti les clés de ma poche.*
Je suis sorti par la porte avant.

Tu as entré le chien dans la maison.
Tu es entré tôt.

Il a descendu le vin à la cave.
Il est descendu à toute allure.

PRATIQUE

1 Dans les phrases suivantes, donnez au verbe la forme demandée.

a Il (*faire*, indic., passé composé) _____ hier un temps exécrable : Pierre et Suzanne (*aller*, indic., passé composé) _____ au cinéma.

b Les enfants (*devenir*, indic., plus-que-parfait) _____ tout à coup bien sages. (*Faire*, conditionnel, passé, type interrogatif) _____ un mauvais coup ?

c Mes parents (*recevoir*, indic., passé composé) _____ une lettre de Thomas.

d Elles (*s'inscrire*, indic., plus-que-parfait) _____ au cours d'allemand.

e Ces accusés (*encourir*, indic., passé composé) _____ des peines plus sévères que leur avocat ne l'(*croire*, conditionnel, passé) _____ .

f Les chiens (*se soumettre*, indic., passé composé) _____ au dresseur avec une docilité étonnante.

g Vous (*rester*, indic., passé composé) _____ beaucoup plus tard que vous ne l'(*prévoir*, indic., plus-que-parfait) _____ .

h Les avocats (*conclure*, indic., passé composé) _____ leur plaidoirie. Qui (*convaincre*, indic., passé composé) _____ les jurés ?

i Les étudiants (*se résoudre*, indic., passé composé) _____ à investir davantage d'efforts.

j Les tableaux que nous (*peindre*, indic., plus-que-parfait) _____ (*se vendre*, indic., passé composé) _____ rapidement.

L'AUTOCORRECTEUR   *Réponses de l'exercice de PRATIQUE à la page 54.*

RAPPEL

La **terminaison** d'un verbe à l'infinitif : **-er**, **-ir** (part. présent en **-issant**), **-ir** (part. présent en **-ant**), **-re** et **-oir**, indique le type de conjugaison à suivre.

La conjugaison des verbes en **-er** (ex.: *chanter*) est caractérisée par:

— le présent en **-e, -es, -e, -ons, -ez, -ent**;
— le futur en **-erai, -eras, -era, -erons, -erez, -eront**;
— le passé simple en **-ai, -as, -a, -âmes, -âtes, -èrent**;
— le subjonctif présent identique à l'indicatif présent au singulier, mais se terminant au pluriel par **-ions, -iez, -ent**;
— le participe passé en **-é**.

DIAGNOSTIC

1 Dans les phrases suivantes, donnez au verbe la forme demandée.

a   Que tu (*acheter*, subj., présent) _____ tout sans réfléchir suffisamment te (*jouer*, indic., futur simple) _____ des tours.

b   En ce temps-là, nous (*recopier*, indic., imparfait) _____ nos notes de cours avec le plus grand soin.

c   Elles se (*lancer*, indic., imparfait) _____ le ballon avec une vigueur retrouvée.

d   Les roses (*déployer*, indic., futur simple) _____ leurs pétales au soleil.

e   Ils (*trouver*, indic., futur simple) _____ la solution de l'énigme, car ils (*vérifier*, indic., futur simple) _____ soigneusement toutes les hypothèses.

f   Quand nous habiterons Montréal, nous (*louer*, indic., futur simple) _____ un grand appartement pour vous y inviter.

g   Vous (*planifier*, indic., présent) _____ si bien tout ce qu'on vous (*demander*, indic., présent) _____ que ce sera un plaisir de travailler avec vous.

Réponses du DIAGNOSTIC à la page 309.

APPROFONDISSEMENT

COMMENT RECONNAÎTRE LE TYPE DE CONJUGAISON À SUIVRE ?

La **terminaison** d'un verbe à l'infinitif : **-er**, **-ir** (part. présent en **-issant)**, **-ir** (part. présent en **-ant)**, **-re** et **-oir**, indique le type de conjugaison à suivre.

Il y a trois **types de conjugaison** :

— la conjugaison des verbes du 1er groupe en **-er** (ex. : *chanter*, dont le radical sera *chant-*) ;

— la conjugaison des verbes du 2e groupe en **-ir** avec ajout de *-iss-* à certaines terminaisons (ex. : *finir*, dont le radical sera *fin-*) ;

— la conjugaison des verbes du 3e groupe en **-ir** sans ajout de *-iss-* (ex. : *servir*, dont le radical sera *serv-*), des verbes en **-oir** (ex. : *recevoir*, dont le radical prendra deux formes *recev-* et *reç-*) et des verbes en **-re** (ex. : *rendre*, dont le radical sera *rend-*).

QUELLES SONT LES PARTICULARITÉS DE LA CONJUGAISON DES VERBES DU 1er GROUPE ?

Les terminaisons des temps simples de tous les verbes du premier groupe sont les suivantes :

	Indic. présent	Indic. imparfait	Indic. passé simple
je	- e	- ais	- ai
tu	- es	- ais	- as
il/elle/on	- e	- ait	- a
nous	- ons	- ions	- âmes
vous	- ez	- iez	- âtes
ils/elles	- ent	- aient	- èrent

	Indic. futur simple	Conditionnel présent	
je	- erai	- erais	
tu	- eras	- erais	
il/elle/on	- era	- erait	
nous	- erons	- erions	
vous	- erez	- eriez	
ils/elles	- eront	- eraient	

	Subj. présent	Impératif	Participe passé
je	- e		- é
tu	- es	- e	
il/elle/on	- e		
nous	- ions	- ons	
vous	- iez	- ez	
ils/elles	- ent		

Les temps composés, quant à eux, sont formés d'un auxiliaire (*être* ou *avoir*) et du participe passé du verbe à conjuguer.

passé composé	▸	indic. présent de l'auxiliaire + participe passé
plus-que-parfait	▸	indic. imparfait de l'auxiliaire + participe passé
futur antérieur	▸	indic. futur simple de l'auxiliaire + participe passé
conditionnel passé	▸	conditionnel présent de l'auxiliaire + participe passé
subjonctif passé	▸	subjonctif présent de l'auxiliaire + participe passé

Certains verbes, cependant, bien qu'ils appartiennent au premier groupe, présentent une conjugaison particulière. Ce sont:

Les verbes en *-cer* et en *-ger*.

Dans les verbes en *-cer*, on met la cédille devant **a** et **o** pour conserver la prononciation:
nous lançons, elles lançaient, je lancerai.
Dans les verbes en *-ger*, on met un **e** après le **g** devant **a** et **o** pour garder la prononciation: *nous mangeons, ils mangeaient, vous mangiez*.

Les verbes en *-ayer*, en *-uyer*, en *-oyer* et en *-eyer*.

Dans les verbes en *-uyer* et en *-oyer*, **y** devient *i* devant un **e muet**:
je déploie, nous déployons;
elles appuieraient, vous appuyiez.

Dans les verbes en *-ayer*, on peut conserver ou non le **y** dans toute la conjugaison:
je balaye ou je balaie;
tu payeras ou tu paieras.
Attention: Si l'on écrit *balaye*, la prononciation s'apparentera à celle de l'infinitif, alors que si l'on écrit *balaie*, on devra prononcer [balè].

Dans les verbes en *-eyer*, on doit conserver le **y** dans toute la conjugaison:
je grasseye, nous grasseyons.

Les verbes en *-eler* et en *-eter*.

Dans les verbes en *-eler* et en *-eter*, la règle veut que l'on **double** le *l* ou le *t* devant un **e muet**:
j'appelle, je renouvelle, nous appelons, nous renouvelons;
je jette, je feuillette, nous jetons, nous feuilletons.

Cependant, un petit nombre de verbes en **-eler** et en **-eter** font exception et prennent un **accent grave** devant une **syllabe muette**.

Citons ici les plus courants :

- en **-eter** : acheter, crocheter, fureter, haleter ;

- en **-eler** : celer, déceler, receler, harceler, ciseler, marteler, modeler, geler, dégeler, regeler, démanteler, écarteler, peler.

Les verbes contenant un **e sans accent** à l'**avant-dernière syllabe** de l'infinitif.

Dans les verbes contenant un **e sans accent** à l'avant-dernière syllabe de l'infinitif, ce **e sans accent** se change en **è** devant une **syllabe muette** :
peser : je pèse, nous pesions, ils pèseront.

Les verbes contenant un **é** à l'**avant-dernière syllabe** de l'infinitif.

Dans les verbes contenant un **é** à l'avant-dernière syllabe de l'infinitif, ce **é** se change en **è** devant une syllabe muette, sauf au futur simple et au conditionnel :
espérer : j'espère, nous espérions, elles espèrent ;
révéler : je révélerai, nous révélerons, mais je révèle, ils révèlent.

Pour finir, citons parmi les verbes en **-er** les verbes **envoyer** et **aller** qui, eux, sont à classer avec les irréguliers parce que leur radical prend plusieurs formes.

- Le verbe **aller** a six radicaux : **vai-, va-, vo- all-, aill-, i-**.
Je vais, il va, elles vont, tu allais, que j'aille, nous irons.

- Le verbe **envoyer**, moins capricieux, en compte trois : **envoi-, envoy-, enverr-**.
J'envoie, nous envoyions, ils enverront.

PRATIQUE

1 Voici un tableau résumant la construction des verbes du premier groupe aux différents temps.

Infinitif présent + *ai, as, a, ons, ez, ont* ♦ Futur simple

Infinitif présent + *ais, ais, ait, ions, iez, aient* ♦ Conditionnel présent

Radical du participe présent + *ais, ais, ait, ions, iez, aient*	▸	Imparfait de l'indicatif
Radical du participe présent + *e, es, e, ions, iez, ent*	▸	Subjonctif présent
Radical du participe présent + *e, es, e, ons, ez, ent*	▸	Indicatif présent
Radical du participe présent + *e, ons, ez*	▸	Impératif présent
Présent de l'indic. de l'auxiliaire *avoir* ou *être* + participe passé	▸	Passé composé de l'indicatif
Imparfait de l'indic. de l'auxiliaire *avoir* ou *être* + participe passé	▸	Plus-que-parfait de l'indicatif
Passé simple de l'indic. de l'auxiliaire *avoir* ou *être* + participe passé	▸	Passé antérieur de l'indicatif
Futur simple de l'indic. de l'auxiliaire *avoir* ou *être* + participe passé	▸	Futur antérieur de l'indicatif
Présent du conditionnel de l'auxiliaire *avoir* ou *être* + participe passé	▸	Conditionnel passé
Présent du subjonctif de l'auxiliaire *avoir* ou *être* + participe passé	▸	Subjonctif passé

Vérifiez la justesse de ces affirmations à l'aide du verbe <u>aimer</u>.

L'infinitif du verbe est ***aimer***.

	Futur simple			**Conditionnel présent**
j'	_____		j'	_____
tu	_____		tu	_____
il/elle/on	_____		il/elle/on	_____
nous	_____		nous	_____
vous	_____		vous	_____
ils/elles	_____		ils/elles	_____

Le participe présent du verbe est ***AIMant***.

	Imparfait de l'indicatif			**Subjonctif présent**
j'	_____		que j'	_____
tu	_____		que tu	_____
il/elle/on	_____		qu'il/elle/on	_____

COMMENT MAÎTRISER LA CONJUGAISON VERBALE ?

nous	_____	que nous	_____
vous	_____	que vous	_____
ils/elles	_____	qu'ils/elles	_____

Présent de l'indicatif   **Impératif présent**

j'	_____	
tu	_____	_____ *
il/elle/on	_____	
nous	_____	_____
vous	_____	_____
ils/elles	_____	

* Les verbes du 1er groupe perdent le « s » final.

Passé composé de l'indicatif
(présent de l'indic. de l'auxiliaire *avoir* + participe passé)   : j' _____

Plus-que-parfait de l'indicatif
(imparfait de l'indic. de l'auxiliaire *avoir* + participe passé)   : tu _____

Passé antérieur de l'indicatif
(passé simple de l'indic. de l'auxiliaire *avoir* + participe passé) : il _____

Futur antérieur de l'indicatif
(futur simple de l'indic. de l'auxiliaire *avoir* + participe passé) : nous _____

Conditionnel passé
(présent du conditionnel de l'auxiliaire *avoir* + participe passé) : vous _____

Subjonctif passé
(présent du subjonctif de l'auxiliaire *avoir* + participe passé)   : qu'elles _____

2 Conjuguez les expressions suivantes à la première personne du singulier et du pluriel au mode et au temps indiqués.

   a   Se geler les mains.

   Indicatif, présent : _____

   _____

   Indicatif, futur simple : _____

   _____

b Glacer un gâteau.
Indicatif, présent : _____

Indicatif, futur simple : _____

c Essuyer un revers.
Indicatif, présent : _____

Indicatif, futur simple : _____

d Lancer la balle.
Indicatif, présent : _____

Indicatif, futur simple : _____

e Céder le passage.
Indicatif, présent : _____

Indicatif, futur simple : _____

f Envoyer une lettre.
Indicatif, présent : _____

Indicatif, futur simple : _____

g Aller bien.
Indicatif, présent : _____

Indicatif, futur simple : _____

h Confier son secret.

Indicatif, présent : _____

_____

Indicatif, futur simple : _____

_____

i Fredonner une chanson.

Indicatif, présent : _____

_____

Indicatif, futur simple : _____

_____

3 Mettez les verbes suivants au mode et au temps demandés.

a modeler

(indicatif, présent) il _____

(indicatif, imparfait) nous _____

(indicatif, futur simple) tu _____

(subjonctif, présent) que je _____

b rager

(indicatif, présent) nous _____

(indicatif, imparfait) je _____

(indicatif, futur simple) tu _____

(subjonctif, présent) que vous _____

c se soucier

(indicatif, présent) il _____

(indicatif, imparfait) nous _____

(indicatif, futur simple) tu _____

(subjonctif, présent) que je _____

d étinceler

(indicatif, présent) il _____

(indicatif, imparfait) vous _____

(indicatif, futur simple) j' _____

(subjonctif, présent) que tu _____

e aller

(indicatif, présent) il _____

(indicatif, imparfait) nous _____

(indicatif, futur simple) tu _____

(subjonctif, présent) que j' _____

L'AUTOCORRECTEUR   *Réponses des exercices de PRATIQUE aux pages 55 à 58.*

RAPPEL

La **terminaison** d'un verbe à l'infinitif : *-er*, *-ir* (part. présent en *-issant*), *-ir* (part. présent en *-ant*), *-re* et *-oir*, indique le type de conjugaison à suivre.

La conjugaison des verbes en *-ir* (ex. : *finir*) avec ajout de *-iss-* à certaines terminaisons est caractérisée par :

— le présent en *-is, -is, -it, -issons, -issez, -issent* ;
— le futur en *-irai, -iras, -ira, -irons, -irez, -iront* ;
— le passé simple en *-is, -is, -it, -îmes, -îtes, irent* ;
— le subjonctif présent en *-isse, -isses, -isse, -issions, -issiez, -issent* ;
— le participe passé en *-i*.

DIAGNOSTIC

1 Dans les phrases suivantes, donnez au verbe la forme demandée.

a Quel prodige que les astronautes (*atterrir*, subj., présent) _____ justement là où les ingénieurs de la NASA l'ont décidé.

b Toutes les routes (*aboutir*, indic., présent) _____ au lac, aussi nul besoin que vous (*se munir*, subj., présent) _____ d'une boussole.

c Ces bonnes gens (*bannir*, indic., imparfait) _____ de leur vie les pensées pouvant altérer leur joie de vivre.

d La ville (*démolir*, indic., futur simple) _____ ces vieilles maisons bien que, avec elles, toute une portion de notre histoire (*périr*, subj., présent) _____ .

e Nous (*gravir*, conditionnel, présent) _____ volontiers les sentiers menant au sommet, car ainsi nous (*jouir*, conditionnel, présent) _____ d'un magnifique panorama.

Réponses du DIAGNOSTIC à la page 309.

APPROFONDISSEMENT

QUELLES SONT LES PARTICULARITÉS DE LA CONJUGAISON DES VERBES DU 2e GROUPE?

Les **terminaisons** des temps simples de tous les verbes du 2e groupe sont les suivantes:

	Indic. présent	Indic. imparfait	Indic. passé simple
je	- is	- issais	- is
tu	- is	- issais	- is
il/elle/on	- it	- issait	- it
nous	- issons	- issions	- îmes
vous	- issez	- issiez	- îtes
ils/elles	- issent	- issaient	- irent

	Indic. futur simple	Conditionnel présent	
je	- irai	- irais	
tu	- iras	- irais	
il/elle/on	- ira	- irait	
nous	- irons	- irions	
vous	- irez	- iriez	
ils/elles	- iront	- iraient	

	Subj. présent	Impératif	Participe passé
je	- isse		- i
tu	- isses	- is	
il/elle/on	- isse,		
nous	- issions	- issons	
vous	- issiez	- issez	
ils/elles	- issent		

COMMENT MAÎTRISER LA CONJUGAISON VERBALE ?

Les temps composés, quant à eux, sont formés d'un auxiliaire (*être* ou *avoir*) et du participe passé du verbe à conjuguer.

passé composé	▸	indic. présent de l'auxiliaire + participe passé
plus-que-parfait	▸	indic. imparfait de l'auxiliaire + participe passé
futur antérieur	▸	indic. futur simple de l'auxiliaire + participe passé
conditionnel passé	▸	conditionnel présent de l'auxiliaire + participe passé
subjonctif passé	▸	subjonctif présent de l'auxiliaire + participe passé

Trois verbes s'écartent du verbe modèle : *haïr, bénir, fleurir*.

Le verbe *haïr* perd son tréma aux trois premières personnes du singulier de l'indicatif présent et à la deuxième personne du singulier de l'impératif présent.
Je hais, nous haïssons, elle hait.
Hais toujours le mensonge.

Le verbe *bénir* ne présente qu'une seule particularité : l'existence de **deux formes** pour le **participe passé** :
béni, dans le sens de « glorifié » ;
bénit, dans le sens de « consacré par une cérémonie liturgique », en parlant d'un objet, d'une chose concrète (eau, pain, cierge, etc.).
*Cette enfant a été **bénie** par le destin.*
*Les ornements sacerdotaux qui ont été **bénits** par le cardinal ne sont portés qu'en de rares occasions.*

Le verbe *fleurir* possède deux formes à l'imparfait, au participe présent et comme adjectif verbal :
il fleurissait et *il florissait, fleurissant* et *florissant.*
La forme *florissait* et *florissant* s'emploie dans le sens de « prospérer, s'épanouir ».
Sa santé est florissante.
Mais : *Les arbres fleurissaient en ce début de printemps.*

PRATIQUE

1 **Voici un tableau résumant la construction des verbes du deuxième groupe aux différents temps.**

Infinitif présent + *ai, as, a, ons, ez, ont* ▸ Futur simple

Infinitif présent + *ais, ais, ait, ions, iez, aient* ▸ Conditionnel présent

Radical du participe présent + *issais, issais, issait, issions, issiez, issaient*	▸	Imparfait de l'indicatif
Radical du participe présent + *isse, isses, isse, issions, issiez, issent*	▸	Subjonctif présent
Radical du participe présent + *is, is, it, issons, issez, issent*	▸	Indicatif présent
Radical du participe présent + *is, issons, issez*	▸	Impératif présent
Présent de l'indic. de l'auxiliaire *avoir* + participe passé	▸	Passé composé de l'indicatif
Imparfait de l'indic. de l'auxiliaire *avoir* + participe passé	▸	Plus-que-parfait de l'indicatif
Passé simple de l'indic. de l'auxiliaire *avoir* + participe passé	▸	Passé antérieur de l'indicatif
Futur simple de l'indic. de l'auxiliaire *avoir* + participe passé	▸	Futur antérieur de l'indicatif
Présent du conditionnel de l'auxiliaire *avoir* + participe passé	▸	Conditionnel passé
Présent du subjonctif de l'auxiliaire *avoir* + participe passé	▸	Subjonctif passé

Vérifiez la justesse de ces affirmations à l'aide du verbe finir.

L'infinitif du verbe est ***finir***.

Futur simple		**Conditionnel présent**	
je	_____	je	_____
tu	_____	tu	_____
il/elle/on	_____	il/elle/on	_____
nous	_____	nous	_____
vous	_____	vous	_____
ils/elles	_____	ils/elles	_____

Le participe présent du verbe est ***FINissant***.

Imparfait de l'indicatif		**Subjonctif présent**	
je	_____	que je	_____
tu	_____	que tu	_____
il/elle/on	_____	qu'il/elle/on	_____

nous	_____	que nous	_____
vous	_____	que vous	_____
ils/elles	_____	qu'ils/elles	_____

Présent de l'indicatif | **Impératif présent**

je	_____
tu	_____
il/elle/on	_____

nous	_____	_____
vous	_____	_____
ils/elles	_____	_____

Passé composé de l'indicatif
(présent de l'indic. de l'auxiliaire *avoir* + participe passé) : j' _____

Plus-que-parfait de l'indicatif
(imparfait de l'indic. de l'auxiliaire *avoir* + participe passé) : tu _____

Passé antérieur de l'indicatif
(passé simple de l'indic. de l'auxiliaire *avoir* + participe passé) : il _____

Futur antérieur de l'indicatif
(futur simple de l'indic. de l'auxiliaire *avoir* + participe passé) : nous _____

Conditionnel passé
(présent du conditionnel de l'auxiliaire *avoir* + participe passé) : vous _____

Subjonctif passé
(présent du subjonctif de l'auxiliaire *avoir* + participe passé) : qu'elles _____

2 Conjuguez les expressions suivantes à la première personne du singulier et du pluriel au mode et au temps indiqués.

a Bénir l'heureux hasard.

Indicatif, présent : _____

Indicatif, futur simple : _____

b Pétrir la pâte.
   Indicatif, présent : _____
   _____
   Indicatif, futur simple : _____
   _____

c Farcir le poulet.
   Indicatif, présent : _____
   _____
   Indicatif, futur simple : _____
   _____

d Fleurir les fenêtres.
   Indicatif, présent : _____
   _____
   Indicatif, futur simple : _____
   _____

e Haïr la tricherie.
   Indicatif, présent : _____
   _____
   Indicatif, futur simple : _____
   _____

3 Mettez les verbes suivants au mode et au temps demandés.

a mugir
   (indicatif, présent) il _____
   (indicatif, imparfait) nous _____
   (indicatif, futur simple) tu _____
   (subjonctif, présent) que je _____

b meurtrir

(indicatif, présent) il _____
(indicatif, imparfait) nous _____
(indicatif, futur simple) tu _____
(subjonctif, présent) que je _____

c se réjouir

(indicatif, présent) il _____
(indicatif, imparfait) nous _____
(indicatif, futur simple) tu _____
(subjonctif, présent) que je _____

d subir

(indicatif, présent) il _____
(indicatif, imparfait) nous _____
(indicatif, futur simple) tu _____
(subjonctif, présent) que je _____

e haïr

(indicatif, présent) il _____
(indicatif, imparfait) nous _____
(indicatif, futur simple) tu _____
(subjonctif, présent) que je _____

f fournir

(indicatif, présent) il _____
(indicatif, imparfait) nous _____
(indicatif, futur simple) tu _____
(subjonctif, présent) que je _____

L'AUTOCORRECTEUR   *Réponses des exercices de PRATIQUE aux pages 58 à 61.*

RAPPEL

La **terminaison** d'un verbe à l'infinitif : **-er**, **-ir** (part. présent en **-issant**), **-ir** (part. présent en **-ant**), **-re** et **-oir**, indique le type de conjugaison à suivre.
La conjugaison des verbes en **-ir** sans ajout de **-iss-** (ex. : *servir*), des verbes en **-oir** et des verbes en **-re** présente parfois des variations de radicaux.
Deux seuls recours : consulter les tableaux de conjugaison et les mémoriser.
Vous trouverez ces tableaux de conjugaison à l'annexe 5 à la fin du cahier.

DIAGNOSTIC

1 Dans les phrases suivantes, donnez au verbe la forme demandée.

a (*craindre*, indic., imparfait) Alors que l'hiver multipliait les journées glaciales certains _____, de ne pouvoir skier.

b (*dire*, subj., présent) Et que veux-tu que je te _____ de plus ?

c (*croire*, indic., futur simple) Les jeunes enfants _____ avoir réussi à nous mystifier.

d (*s'asseoir*, indic., futur simple) Les gens _____ autour de la salle sans plus de façon.

e (*s'enquérir*, indic., passé simple) Notre patron ne _____ pas davantage des raisons de notre refus.

Réponses du DIAGNOSTIC aux pages 309 et 310.

APPROFONDISSEMENT

QUELLES SONT LES PARTICULARITÉS DE LA CONJUGAISON DES VERBES DU 3ᵉ GROUPE ?

La conjugaison des verbes en **-ir** sans ajout de **-iss-** (ex. : *servir*), des verbes en **-oir** et des verbes en **-re** présente parfois des variations de radicaux.
La plupart des difficultés seront cependant résolues si l'on retient les particularités suivantes :

Les verbes en **-ir** sans ajout de **-iss-**.

La plupart de ces verbes perdent la consonne finale du radical au singulier de l'indicatif présent et à l'impératif présent.

COMMENT MAÎTRISER LA CONJUGAISON VERBALE ?

Ex.: mentir: *je mens, tu mens, il ment;*
sentir: *je sens, tu sens, elle sent;*
dormir: *je dors, tu dors, il dort;*
servir: *je sers, tu sers, il sert;*
partir: *je pars, tu pars, il part;*
se repentir: *je me repens, tu te repens, il se repent.*

Les verbes en -***dre*** et en -***tre***.

La consonne finale du radical, ici le ***d*** ou le ***t***, se maintient au singulier de l'indicatif présent et de l'impératif présent.

*Je pren**d**s, il pren**d**;*   *je ba**t**s, elle ba**t**;*
*tu ren**d**s, elle ren**d**;*   *tu me**t**s, il me**t**.*

Les verbes ***vaincre*** et ***convaincre***.

La consonne finale du radical, ici le ***c***, se maintient au singulier de l'indicatif présent et de l'impératif présent.
*Je vain**c**s, elle convain**c**, il vain**c**.*
*Va, convain**c**s-les que tu as raison.*

Les verbes ***rompre***, ***corrompre*** et ***interrompre***.

La consonne finale du radical, ici le ***p***, se maintient au singulier de l'indicatif présent et de l'impératif présent.
Le ***p*** est suivi de la terminaison habituelle:
*je romp**s**, tu romp**s**, il romp**t**...*

Les verbes ***mourir*** et ***courir***.

Ces verbes doublent le ***r*** au futur et au conditionnel.
*Nous mourons, vous mou**rr**ez;*
*ils courent, elles cou**rr**ont, que vous couriez.*

Les verbes en -***indre*** et en -***soudre***.

Les verbes en -***indre*** et en -***soudre*** ne conservent le ***d*** que devant ***r***, donc qu'au futur et au conditionnel.
À la 3ᵉ personne du singulier de l'indicatif présent, la finale est donc ***t***.
*Je crains, elle craint, nous crain**d**rons, ils crain**d**raient;*
*je peins, il peint, nous pein**d**rons, ils pein**d**ront.*

Attention aussi au participe passé des verbes en *-soudre*: *absous*, *dissous* et *résolu* (m. s.), qui, au féminin, font *absoute*, *dissoute* et *résolue*:
je résous, elle résout, nous résoudrons, ils résoudraient.
Ces équations que j'ai résolues...
Ces fautes qui te sont absoutes, ces péchés qui te sont absous...

Résoudre a cependant un autre participe passé au sens de «passé à un autre état»:
résous, résoute (La neige s'est résoute en pluie). Mais cette forme est très rare.

> Les verbes en *-aître* et en *-oître*.

Ces verbes gardent toujours l'**accent circonflexe** sur le *i* du radical devant *t*.
Je parais, elle paraît, il paraissait, nous paraîtrons.
Quand le chiffre d'affaires décroît, nos revenus décroissent aussi.

Attention à *croître*: ce verbe prend également un accent circonflexe sur le *i* à toutes les formes qui se prononcent comme celles du verbe *croire* (*je croîs, tu croîs, il croît, je crûs...*), sauf au participe passé, où seul le masculin singulier s'écrit avec l'accent circonflexe: *crû, crue, crus, crues*.
Le verbe *recroître* se conjugue exactement comme le verbe *croître*, mais les verbes *accroître* et *décroître* suivent la règle des verbes en *-aître* et *-oître* en ce qui concerne l'accent.

> Les verbes *plaire*, *déplaire* et *complaire*.

Noter l'**accent circonflexe** sur le *i* à la troisième personne du singulier de l'indicatif présent.
Il plaît, elle déplaît, il se complaît.
S'il vous plaît, ne pas oublier cela.

PRATIQUE

1 Voici un tableau résumant la construction des verbes du troisième groupe aux différents temps.

Infinitif présent + *ai, as, a, ons, ez, ont*	▸ Futur simple
Infinitif présent + *ais, ais, ait, ions, iez, aient*	▸ Conditionnel présent
Radical du participe présent + *ais, ais, ait, ions, iez, aient*	▸ Imparfait de l'indicatif
Radical du participe présent + *e, es, e, ions, iez, ent*	▸ Subjonctif présent
Radical du participe présent + *ons, ez, ent*	▸ 1re, 2e et 3e pers. plur. de l'indicatif présent
Radical du participe présent + *ons, ez*	▸ 1re et 2e pers. plur. de l'impératif présent

Présent de l'indic. de l'auxiliaire *avoir* ou *être* + participe passé	▶	Passé composé de l'indicatif
Imparfait de l'indic. de l'auxiliaire *avoir* ou *être* + participe passé	▶	Plus-que-parfait de l'indicatif
Passé simple de l'indic. de l'auxiliaire *avoir* ou *être* + participe passé	▶	Passé antérieur de l'indicatif
Futur simple de l'indic. de l'auxiliaire *avoir* ou *être* + participe passé	▶	Futur antérieur de l'indicatif
Présent du conditionnel de l'auxiliaire *avoir* ou *être* + participe passé	▶	Conditionnel passé
Présent du subjonctif de l'auxiliaire *avoir* ou *être* + participe passé	▶	Subjonctif passé

Vérifiez la justesse de ces affirmations à l'aide du verbe sentir.

L'infinitif du verbe est **sentir**.

Futur simple

je	_____
tu	_____
il/elle/on	_____
nous	_____
vous	_____
ils/elles	_____

Conditionnel présent

je	_____
tu	_____
il/elle/on	_____
nous	_____
vous	_____
ils/elles	_____

Le participe présent du verbe est **SENTant**.

Imparfait de l'indicatif

je	_____
tu	_____
il/elle/on	_____
nous	_____
vous	_____
ils/elles	_____

Subjonctif présent

que je	_____
que tu	_____
qu'il/elle/on	_____
que nous	_____
que vous	_____
qu'ils/elles	_____

	Présent de l'indicatif	**Impératif présent**
je	_____	
tu	_____	_____
il/elle/on	_____	
nous	_____	_____
vous	_____	_____
ils/elles	_____	

Passé composé de l'indicatif
(présent de l'indic. de l'auxiliaire *avoir* + participe passé) : j' _____

Plus-que-parfait de l'indicatif
(imparfait de l'indic. de l'auxiliaire *avoir* + participe passé) : tu _____

Passé antérieur de l'indicatif
(passé simple de l'indic. de l'auxiliaire *avoir* + participe passé) : il _____

Futur antérieur de l'indicatif
(futur simple de l'indic. de l'auxiliaire *avoir* + participe passé) : nous _____

Conditionnel passé
(présent du conditionnel de l'auxiliaire *avoir* + participe passé) : vous _____

Subjonctif passé
(présent du subjonctif de l'auxiliaire *avoir* + participe passé) : qu'elles _____

2 Conjuguez les expressions suivantes à la première personne du singulier et du pluriel au mode et au temps indiqués.

a Croire en Dieu.

Indicatif, présent : _____

_____

Indicatif, futur simple : _____

_____

b Résoudre le problème.

Indicatif, présent : _____

_____

Indicatif, futur simple : _____

_____

c Convaincre ses amis.
Indicatif, présent : _____

Indicatif, futur simple : _____

d Paraître en bonne santé.
Indicatif, présent : _____

Indicatif, futur simple : _____

e Mourir de froid.
Indicatif, présent : _____

Indicatif, futur simple : _____

f Geindre pour rien.
Indicatif, présent : _____

Indicatif, futur simple : _____

g Acquérir de l'expérience.
Indicatif, présent : _____

Indicatif, futur simple : _____

h Omettre l'essentiel.
Indicatif, présent : _____

Indicatif, futur simple : _____

i Coudre à la machine.

Indicatif, présent : _____

_____

Indicatif, futur simple : _____

_____

4 Mettez les verbes suivants au mode et au temps demandés.

a convaincre

(indicatif, présent) il _____

(indicatif, imparfait) nous _____

(indicatif, futur simple) tu _____

(subjonctif, présent) que je _____

b pouvoir

(indicatif, présent) je _____

(indicatif, imparfait) nous _____

(indicatif, futur simple) elle _____

(subjonctif, présent) que tu _____

c naître

(indicatif, présent) il _____

(indicatif, imparfait) nous _____

(indicatif, futur simple) tu _____

(subjonctif, présent) qu'elle _____

d bouillir

(indicatif, présent) il _____

(indicatif, imparfait) tu _____

(indicatif, futur simple) nous _____

(subjonctif, présent) que je _____

e sourire

(indicatif, présent) nous _____

(indicatif, imparfait) nous _____

(indicatif, futur simple) tu _____
(subjonctif, présent) que je _____

f craindre
(indicatif, présent) elle _____
(indicatif, imparfait) je _____
(indicatif, futur simple) tu _____
(subjonctif, présent) que tu _____

g asseoir
(indicatif, présent) il _____
(indicatif, imparfait) nous _____
(indicatif, futur simple) tu _____
(subjonctif, présent) que j' _____

h savoir
(indicatif, présent) je _____
(indicatif, imparfait) ils _____
(indicatif, futur simple) tu _____
(subjonctif, présent) que nous _____

i voir
(indicatif, présent) je _____
(indicatif, imparfait) vous _____
(indicatif, futur simple) tu _____
(subjonctif, présent) qu'elle _____

j vouloir
(indicatif, présent) il _____
(indicatif, imparfait) vous _____
(indicatif, futur simple) tu _____
(subjonctif, présent) qu'elles _____

k rejoindre
(indicatif, présent) il _____
(indicatif, imparfait) nous _____

(indicatif, futur simple) tu _____

(subjonctif, présent) que je _____

l **résoudre**

(indicatif, présent) il _____

(indicatif, imparfait) nous _____

(indicatif, futur simple) je _____

(subjonctif, présent) que tu _____

m **dire**

(indicatif, présent) vous _____

(indicatif, imparfait) nous _____

(indicatif, futur simple) tu _____

(subjonctif, présent) qu'ils _____

n **mourir**

(indicatif, présent) il _____

(indicatif, imparfait) nous _____

(indicatif, futur simple) tu _____

(subjonctif, présent) que je _____

L'AUTOCORRECTEUR *Réponses des exercices de PRATIQUE aux pages 61 à 66.*

RAPPEL

Dans les subordonnées, il arrive que l'on hésite sur le mode à utiliser. Quel mode faut-il choisir: l'**indicatif** ou le **subjonctif**?
Le mode du verbe de la subordonnée dépend du type du verbe employé dans la principale.
Les verbes exprimant un **désir** ou une **volonté** et les verbes exprimant une **obligation** exigent que le mode de la subordonnée soit le subjonctif.
Les verbes exprimant une **opinion** ou une **perception** exigent que le mode de la subordonnée soit l'indicatif.

DIAGNOSTIC

1 Dans les phrases suivantes, tous les verbes entre parenthèses sont au présent.
Conjuguez chacun en utilisant le mode correct: mode indicatif ou mode subjonctif.

a Il est nécessaire que je te (dire) _____ toute la vérité si je (veux) _____ que tu me (croire) _____ .

b Bien que je (savoir) _____ que tu (voir) _____ Paul derrière mon dos, apprends que je ne (conclue) _____ pas que tu (vouloir) _____ me rendre jalouse.

c Notre commandant a ordonné que nous (rejoindre) _____ la base au plus tôt.

d Quoique tu te (rire) _____ de ce qu'on raconte, il faut que tu (faire) _____ attention de ne pas alimenter par ta désinvolture les faussetés qui (courir) _____ déjà sur ton compte.

Réponses du DIAGNOSTIC à la page 310.

APPROFONDISSEMENT

Dans les subordonnées, quel mode faut-il choisir: l'**indicatif** ou le **subjonctif**?
Le mode du verbe de la subordonnée dépend du type du verbe employé dans la principale.

> Les verbes exprimant un **désir** ou une **volonté**: *aimer, désirer, vouloir, souhaiter, préférer...* les verbes exprimant une **obligation**: *exiger, ordonner...* et les verbes **impersonnels**: *falloir, être nécessaire (important, essentiel, capital...)* exigent que le mode de la subordonnée soit le subjonctif.

> Ex.: *J'aime que tu **fasses** partie de notre équipe.*
> *Je désire que tu te **joignes** à nous.*
> *Il ordonne que tout **soit** prêt.*
> *Il est important que tu **saches** tout.*

> Les verbes exprimant une **opinion** ou une **perception**: *trouver, penser, croire, dire, sentir, avouer...*, exigent que le mode de la subordonnée soit l'indicatif.

> Ex.: *Je trouve qu'il **est** généreux.*
> *Je crois qu'il **fait** son travail.*
> *Elle avoue qu'elle **a** des ennuis.*

Il suffit, quand il y a risque d'erreur, de remplacer le verbe de la subordonnée par *faire, savoir* ou *pouvoir*.
Ce faisant, on voit apparaître clairement le mode à utiliser.

Ex. : *J'ai peur qu'il croie la chose impossible, qu'il fasse..., qu'il sache..., qu'il puisse...*
Je pense qu'il croit la chose impossible, qu'il fait..., qu'il sait..., qu'il peut...

En général, il n'y a pas de difficultés, sauf pour certains verbes en **-ier**, **-yer**, **-gner**, **-indre**, dont les formes de l'indicatif et du subjonctif, quoique différentes à l'écrit, peuvent être confondues à l'oral.

Ex. : *Elle veut que nous oubliions (mode subjonctif) tout.*
Elle dit que nous oublions (mode indicatif) tout.

Elle veut que nous payions (mode subjonctif) tout.
Elle croit que nous payons (mode indicatif) tout.

Elle veut que nous enseignions (mode subjonctif) tout.
Elle croit que nous enseignons (mode indicatif) tout.

Elle veut que nous repeignions (mode subjonctif) tout.
Elle croit que nous repeignons (mode indicatif) tout.

Il en va de même pour les verbes *voir, croire, exclure, inclure, rire, sourire...*, dont les formes de l'indicatif et du subjonctif, quoique différentes à l'écrit, peuvent aussi être confondues à l'oral.

Ex. : *Je veux qu'elle voie (mode subjonctif) mes efforts.*
Je pense qu'elle voit (mode indicatif) mes efforts.

Dans les subordonnées circonstancielles, le mode à utiliser dépend du rapport de sens exprimé ou du subordonnant employé.

- Avec une circonstancielle de **cause**, de **temps**, de **comparaison** ou de **conséquence**, on emploie généralement l'**indicatif**.

    Ex. : **Parce que Jean vient souvent à la maison**, *elle semble plus épanouie.*
    Quand Jean vient à la maison, *elle rougit.*
    Elle est amoureuse **comme elle l'a été de Pierre.**
    Elle est si inconstante **qu'elle en aimera** *probablement un autre le mois prochain.*

- Avec une circonstancielle de **but** ou de **concession**, on emploie toujours le **subjonctif**.

    Ex. : **Afin que tu saches la vérité**, *il a tout avoué.*
    Bien que tu sois fatigué, *la soirée te paraîtra courte.*

- Avec **sans que**, on emploie le **subjonctif**, mais avec **ainsi que**, on emploie l'**indicatif**.

    Ex. : **Sans qu'il ait dit un mot**, *elle savait.*
    Ainsi qu'elle le craint, *la vérité éclatera au grand jour.*

- Avec *de manière que*, on emploie l'**indicatif** pour une conséquence et le **subjonctif** pour un but.

    Ex.: *L'accident s'est produit **de manière que** personne n'a eu une égratignure.*
    *Elle fait tout **de manière qu'on le sache**.*

- Avec **avant que**, on emploie le **subjonctif**, alors qu'avec **après que** on emploie l'**indicatif**.

    Ex.: *Yves avait tout préparé **avant que tu sois là**.*
    ***Après que nous serons partis**, tu rangeras tout.*

PRATIQUE

1 Dans les phrases suivantes, tous les verbes entre les parenthèses sont au présent. Conjuguez chacun en utilisant le mode correct: mode indicatif ou mode subjonctif.

a Chaque jour, avant de partir pour l'école, ma mère veille à ce que chacun (avoir) _____ ce qu'il lui faut.

b Les enfants ignorent qu'on (pouvoir) _____ les aimer davantage en leur refusant ce qu'ils (exiger) _____ si âprement.

c Elle lui fait comprendre toujours très gentiment qu'elle aimerait qu'il (être) _____ plus ambitieux.

d Bien qu'elle ne (voir) _____ pas toujours d'un bon oeil les initiatives qu'il (prendre) _____ , elle se garde bien de le lui dire afin qu'il ne (croire) _____ pas qu'elle (vouloir) _____ le décourager.

e Nous préférons que tu nous (avertir) _____ avant de venir, car il est possible que nous (sortir) _____ .

f Ils exigent que nous (payer) _____ les réparations alors que notre contrat (exclure) _____ cette éventualité.

g Les gens croient que vous (craindre) _____ de perdre la face.

h Bien que l'on (conclure) _____ parfois trop rapidement au conflit d'intérêts, il est indispensable que l'on y (prendre) _____ garde.

L'AUTOCORRECTEUR *Réponses de l'exercice de PRATIQUE à la page 66.*

ÉVALUATION

(70 points)

1 (12 points)

Placez correctement chacun des verbes suivants dans le tableau ci-après selon le mode et le temps auxquels il est conjugué.
Dans chaque cas, indiquez entre les parenthèses l'infinitif du verbe.

nous florissons	tu voudras	tu haïssais
nous sommes contraintes	qu'elles puissent	vous tiendrez
je m'assoyais	il saura	que j'aille
elles courront	que je croie	que tu fasses

INDICATIF présent

_____ (_____)
_____ (_____)
_____ (_____)
_____ (_____)
_____ (_____)

INDICATIF imparfait

_____ (_____)
_____ (_____)
_____ (_____)
_____ (_____)
_____ (_____)

INDICATIF futur simple

_____ (_____)
_____ (_____)
_____ (_____)
_____ (_____)
_____ (_____)

SUBJONCTIF présent

_____ (_____)
_____ (_____)
_____ (_____)
_____ (_____)
_____ (_____)

2 (42 points)
Mettez au mode et au temps demandés les verbes entre parenthèses.

a On ne (*vouloir*, indic., présent) _____ pas lui apprendre que, la veille, ses parents (*venir*, indic., passé composé) _____ sans qu'elle le (*savoir*, subj., prés.) _____ .

b (*Ne pas oublier*, impératif, présent, 2ᵉ pers. du sing.) _____ de prendre ton parapluie : des averses (*annoncer*, indic., passé composé, voix passive) _____ .

c Vous (*faire*, indic., présent) _____ tout si bien qu'il est normal qu'on (*inclure*, subj., présent) _____ votre nom.

d Quel mystère : personne ne (*prévenir*, indic., passé composé, voix passive) _____ !

e (*S'asseoir*, impér., présent, 2ᵉ pers. du plur.) _____ , lui répète-t-il. Bien qu'il lui (*paraître*, subj., présent) _____ aimable, Alexandra (*craindre*, indic., présent) _____ de le froisser en lui avouant qu'il faut qu'elle (*partir*, subj., présent) _____ .

f (*Savoir*, subj., présent, 2ᵉ pers. du sing.) _____ la vérité, voilà un droit que nous ne te (*dénier*, indic., imparfait) _____ pas, mais il faut que tu (*pouvoir*, subj., présent) _____ toujours en faire bon usage.

g Il est urgent que j' (*acquérir*, subj., présent) _____ rapidement l'habileté nécessaire si je veux passer l'audition. Je n'aimerais pas qu'on m'(*envoyer*, subj., présent) _____ valser sur les roses ! Ce rôle, j'y (*tenir*, indic., présent) _____ .

h Elle lui (*plaire*, indic., présent) _____ de plus en plus. Quand il la voit, sa joie (*flamboyer*, indic., présent) _____ . Aucun nuage ne (*s'amonceler*, indic., présent) _____ et jamais il ne la (*harceler*, indic., présent) _____ de questions importunes. Il est très amoureux !

3 (12 points)
Écrivez le verbe entre parenthèses au subjonctif ou à l'indicatif selon le cas.

a Sans qu'on le (voir) _____ , le petit Marc-Antoine s'était glissé par la fenêtre. Mais, avant que l'on ne (conclure) _____ trop rapidement à l'enlèvement, il était revenu sans tambour ni trompette.

b Afin qu'elle (sourire) _____ de toutes ses dents, le photographe a utilisé tous les subterfuges. Il a réussi à lui tirer quelques sourires bien qu'elle (être) _____ le plus souvent d'humeur chagrine.

COMMENT MAÎTRISER LA CONJUGAISON VERBALE ?

c Je dis souvent que Marc (craindre) _____ de nous blesser en nous apprenant cette nouvelle, aussi est-il urgent que nous le (rassurer) _____ : nous savons déjà tout.

4 (4 points)
Transformez les phrases suivantes à la voix active en gardant au verbe le même mode et le même temps.

a L'examen s'annonçant difficile, certains étudiants furent agréablement étonnés par les résultats.

_____
_____

b En éclairant le salon, Marc et Pierre-Luc ont découvert que leur appartement avait été visité par des cambrioleurs.

_____
_____

L'AUTOCORRECTEUR   *Réponses de l'ÉVALUATION aux pages 67 et 68.*

6

COMMENT ACCORDER LE VERBE AVEC SON SUJET ?

6

COMMENT ACCORDER LE VERBE AVEC SON SUJET ?

RAPPEL

Pour reconnaître le **groupe sujet**, il suffit:

— de trouver le **groupe verbal**;
— de poser, avant ce groupe, la question **QUI EST-CE QUI?** ou **QU'EST-CE QUI?**

L'important est de bien reconnaître le mot de base du groupe sujet, car **c'est lui qui commande l'accord du verbe**. C'est relativement aisé: c'est le mot qui, absent, rend le groupe sujet inintelligible.

DIAGNOSTIC

1 Dans chacune des phrases suivantes, soulignez les sujets (mots ou groupes de mots).
Encadrez le mot ou le groupe de mots qui commande l'accord du verbe.
À l'aide d'une flèche, reliez ce mot ou ce groupe de mots au verbe dont il est le sujet.

a Le regard chaleureux et souriant, la discrétion de leur tenue et l'attitude franche qu'ont les bons garçons démentent tous les racontars colportés à leur sujet.

b Ainsi que l'appréhendaient les observateurs, l'opposition des équipes belligérantes se corse: l'une d'elles, tout comme les autres d'ailleurs, est prête à tout pour vaincre.

c Ni son amie ni elle n'avaient cru bon d'intervenir dans le conflit.

d Que l'avenir ne nous réserve que surprises et sujets d'étonnement, plusieurs en sont convaincus.

e Tous cheminaient guillerets vers le lac: mon frère, ma sœur et mon ami Roch qui fermait la marche.

f Beaucoup de paroles dites et beaucoup de gestes accomplis furent regrettés quand les véritables raisons d'une telle conduite furent connues.

g Sur l'ordre des médecins, les oncles et le frère de Charles s'approchèrent du lit, mais il ne les vit pas.

h A beau mentir qui vient de loin.

Réponses du DIAGNOSTIC aux pages 310 et 311.

APPROFONDISSEMENT

COMMENT RECONNAÎTRE LE GROUPE SUJET ET LE MOT QUI COMMANDE L'ACCORD DU VERBE ?

Nous l'avons vu précédemment: la phrase française est essentiellement faite de groupes et chacun de ces groupes assure dans la phrase une fonction grammaticale.

> Ex.: *Le nouveau propriétaire promet le renouvellement du bail de l'appartement.*

Quels sont les groupes dans cette phrase? Pour le savoir, il faut d'abord trouver le verbe, c'est-à-dire le mot qui se conjugue. Ici, le mot qui se conjugue est *promet*, du verbe *promettre*, mot de base du **groupe verbal**.

Une fois qu'on a trouvé le verbe, il faut se poser, avant le verbe, la question «Qui est-ce qui?» ou «Qu'est-ce qui?» La réponse à cette question donnera le **groupe sujet**:

> Ex.: Qui est-ce qui promet le renouvellement du bail de l'appartement?
> Le nouveau propriétaire.
> Donc, *Le nouveau propriétaire* est le groupe sujet.

Une fois qu'on a trouvé le groupe sujet, on obtient automatiquement le groupe verbal: ici, c'est tout simplement le reste de la phrase.

La phrase donnée en exemple se décompose alors de la façon suivante:

```
        G.S.                    +              G.V.
Le nouveau propriétaire          promet le renouvellement du bail de l'appartement.
```

Il importe donc de retenir ce qui suit:

Pour reconnaître le groupe sujet, il suffit:

— de trouver le groupe verbal;
— de poser, avant ce groupe, la question QUI EST-CE QUI? ou QU'EST-CE QUI?

Qu'on se le dise: le groupe sujet, quelle que soit son étendue, peut toujours être remplacé par un pronom.

Voyons quelques exemples en guise de démonstration.
En gras, apparaissent les groupes sujets, lesquels répondent à la question «Qui est-ce qui?» ou «Qu'est-ce qui?» posée avant le verbe.

> ***De grands arbres*** *ombragent la terrasse.*
> ***Le chien de nos voisins*** *aboie tout le temps.*
> ***Alexandra, la plus jeune de mes nièces,*** *est venue nous voir.*
> ***Des amis de la classe, qui sont arrivés hier du Mexique,*** *ont fait un très beau voyage.*

Dans chacune de ces phrases, nous pouvons remplacer le groupe sujet par un pronom.

>Ex.: ***Ils*** *ombragent la terrasse.*
>***Il*** *aboie tout le temps.*
>***Elle*** *est venue nous voir.*
>***Ils*** *ont fait un très beau voyage.*

L'important est de bien reconnaître le mot de base du groupe sujet, car **c'est lui qui commande l'accord du verbe**.
C'est relativement aisé: c'est le mot qui, absent, rend le groupe sujet inintelligible.
Voyons voir à l'aide des phrases exemples ci-dessus.

Quel mot, dans la première phrase (*De grands arbres ombragent la terrasse.*), ne peut être supprimé sans rendre le groupe de mots sujet inintelligible?
arbres, bien évidemment, puisque la phrase **De grands ombragent la terrasse.* n'a aucun sens.
arbres, masculin pluriel, est donc le mot de base du groupe sujet et, comme tel, commande l'accord du verbe *ombragent,* 3e personne du pluriel.

Il en est de même pour:

>* **Le de nos voisins** *aboie tout le temps.*
>* **,la plus jeune de mes nièces,** *est venue nous voir.*
>* **Des de la classe, qui sont arrivés hier du Mexique,** *ont fait un très beau voyage.*

Bref, *chien, Alexandra, amis,* mots de base de chacun de ces groupes sujets, commandent l'accord du verbe.

PRATIQUE

1 Dans chacune des phrases suivantes, soulignez les sujets (mots ou groupes de mots).
Encadrez le mot qui commande l'accord du verbe et reliez-le au verbe par une flèche.
Récrivez chacune des phrases en remplaçant les groupes de mots sujets par des pronoms.

a Au bout de quelques années, ne voyant rien venir, le dernier d'une longue lignée d'ancêtres glorieux s'en alla le cœur tout contrit.

Nouvelle phrase:

b Notre nouveau directeur, gestionnaire talentueux et homme de communication, a su apprivoiser les représentants de la presse.

Nouvelle phrase:

c La parution dans les grands journaux de placards publicitaires était offerte aux compagnies à titre gracieux.

Nouvelle phrase :

_____

_____

d Toute l'assemblée, aussi bien les hommes que les femmes, fut consternée d'apprendre la nouvelle selon laquelle les dirigeants de la compagnie songeaient à demander la démission du président.

Nouvelle phrase :

_____

_____

e La moue de ses lèvres et son front à l'expression butée témoignent de l'imminence de la crise.

Nouvelle phrase :

_____

_____

L'AUTOCORRECTEUR *Réponses de l'exercice de PRATIQUE à la page 69.*

RAPPEL

Des groupes de mots se glissent très souvent entre le mot qui commande l'accord du verbe et le verbe.
Ce sont là **des « écrans » trompeurs**, dont il faut se méfier.

DIAGNOSTIC

1 **Encadrez le mot qui commande l'accord du verbe.**
Soulignez les mots qui se sont glissés entre le verbe et ce mot.

a Les demandes de candidature adressées aux ingénieurs en chef doivent être accompagnées d'une attestation d'études.

b Bien que les gardiens de phare jouissent de la télévision, de la radio et du magnétoscope, supporter la rudesse de la vie dans ces tours isolées exige une grande force morale.

c Le schéma migratoire des animaux de leur naissance à leur mort est généralement cyclique.

d Le sens de l'orientation des abeilles excite depuis longtemps la curiosité.

e Une ancienne hypothèse selon laquelle les oiseaux migrateurs pourraient naviguer en longeant les lignes du champ magnétique terrestre reprend de la vraisemblance.

2 Faites l'accord du verbe avec son sujet.

a De nombreux essais faits avec d'autres oiseaux, dont le pigeon, (*permettre*, indic. passé composé) _____ de vérifier qu'ils se servent du soleil pour s'orienter.

b D'autres animaux que les oiseaux, les poissons et les batraciens par exemple, (*s'orienter*, indic. présent) _____ probablement grâce au soleil.

c Soir après soir, un jeune monsieur, en compagnie de ses deux amis, (*venir*, indic. imparfait) _____ s'asseoir à l'une de mes tables.

d La conclusion à laquelle je suis parvenu à la suite de mes nombreuses lectures (*ne pas plaire*, indic. futur simple) _____ au comité d'experts.

e « Je vous (*convaincre*, indic. futur simple) _____ facilement », affirma-t-elle, ce que toutes les personnes présentes dans la salle (*souhaiter*, indic. imparfait) _____ volontiers.

Réponses du DIAGNOSTIC à la page 311.

APPROFONDISSEMENT

COMMENT DÉCELER LA PRÉSENCE DES « ÉCRANS » TROMPEURS ?

Des groupes de mots se glissent très souvent entre le mot qui commande l'accord du verbe et le verbe.
Ce sont là des « écrans » trompeurs, qui souvent nous induisent en erreur.

Ex. : *Des amis **de François** partiront bientôt.*	▶	Un complément du nom fait écran ici au mot *amis* qui commande l'accord du verbe *partiront*.
Ex. : *Ces amis, il **les** aime beaucoup.*	▶	Ici, un pronom personnel C.O.D. s'est glissé entre le mot qui commande l'accord du verbe et le verbe.
Ex. : *Ces amis, je **vous les** présenterai un jour.*	▶	Ici, il s'agit de deux pronoms personnels dont l'un est C.O.I. et l'autre, C.O.D.

Ex.: *Ce tour du monde, **une aventure pleine de péripéties**, a été longuement préparé.* ▶ Ici, il s'agit d'un groupe du nom en apposition.

Ex.: *L'aventure, **riche en rebondissements**, alimentera bien des conversations.* ▶ Il peut parfois s'agir, comme ici, d'un adjectif ou d'un groupe adjectival en apposition.

Ex.: *L'aventure, **qui sera riche en rebondissements**, alimentera bien des conversations.* ▶ Ou d'une subordonnée relative.

Ex.: *Les compères, **avec une persévérance louable**, ont ramassé les fonds nécessaires.* ▶ Ou d'un complément circonstanciel de phrase placé à l'intérieur de la phrase.

Ex.: *Tous ses camarades, **dès que François aura précisé l'heure du départ**, se rendront à l'aéroport.* ▶ Ou encore, parfois, il s'agit d'une subordonnée circonstancielle.

Un mot encore avant de terminer! Méfiez-vous de l'**inversion** du sujet!

Ex.: *Sur la campagne endormie flottent **de blancs flocons**.*

L'inversion du sujet est une figure de style qui consiste à placer le sujet après le verbe. On dit alors que le sujet est inversé.

L'inversion du sujet n'est pas seulement une question de style. Elle est de mise dans certains cas.

Ex.: ***Penses-tu y arriver?***

Nous sommes ici en présence du type interrogatif. La phrase déclarative correspondante serait: *Tu penses y arriver*. Pour interroger, nous avons inversé le sujet et ajouté le point d'interrogation.

Ex.: *Nous serons là, **lui répondirent-ils**.*

Nous reconnaissons ici une incise, c'est-à-dire une courte proposition qui nous renseigne sur celui ou ceux qui parlent et la façon dont il ou ils parlent.
Dans les incises, il y a toujours inversion du sujet.

PRATIQUE

1 Faites l'accord du verbe avec son sujet.

   a   Les questions qu'(*avoir*, indic. imparfait) _____ alors posées les participants (*être*, indic. imparfait) _____ restées pour la plupart sans réponse.

b Dans cette pièce remplie d'invités, qui (*devenir*, indic. imparfait) _____ , le temps passant, de plus en plus bruyants, (*flotter*, indic. passé simple) _____ soudain un air d'accordéon.

c Le jeune homme, engaillardi par ses prouesses, (*se convaincre*, indic. plus-que-parfait) _____ que, malgré son peu d'expérience, ses patrons lui (*confier*, conditionnel présent) _____ la responsabilité du nouveau contrat.

d Mon oncle, descendant de fermiers plus aisés, (*acheter*, indic. plus-que-parfait) _____ de grands lambeaux de terre qu'(*avoir*, indic. imparfait) _____ enrichis des années de cultures alternées.

e Les murs de chacune des trois chambres à coucher (*s'orner*, indic. imparfait) _____ de jolies gravures et, dans la cuisine, les fauteuils de toile jaunie (*avoir*, indic. imparfait) _____ encore un air propret.

f Les journées, balayées par la brise, (*être*, indic. imparfait) _____ agréables : les bruits des voitures et les aboiements des chiens du voisin (*arriver*, indic. imparfait) _____ assourdis.

g Malgré leur excitation, leur nature précautionneuse les (*faire*, indic. passé simple) _____ d'abord s'assurer que les lettres, que leur (*avoir*, indic. imparfait) _____ livrées le facteur, (*être*, indic. imparfait) _____ bien de celui dont les deux tantes (*être*, indic. imparfait) _____ sans nouvelles depuis trois mois.

h L'un de ses rêves les plus insensés (*être*, indic. imparfait) _____ que des parents, autrefois embarqués pour l'Amérique, (*se rappeler*, subj. présent) _____ que leur lointaine cousine (*exister*, indic. imparfait) _____ toujours et ne (*demander*, indic. imparfait) _____ qu'à être invitée.

i « Je vous (*indiquer*, indic. futur simple) _____ la marche à suivre », nous (*avoir*, indic. imparfait) _____ -elle promis si, bien entendu, elle (*réussir*, indic. imparfait) _____ à mettre la main sur le feuillet de directives qui (*accompagner*, indic. imparfait) _____ l'envoi.

j Souvent, ces petits plats que me (*préparer*, indic. imparfait) _____ ma mère m'(*avoir*, indic. imparfait) _____ nourri et le corps et le cœur.

L'AUTOCORRECTEUR *Réponses de l'exercice de PRATIQUE aux pages 69 et 70.*

RAPPEL

Il existe des règles particulières d'accord du verbe avec le sujet dont il faut se souvenir.

CAS No 1 :   Le sujet est formé de termes appartenant à des personnes grammaticales différentes.

Quand les sujets ne sont pas de la même personne, le verbe se met au pluriel et s'accorde avec la personne qui a la priorité : la première personne l'emporte sur les deux autres et la deuxième sur la troisième.

CAS No 2 :   Le sujet est le pronom relatif *qui*.

Quand le verbe est précédé du pronom *qui* (sujet grammatical), il faut rechercher l'antécédent de celui-ci.
Le verbe s'accorde en personne et en nombre avec cet antécédent.

CAS No 3 :   Les sujets sont récapitulés.

Il arrive que les sujets soient résumés par un mot comme *tout, cela, rien, personne, nul, chacun*, appelé **sujet récapitulatif**.
Le sujet de la phrase est alors ce mot, et le verbe s'accorde avec lui.

CAS No 4 :   Les sujets sont réunis par *ou* ou par *ni*.

Quand les sujets sont réunis par *ou* ou par *ni* :
— le verbe est au pluriel si les sujets s'additionnent ;
— le verbe reste au singulier si les sujets s'excluent.

CAS No 5 :   Les sujets sont réunis par *comme*, *ainsi que*, *de même que*, etc.

Quand les sujets sont réunis par une conjonction telle que *comme*, *ainsi que*, *de même que*, etc. :
— le verbe est au pluriel si la conjonction a une valeur **additive** ;
— le verbe reste au singulier si la conjonction a une valeur **comparative**.
Dans ce cas, le second sujet est souvent encadré par des virgules.

CAS No 6 :   Le sujet commence par un nom collectif suivi d'un complément.

Quand le sujet est un nom collectif suivi d'un complément et que :
— le nom collectif est nettement déterminé à l'aide d'un **article défini** (*le, la*) ou d'un **déterminant démonstratif** (*ce, cet, cette*) ou **possessif** (*son, sa*), le verbe se met au singulier ;
— le nom collectif est précédé d'un **article indéfini** (*un, une*), le verbe se met au singulier si le nom collectif désigne un ensemble pris dans sa totalité, et au pluriel si le nom collectif désigne une pluralité d'êtres ou de choses pris séparément.

CAS No 7 :   Le sujet est un adverbe ou une locution adverbiale de quantité.

Quand le sujet est un adverbe ou une locution adverbiale de quantité :
— suivi d'un complément, le verbe s'accorde avec ce complément ;
— non suivi d'un complément, le verbe se met au pluriel.

CAS No 8 : Le sujet est *le peu de*.

Quand le sujet est *le peu de*, le verbe s'accorde avec le mot *peu* si celui-ci exprime l'idée dominante de la phrase.
Le peu de a alors le sens de « la trop faible quantité de ».
Sinon, l'accord se fait avec le complément.
Dans ce cas, *le peu de* a le sens de « quelques », « un certain nombre de ».

CAS No 9 : Le sujet est une fraction.

Quand le sujet est une fraction au **singulier** qui désigne une **quantité précise**, le verbe s'accorde avec la **fraction**.
Quand le sujet est une fraction au **singulier** qui désigne une **quantité approximative**, le verbe peut s'accorder avec la **fraction** ou avec le **complément du nom**, exprimé ou sous-entendu, qui suit la fraction.
Quand le sujet est une fraction au **pluriel**, le verbe s'accorde avec la **fraction**.

DIAGNOSTIC

1 Faites l'accord du verbe avec son sujet.

a La plupart des personnes interviewées (*se dire*, indic. prés.) _____ convaincues du bien-fondé de la nouvelle réglementation.

b Alors que le cœur vous (*battre*, indic. prés.) _____ , les ronronnants ascenseurs qui vous (*hisser*, indic. prés.) _____ jusqu'à son bureau et cette si gentille réceptionniste vous (*rassurer*, indic. prés.) _____ .

c Le petit nombre de conseillers mis au courant (*se montrer*, indic. passé composé) _____ fort prudent.

d Avec une rapidité que nul n'(*prévoir*, indic. plus-que-parfait) _____ , une douzaine de coups de feu (*se succéder*, indic. passé simple) _____ semant la mort dans la foule.

e Plus d'un (*se montrer étonné*, indic. passé composé) _____ que si peu de gens (*être invité*, subj. passé) _____ .

f Le quart des titres retenus (*ne pas valoir*, indic. imparfait) _____ qu'un courtier comme vous s'y (*attarder*, subj. prés.) _____ .

g Nous (*former*, indic. imparfait) _____ alors une bande d'amis qui (*se voir*, indic. imparfait) _____ une fois la semaine.

h Noël — sa folie, ses excès et ses élans du cœur — me (*ravir*, indic. prés.) _____ et me (*chagriner*, indic. prés.) _____ tout à la fois.

i Vous et moi les (*prévenir*, indic. futur antérieur) _____ mais, c'est certain, cette bande de jeunes écervelés (*ne faire que*, indic. futur simple) _____ ce que bon lui semble.

j Ma jeune sœur ainsi que ma mère (*n'avoir*, indic. imparfait) _____ pour lui qu'affection et bonté.

2 Parmi les deux phrases données, biffez celle où le verbe est mal accordé.

a Le plus surprenant, c'est la quantité de gens qui déjeunent ou dînent seuls au restaurant.
Le plus surprenant, c'est la quantité de gens qui déjeune ou dîne seuls au restaurant.

b Les quotidiens d'information générale ont dû eux-mêmes s'adapter puisque la plupart, désormais, consacre de nombreuses colonnes au nouveau phénomène.
Les quotidiens d'information générale ont dû eux-mêmes s'adapter puisque la plupart, désormais, consacrent de nombreuses colonnes au nouveau phénomène.

c Moins de deux mois s'est écoulé depuis cette rencontre où lui et moi nous étions revus après cinq ans d'absence.
Moins de deux mois se sont écoulés depuis cette rencontre où lui et moi nous étions revus après cinq ans d'absence.

d Que le cinquième de ses biens ait brûlé l'avait beaucoup ébranlé, aussi d'apprendre que les deux tiers de sa fortune avaient été perdus à la Bourse l'a rendu fou.
Que le cinquième de ses biens aient brûlé l'avait beaucoup ébranlé, aussi d'apprendre que les deux tiers de sa fortune avait été perdu à la Bourse l'a rendu fou.

e À l'appel du maître, une bande de chiens, devenue hystérique par la présence, sur leur territoire, du chat du voisin, s'était soudainement calmée.
À l'appel du maître, une bande de chiens, devenus hystériques par la présence, sur leur territoire, du chat du voisin, s'étaient soudainement calmés.

Réponses du DIAGNOSTIC aux pages 312 et 313.

APPROFONDISSEMENT

Que faire quand le sujet est formé de termes appartenant à des personnes grammaticales différentes ?
(Cas no 1.)

Ex. : ***Vous*** et ***moi*** *ferons* de notre mieux pour que tout se passe à la perfection.
Quand apportera-t-elle sa contribution ?
Luc et ***toi*** *l'avez* déjà fait.

▸ Quand les sujets ne sont pas de la même personne, le verbe se met au pluriel et s'accorde avec la personne qui a la priorité : la première personne l'emporte sur les deux autres et la deuxième sur la troisième.

Que faire quand le sujet est le pronom relatif *qui* ?
(Cas no 2.)

Ex. : « Samuel, c'est *toi* **qui** *seras* le responsable de la programmation », annonça le directeur de la station.
Mélanie et Stéphane, **qui** *s'occuperont* du choix de la musique, sont enthousiastes.
C'est *elle et lui* **qui** *auront* la tâche délicate de concilier tous les goûts.

▸ Quand le verbe est précédé du pronom *qui* (sujet grammatical), il faut rechercher l'antécédent de celui-ci. Le verbe s'accorde en personne et en nombre avec cet antécédent.

Que faire quand les sujets sont récapitulés ?
(Cas no 3.)

Ex. : Le papier peint, l'agencement des meubles, la couleur du tapis, **tout** lui *plaisait*.
Ni le loyer élevé, ni l'éloignement, **rien** ne *l'effrayait*.

▸ Il arrive que les sujets soient résumés par un mot comme *tout, cela, rien, personne, nul, chacun*, appelé **sujet récapitulatif**.
Le sujet de la phrase est alors ce mot, et le verbe s'accorde avec lui.

Que faire quand les sujets sont réunis par *ou* ou par *ni* ?
(Cas no 4.)

Ex. : Ni **Charles** ni ***Étienne*** ne *seront* élus président de notre groupe, car ce sera Paul.
Ses compliments ou **ses flatteries** *l'agaçaient*.

▸ Quand les sujets sont réunis par *ou* ou par *ni*, le verbe est au pluriel, car, généralement, les sujets s'additionnent. Dans ce cas, la conjonction *ou* signifie « tantôt l'un », « tantôt l'autre » et la conjonction *ni* a la valeur de « et ».

Ni **Marie** ni **Hélène** ne *sera* élue présidente de notre groupe.
Sa réussite ou **son échec** *dépend* de son sang-froid.

▸ Cependant, le verbe reste au singulier si les sujets s'excluent.
Dans ce cas, la conjonction *ou* signifie « si ce n'est pas l'un, c'est l'autre » et la conjonction *ni* ne permet de rapporter l'état ou l'action qu'à un seul des deux sujets.

COMMENT ACCORDER LE VERBE AVEC SON SUJET ?

Que faire quand les sujets sont réunis par *comme*, *ainsi que*, *de même que*, etc. ?
(Cas no 5.)

Ex. : **Ma mère** ainsi que **ma sœur** adorent le cinéma et y iraient volontiers tous les jours.
Ma mère, tout comme **ma sœur,** adore le cinéma et y irait volontiers tous les jours.
Mes frères, tout comme **ma sœur,** adorent le cinéma et y iraient volontiers tous les jours.

▸ Quand les sujets sont réunis par une conjonction telle que *comme*, *ainsi que*, *de même que*, etc. :
— le verbe est au pluriel si la conjonction a une valeur **additive** ;
— le verbe reste au singulier si la conjonction a une valeur **comparative**.
Dans ce cas, le second sujet est souvent encadré par des virgules.

Que faire quand le sujet commence par un nom collectif suivi d'un complément ?
(Cas no 6.)

Ex. : *Épuisée*, **la troupe des soldats** fit une halte méritée.
Un groupe de manifestants huait copieusement l'orateur tandis qu'**un groupe de ses partisans** l'applaudissait.
Une foule de collectionneurs ont admiré ce chef-d'œuvre.

▸ Quand le sujet est un nom collectif (*foule, multitude, bande, pile, collection, quantité, troupe,* etc.) suivi d'un complément et que :
— le nom collectif est nettement déterminé à l'aide d'un **article défini** (*le, la*) ou d'un **déterminant démonstratif** (*ce, cet, cette*) ou **possessif** (*son, sa*), le verbe se met généralement au singulier, bien que, dans certains cas, le sens ou l'intention de l'auteur imposent de façon incontestable le pluriel ;
— le nom collectif est précédé d'un **article indéfini** (*un, une*), le verbe se met au singulier si le nom collectif désigne un ensemble pris dans sa totalité, mais au pluriel si le nom collectif désigne une pluralité d'êtres ou de choses pris séparément.

Que faire quand le sujet est un adverbe ou une locution adverbiale de quantité ?
(Cas no 7.)

Ex. : **Tant de** questions se bousculaient dans sa tête.
Quantité d'entre elles restaient sans réponse.
Beaucoup de patience sera nécessaire si on veut l'amadouer.
La plupart s'étaient étonnés de voir se concrétiser leurs désirs.
Beaucoup jugeaient que c'était là un prodige.

▸ Quand le sujet est un adverbe ou une locution adverbiale de quantité :
— suivi d'un complément, le verbe s'accorde avec ce complément ;
— non suivi d'un complément, le verbe se met au pluriel.

Ainsi s'explique qu'après *plus d'un*, le verbe se mette au singulier, puisque le complément est ici *un*, masculin singulier.
De même, après *moins de deux*, le verbe se met au pluriel, *deux* étant le complément.

> **Que faire quand le sujet est *le peu de*?**
> (Cas no 8.)

Ex.: ***Le peu de*** *profits qu'il a réalisés l'<u>a</u> découragé.*
Le peu de *fleurs qui parsèment la plate-bande <u>offrent</u> leurs pétales au soleil.*

▶ Quand le sujet est *le peu de*, le verbe s'accorde avec le mot *peu* si celui-ci exprime l'idée dominante de la phrase. L'impact de la phrase est alors négatif.
On ne peut alors supprimer *le peu de*: la phrase serait inintelligible.
Le peu de a ici le sens de «la trop faible quantité de».

Sinon, l'accord se fait avec le complément.
Supprimer *le peu de* est alors possible: la phrase garde son sens.
Dans ce cas, *le peu de* a le sens de «quelques», «un certain nombre de».

> **Que faire quand le sujet est une fraction?**
> (Cas no 9.)

Ex.: ***Le tiers*** *de l'assistance <u>s'est</u> levé pour applaudir.*
La moitié *des répondants <u>affirme</u> avoir déjà fait usage de ce médicament.*
La moitié *de mes amis me <u>félicitent</u> d'avoir tenu bon malgré les difficultés.*
La moitié *<u>sont</u> revenus bredouilles.*
(Sous-entendu:... d'entre eux...)
Une douzaine *de ces fleurs <u>s'étaient</u> <u>fanées</u>.*
Une douzaine *de ces fleurs <u>coûtait</u> dix dollars.*
Les deux tiers *de la somme <u>avaient été</u> perdus.*

▶ Quand le sujet est une fraction au **singulier** qui désigne une **quantité précise**, le verbe s'accorde avec la **fraction**.

Quand le sujet est une fraction au **singulier** qui désigne une **quantité approximative**, le verbe s'accorde avec la **fraction** quand on a en tête la masse formant un tout. Cependant, le verbe s'accorde avec le **complément du nom** exprimé ou sous-entendu si on a en tête non la masse mais les éléments qui forment le tout.

Quand le sujet est une fraction au **pluriel**, le verbe s'accorde avec la **fraction.**

PRATIQUE

1 Faites l'accord du verbe avec son sujet.
(Pour ce faire, vous devrez revoir les règles des cas 1, 2 et 3 d'accord du verbe avec son sujet.)

a La salle est en délire. Vivats, bravos, ovations, tout (*annoncer*, indic. présent) _____ un grand succès.

b Ces textes qui (*renfermer*, indic. présent) _____ tous deux la même citation (*prouver*, indic. présent) _____ qu'il y a eu collusion.

c Tous nos amis sont rassurés. « Toi et Paul (*élaborer*, indic. futur simple) _____ ensemble le menu du dîner », leur ai-je affirmé.

d Reproches, récriminations, larmes et cris, cela n'(*avoir*, indic. présent) _____ rien changé : la décision arrêtée le restera.

e Les répétitions, les exercices, les évaluations, rien ne vous (*être*, indic. futur simple) _____ épargné pour faire de vous des candidats parfaits.

f Il n'y a que vous qui (*pouvoir*, subj. présent) _____ réussir à la faire changer d'avis.

g Lui et moi (*pouvoir*, indic. présent) _____ , heureusement, vous aider à terminer ce travail.

h (*Apprendre*, impér. présent) _____ donc, cher collègue qui (*savoir*, indic. présent) _____ tout, que cet après-midi le directeur du service les congédie.

i Toi et moi, qui la (*chérir*, indic. présent) _____ , (*réussir*, indic. futur simple) _____ peut-être à la convaincre.

j Celui qui, répondant à leur demande de renseignements, les (*avoir*, indic. imparfait) _____ induits en erreur l'(*avoir*, indic. présent) _____ peut-être fait sciemment ; il a manqué, alors, aux règles de l'hospitalité.

2 Faites l'accord du verbe avec son sujet.
(Pour ce faire, vous devrez revoir les règles des cas 4, 5 et 6 d'accord du verbe avec son sujet.)

a À la reprise de la session, le premier ministre ou la ministre responsable du portefeuille (*annoncer*, indic. futur simple) _____ un investissement majeur.

b L'affection que j'ai pour vous comme mon désir de vous voir heureux me (*convaincre*, indic. présent) _____ du bien-fondé de mon intervention.

c Une infinité d'arbustes rachitiques (*donner*, indic. imparfait) _____ au paysage un aspect si désolé que le groupe de touristes en (*être*, indic. passé simple) _____ tout déprimé.

COMMENT ACCORDER LE VERBE AVEC SON SUJET ?

d Son sourire, aussi bien que ses yeux, (*garder*, indic. imparfait) _____ à quatre-vingts ans une grande luminosité.

e La foule des manifestants qui (*se presser,* indic. imparfait) _____ à l'entrée de la salle (*venir*, indic. imparfait) _____ affirmer sa conviction que la loi ne devait pas être changée.

f Une exaltation passionnée de même qu'une détresse immense (*traverser*, indic. présent) _____ parfois notre vie.

g Une foule de spectacles, auxquels nous avons assisté, (*se révéler*, indic. passé composé) _____ décevants.

h Le cortège des voitures, lors du retour des vainqueurs dans leur ville natale, (*s'étirer*, indic. plus-que-parfait) _____ sur près d'un kilomètre.

i Ni vous ni lui ne (*consentir*, indic. futur simple) _____ à poser votre candidature : la tâche n'est pas suffisamment bien définie.

j Que faire pour nos vacances ? Sans doute, la mer caressante ou la montagne généreuse (*être retenu*, indic. futur simple) _____ .

3 Faites l'accord du verbe avec son sujet.
(Pour ce faire, vous devrez revoir les règles des cas 7, 8 et 9 d'accord du verbe avec son sujet.)

a La plupart, et c'est là le plus étrange, (*croire*, indic. présent) _____ que l'argent fait le bonheur.

b Le peu d'indices connus (*rendre*, indic. plus-que-parfait) _____ l'enquête plus difficile encore.

c Le quart des chemisiers mis de côté (*ne pas être réclamé*, indic. plus-que-parfait) _____ .

d La plupart de nos amies (*être charmé*, indic. plus-que-parfait) _____ par son sourire.

e Plus d'un et plus d'une (*juger*, indic. présent) _____ la chose irréaliste, néanmoins nombre de gens (*être*, indic. présent) _____ prêts à croire en la réussite de l'entreprise.

f Le tiers de toutes ces victuailles (*suffire*, conditionnel présent) _____ à nourrir une famille pour une semaine.

g Le peu de spectateurs qui (*craindre*, indic. plus-que-parfait) _____ de voir perdre leurs favoris (*se réjouir*, indic. imparfait) _____ maintenant de la victoire.

h Peu (*se souvenir*, indic. présent) _____ de leurs premiers Noëls sans éprouver quelque tristesse.

i Près du cinquième du pâté de maisons (*être rasé*, indic. plus-que-parfait) _____ par les flammes.

4 Faites l'accord du verbe avec son sujet.

a Son opinion ou son commentaire ne (*être*, indic. présent) _____ ni bienvenus ni souhaités.

b Plus d'un policier (*s'interroger*, indic. présent) _____ sur les causes d'un crime si abominable. Moins de deux (*risquer*, conditionnel présent) _____ une explication de peur de provoquer des protestations dans l'opinion publique.

c Ah! oui, combien (*être apprécié*, indic. passé simple) _____ ces quelques mots d'encouragement!

d Le peu de démarches entreprises (*compromettre*, indic. présent) _____ sérieusement ses chances de succès.

e Le tonnerre d'applaudissements et l'ovation qui l'(*accueillir*, indic. passé simple) _____ la (*récompenser*, indic. passé simple) _____ pour toutes ses fatigues.

f Cachée par la densité du feuillage, une bande d'écureuils (*grignoter*, indic. imparfait) _____ à l'aise les cacahuètes que l'un ou l'autre (*venir*, indic. imparfait) _____ de nous voler.

g La guirlande parée de filets d'argent, telle une traînée d'étincelles, (*scintiller*, indic. imparfait) _____ à la lueur des bougies.

h Ni mon professeur ni mon directeur de stages ne (*réussir*, indic. futur simple) _____ à me persuader de la nécessité de reprendre ce cours.

i Le peu de sourires qu'elle en avait tirés lui (*prouver*, indic. plus-que-parfait) _____ que Jean semblait sur le point de retrouver sa bonne humeur.

j Un dixième seulement des dégâts (*être remboursé*, indic. plus-que-parfait) _____ par les assurances, si bien qu'une foule de dettes (*ne pas être acquitté*, indic. plus-que-parfait) _____ .

L'AUTOCORRECTEUR *Réponses des exercices de PRATIQUE aux pages 70 à 72.*

ÉVALUATION

(50 points)

1 (30 points)
Faites l'accord du verbe avec le sujet.

a Le peu de conseils reçus nous (*donner*, indic., passé composé) _____ le sentiment que nous avions tout ce qu'il fallait pour réussir.

b Il n'y a que toi qui (*pouvoir*, subj., présent) _____ me tirer de ce mauvais pas : la plupart de ces difficultés (*se trouver*, conditionnel, présent) _____ aplanies si tu m'aidais un peu.

c Nombre de personnes nous (*dévisager*, indic., imparfait) _____ . Plus d'un et plus d'une (*avoir*, indic., imparfait) _____ , en nous regardant, un air si ahuri que mon ami et moi (*ne savoir*, indic., imparfait) _____ qu'en penser.

d Le peu de cheveux que Louis avait (*être*, indic., imparfait) _____ gris et clairsemé. La quantité de solutions miracles qu'il a essayée (*témoigner*, indic., présent) _____ de son désir de corriger la situation.

e Ni toi ni moi (*ne savoir*, conditionnel, passé) _____ les raisons du silence de notre frère si notre mère, tout comme notre tante d'ailleurs, (*ne soupçonner*, indic., plus-que-parfait) _____ le chagrin que lui avait causé le départ d'Anik.

f Le contremaître, que plus d'une (*craindre*, indic., imparfait) _____ , régnait en despote si tyrannique que la vingtaine de machines à coudre (*ronronner*, indic., imparfait) _____ malgré la fatigue et l'épuisement des ouvrières.

g Un de ces étés qui (*enflammer*, indic., présent) _____ de temps à autre les plages du Maine (*plonger*, indic., passé simple) _____ toute la famille dans une grande perplexité : comme la mer semblait invitante ! Pourtant, (*ne pas décider*, indic., plus-que-parfait, type interrogatif) _____ , ma famille et moi, que cette année, ce serait la montagne ?

2 (20 points)
Parmi les trois phrases données, soulignez celle où les verbes sont bien accordés.

a Que la fête commence ! Plus d'un ne regrettera pas d'être venu. La plupart repartira le cœur plus léger. Nombre d'entre eux s'en souviendront longtemps.

Que la fête commence ! Plus d'un ne regretteront pas d'être venus. La plupart repartira le cœur plus léger. Nombre d'entre eux s'en souviendra longtemps.

Que la fête commence ! Plus d'un ne regrettera pas d'être venu. La plupart repartiront le cœur plus léger. Nombre d'entre eux s'en souviendront longtemps.

b Non loin, une des maisons s'éclaire d'où s'échappent rires et cris. Mais, malgré nos efforts, le peu de renseignements recueillis ne nous a pas fourni les motifs de la fête, si bien que ce trop peu de renseignements nous obligent à poursuivre nos recherches.

Non loin, une des maisons s'éclaire d'où s'échappe rires et cris. Mais, malgré nos efforts, le peu de renseignements recueillis ne nous ont pas fourni les motifs de la fête, si bien que ce trop peu de renseignements nous obligent à poursuivre nos recherches.

Non loin, une des maisons s'éclaire d'où s'échappent rires et cris. Mais, malgré nos efforts, le peu de renseignements recueillis ne nous ont pas fourni les motifs de la fête, si bien que ce trop peu de renseignements nous oblige à poursuivre nos recherches.

c Plus d'un et plus d'une pensent gagner à la loterie. Voilà pourquoi Éric et moi affirment que le rêve se vend bien. Mais qui ne rêve pas? Plusieurs d'entre nous cultivent un jardin secret où s'échafaude bien des projets.

Plus d'un et plus d'une pense gagner à la loterie. Voilà pourquoi Éric et moi affirmons que le rêve se vend bien. Mais qui ne rêve pas? Plusieurs d'entre nous cultivent un jardin secret où s'échafaudent bien des projets.

Plus d'un et plus d'une pensent gagner à la loterie. Voilà pourquoi Éric et moi affirmons que le rêve se vend bien. Mais qui ne rêve pas? Plusieurs d'entre nous cultivent un jardin secret où s'échafaudent bien des projets.

d Le peu de solutions trouvées régla en grande partie le problème qu'avait créé les pertes successives. Plus du tiers des sommes investies a été perdu dans des transactions que bon nombre de conseillers avaient considérées comme hasardeuses.

Le peu de solutions trouvées réglèrent en grande partie le problème qu'avaient créé les pertes successives. Plus du tiers des sommes investies a été perdu dans des transactions que bon nombre de conseillers avaient considérées comme hasardeuses.

Le peu de solutions trouvées réglèrent en grande partie le problème qu'avaient créé les pertes successives. Plus du tiers des sommes investies ont été perdues dans des transactions que bon nombre de conseillers avait considérées comme hasardeuses.

L'AUTOCORRECTEUR *Réponses de l'ÉVALUATION aux pages 72 à 74.*

7

COMMENT ACCORDER LE PARTICIPE PASSÉ ?

7

COMMENT ACCORDER LE PARTICIPE PASSÉ ?

RAPPEL

LES RÈGLES GÉNÉRALES D'ACCORD DU PARTICIPE PASSÉ

1. Le participe passé employé **sans auxiliaire** s'accorde (tout comme le ferait l'adjectif) en genre et en nombre avec le nom auquel il se rapporte.

2. Le participe passé employé avec l'auxiliaire *être* s'accorde en genre et en nombre avec le sujet du verbe.

3. Le participe passé employé avec l'auxiliaire *avoir* :

varie	est invariable
et s'accorde avec le C.O.D. si celui-ci est placé **avant** le groupe verbal.	— si le C.O.D. est placé **après** le groupe verbal ; — s'il n'y a pas de C.O.D.

DIAGNOSTIC

1 Orthographiez correctement les participes passés entre parenthèses.

a Malgré l'air revêche que ses deux filles avaient (pris) _____, toutes les recommandations que lui avait (dicté) _____ sa sollicitude, elle les avait (fait) _____ en prenant bien son temps.

b Ces nouveaux professeurs, dont on nous avait (annoncé) _____ l'arrivée avec grand enthousiasme, nous les avions à peine (vu) _____ qu'ils étaient déjà (disparu) _____ dans le bureau du directeur.

c Sa jeunesse a été (marqué) _____ par un grand intérêt pour les collections. Coquilles, plantes, minéraux furent toujours minutieusement (rassemblé) _____ .

d Très tôt, de nombreux lecteurs ont été (fasciné) _____ par les extraits du roman qu'avait (publié) _____ le journal local.

e Depuis quelques mois, François a (consacré) _____ tous ses temps libres au ski. Les nombreux conseils (reçu) _____ , la persévérance qu'il a (montré) _____ en feront peut-être un jour un skieur passable.

f Quel fouillis ! Sa tâche ne sera (terminé) _____ que dans la mesure où elle l'aura, cette liste, enfin (retrouvé) _____ .

Réponses du DIAGNOSTIC à la page 313.

APPROFONDISSEMENT

Le **verbe**, constituant essentiel du groupe verbal, se distingue des autres classes de mots par le fait qu'il est, dans la phrase, la **partie qui se conjugue**.
Or, conjuguer un verbe, c'est énumérer toutes les formes différentes qu'il peut prendre selon la personne, le mode, le temps et la voix.
Parmi les six modes, on trouve les modes personnels, qui se conjuguent selon les personnes (*je, tu, il, elle, nous, vous, ils, elles*), et les modes impersonnels qui, eux, ne se conjuguent pas.
Ces modes impersonnels sont l'infinitif et le **participe**, lesquels se conjuguent aux temps présent et passé.

Le **participe présent** ou **passé** est la seule forme du verbe qui présente les propriétés d'un adjectif qualificatif. Comme lui, le participe passé peut prendre les marques du **genre** (masculin ou féminin) et du **nombre** (singulier ou pluriel).

	m. s.	f. s.	m. p.	f. p.
Les participes passés en *é* :	aim**é**	aim**ée**	aim**és**	aim**ées**
Les participes passés en *i* :	fin**i**	fin**ie**	fin**is**	fin**ies**
Les participes passés en *u* :	rend**u**	rend**ue**	rend**us**	rend**ues**
Les participes passés en *s* :	pri**s**	pri**se**	pri**s**	pri**ses**
Les participes passés en *t* :	écri**t**	écri**te**	écri**ts**	écri**tes**

LES RÈGLES GÉNÉRALES D'ACCORD DU PARTICIPE PASSÉ

1er cas : le participe passé est employé comme adjectif.

Ex. : *La maison **remplie** de soleil s'animait et retentissait de cris de joie.*

▶ Le participe passé employé sans auxiliaire s'accorde (tout comme le ferait l'adjectif) en genre et en nombre avec le nom auquel il se rapporte.

> **2ᵉ cas : le participe passé est employé avec *être*.**

Ex. : *Réjouissant les uns, alarmant les autres, la neige est **tombée** en flocons serrés.* ▶ Le participe passé employé avec l'auxiliaire être s'accorde en genre et en nombre avec le sujet du verbe.

> **3ᵉ cas : le participe passé est employé avec avoir.**

Ex. : *Dès les premiers beaux jours, les tulipes ont **ouvert** leur corolle.* ▶ Le participe passé employé avec l'auxiliaire ***avoir*** :
*Suzanne, qui les a **observées**, a **suivi** avec ravissement les étapes de leur plein épanouissement.*

est invariable
— si le C.O.D. est placé **après** le groupe verbal ;
— s'il n'y a pas de C.O.D.
varie
et s'accorde avec le C.O.D. si celui-ci est placé **avant** le groupe verbal.

Il est essentiel de bien repérer le complément d'objet direct pour accorder correctement le participe passé employé avec *avoir*. Car c'est lui qui règle l'accord en genre et en nombre du participe passé.

PRATIQUE

1 **Soulignez tous les participes passés contenus dans les phrases suivantes.**

a   Après la pluie, les jardins, qui avaient été nettoyés, étaient maintenant tout ragaillardis et luisaient d'une beauté neuve.

b   Les pensées et les impatientes, mises en terre avec tant de soin, offraient leurs pétales au soleil qui les avait vaillamment redressés.

c   Il neige sur la ville : les bicyclettes sont rentrées. Mais, même attachées par des cadenas ou des chaînes, elles seront encore volées lorsque, par distraction, une porte restera ouverte.

d   Pour parvenir de l'autre côté, nous devions enjamber des clôtures que le temps avait renversées et de larges fossés ravinés par d'anciens torrents. Chacune de nos réussites était ponctuée par les encouragements de notre guide.

e   « Mon magnétoscope est encore en panne. Les précautions que j'ai prises et qui n'auront servi à rien m'ont convaincue de la piètre qualité de ce produit », proteste Alexandra.

2 Reprenez chacun des participes passés que vous avez soulignés à l'exercice no 1 et classez-les dans la colonne correspondante ci-dessous.

Participe passé employé comme un adjectif	Participe passé employé avec l'auxiliaire *être*	Participe passé employé avec l'auxiliaire *avoir*

3 Reprenez les participes passés que vous avez classés au no 2 comme des participes passés employés avec l'auxiliaire *avoir*.
Justifiez l'accord de ces participes.

_____ : _____

_____ : _____

_____ : _____

_____ : _____

4 Faites l'accord des participes passés contenus dans les phrases suivantes.

a (Affamé) _____ , (épuisé) _____ , l'âme et le corps (torturé) _____ par l'angoisse, ils avaient (craint) _____ de ne jamais arriver au terme de leur route.

b Ces travaux que nous avons finalement (terminé) _____ seront bientôt (soumis) _____ à l'approbation des responsables.

c Les médicaments que Lise et Sylvie ont (pris) _____ pour se débarrasser de leur grippe les ont (rendu) _____ si amorphes qu'elles ont (dû) _____ s'absenter.

d Des collègues que l'on a (consulté) _____ n'ont pas été (ennuyé) _____ outre mesure par le second échéancier : ces nouvelles dispositions, elles les avaient (prévu) _____ .

e Un stratagème (imaginé) _____ avec beaucoup d'ingéniosité et d'enthousiasme a des conséquences qu'on n'avait pas (soupçonné) _____ .

f Des voisins (intéressé) _____ ont (prêté) _____ main-forte au déménagement de toutes ses affaires.

g Quel ménage ! Des rayons entiers ont été (vidé) _____ de leur contenu. Des livres et des revues, qu'on a (découvert) _____ avec étonnement et dont on a (lu) _____ quelques lignes, ont été (mis) _____ de côté.

L'AUTOCORRECTEUR *Réponses des exercices de PRATIQUE aux pages 75 et 76.*

RAPPEL

LES RÈGLES PARTICULIÈRES D'ACCORD DE CERTAINS PARTICIPES PASSÉS

Le participe passé est invariable quand :

— Le C.O.D. est *l'* signifiant « cela » ;
— Le C.O.D. est le pronom *en* ;
— Le C.O.D. est une **proposition** ou un **infinitif sous-entendu** ;
— Le participe passé est celui d'un **verbe impersonnel**.

Il arrive que le participe passé *excepté*, *passé*, *vu*, *non compris*, *étant donné*, etc. soit placé avant le nom. Le participe passé est alors invariable. Placé après le nom, il varie.

Il arrive que le participe passé soit suivi d'un **infinitif** : le participe passé varie si le C.O.D. fait l'action exprimée par l'infinitif.

Il arrive que le participe passé soit *coûté*, *valu*, *pesé*, *vécu*, *couru*, *parcouru*… : le participe passé varie s'il est employé au sens figuré. Employé au sens propre, il est invariable.

COMMENT ACCORDER LE PARTICIPE PASSÉ ?

DIAGNOSTIC

1 Orthographiez correctement les participes passés entre parenthèses.

a Julie a visité le Salon du livre. Les commentaires qu'elle nous en a (fait) _____ indiquent que cette exposition ne l'a pas (laissé) _____ indifférente.

b Cette rencontre, nous ne l'avions pas (voulu) _____ : elle nous a été (imposé) _____ par des obligations desquelles nous n'avons (pu) _____ nous soustraire.

c Les personnes que je vous ai (présenté) _____ , je leur ai (demandé) _____ de venir: les lettres, les documents et les notes (ci-joint) _____ vous expliqueront pourquoi.

d Quand Pierre et Denis les avaient (vu) _____ s'arrêter, ils s'étaient imaginé qu'elles le faisaient pour eux.

e Les quarante années qu'elle a (vécu) _____ ne furent pas toutes des années heureuses.

f (Vu) _____ de près, la robe que nous avions (envisagé) _____ d'acheter pour son anniversaire nous avait (révélé) _____ le peu d'heures (consacré) _____ à sa confection et la piètre qualité du tissu.

g (Ci-annexé) _____ une copie des résultats, lesquels se révèlent plus intéressants qu'on ne l'avait (prédit) _____ .

h Des conseils, elle en a (reçu) _____ bien davantage qu'elle n'en a (donné) _____ .

i Ces risques que nous avons (couru) _____ , valaient-ils toute la peine que nous nous sommes donnée ?

j Quel conteur il est! Que de belles heures nous avons (vécu) _____ à l'écouter!

k Avant de partir, ma sœur nous avait (fait) _____ toutes les recommandations qu'elle avait (pu) _____ , si bien que nous nous sentions totalement rassurées.

Réponses du DIAGNOSTIC aux pages 313 et 314.

APPROFONDISSEMENT

Que faire quand le C.O.D. est *l'* signifiant « cela » ?

Ex. : *Ces exercices sont plus difficiles que je ne l'avais **cru**.*
(=... *que je n'avais cru cela.*)

▶ Quand le C.O.D. est le pronom neutre *l'* signifiant « cela », le participe passé est toujours invariable.

Que faire quand le C.O.D. est le pronom *en* ?

Ex. : *De bonnes résolutions, j'**en** ai pourtant **pris**, mais cela n'a servi à rien.*

▶ Si le pronom *en* est C.O.D., le participe passé reste invariable, le pronom *en* étant neutre et partitif.

Attention : Si le pronom *en* n'est pas le C.O.D., le participe passé suit la règle générale.

Ex. : *Suzanne est actuellement en France. Les lettres que j'**en** ai **reçues** sont enthousiastes.*
(J'ai reçu *que* = les lettres, C.O.D. ; j'ai reçu de *en* = Suzanne, complément d'origine.)

Que faire quand le C.O.D. est une proposition ou un infinitif sous-entendu ?

Ex. : *Il avait fourni tous les efforts qu'il avait **pu**, mais il n'a pas obtenu les résultats qu'il aurait **cru**.*

▶ Le participe passé reste invariable car le C.O.D. est un infinitif sous-entendu.

— **qu'il avait pu** : *tous les efforts* n'est pas C.O.D. du verbe *avait pu*. Le C.O.D., *fournir*, n'est pas exprimé.
— **qu'il aurait cru** : *les résultats* n'est pas C.O.D. du verbe *aurait cru*. Le C.O.D., *obtenir*, n'est pas exprimé.

Les participes passés **dit, dû, cru, pu, su, voulu** sont souvent construits de cette façon. Mais, attention, pas toujours...

Que faire quand le participe passé est celui d'un verbe impersonnel ?

Ex. : *Les arguments qu'il a **fallu** pour le convaincre avaient été rassemblés avec soin.*

▶ Le participe passé d'un verbe impersonnel ou pris impersonnellement est toujours invariable.

PRATIQUE

1 Récrivez le participe passé en l'accordant s'il y a lieu.

a Les projets qu'ils avaient (voulu) _____ mener à terme depuis longtemps se voyaient à nouveau (repoussé) _____ aux calendes grecques.

b Yolande n'a pu faire toutes les démarches qu'elle aurait (voulu) _____ le temps lui a manqué.

COMMENT ACCORDER LE PARTICIPE PASSÉ ?

c Louise revient de Chine : je l'ai (écouté) _____ raconter ses aventures avec grand intérêt.

d Tous ces mensonges qu'elle a (cru) _____ , comme elle les trouve puérils maintenant.

e Qui aurait (cru) _____ qu'elle allait vendre ce vieux piano ? La somme qu'elle en a (eu) _____ dépasse l'entendement.

f Des nouvelles de lui, j'en avais (attendu) _____ en vain.

g Avec cette réglementation beaucoup plus avisée que les avocats eux-mêmes ne l'avaient (soupçonné) _____ , tous les consommateurs y trouveront leur profit.

h Depuis deux générations étaient (empilé) _____ dans les armoires de magnifiques nappes de dentelle. Toutes les précautions qu'il avait (fallu) _____ pour s'en servir nous avaient à jamais (convaincu) _____ qu'elles s'empoussiéreraient sûrement pour une autre génération.

i Marc avait fourni tous les efforts qu'il avait (pu) _____ , mais jamais il n'a obtenu les résultats qu'il aurait (cru) _____ .

j « Les réceptions qu'il y a (eu) _____ , les rencontres que nous y avons (fait) _____ nous ont (consolé) _____ de toutes celles que nous avions (manqué) _____ », racontaient les deux cousines.

L'AUTOCORRECTEUR   *Réponses de l'exercice de PRATIQUE aux pages 76 et 77.*

APPROFONDISSEMENT

Que faire quand le participe passé est *excepté*, *passé*, *vu*, *non compris*, *étant donné*, etc. ?

Ex. : *Quel ennui ! Il est huit heures **passées**.*
***Passé** les délais prescrits, nous devrons prendre certaines mesures.*
***Passées** de mode, ces robes seront mises de côté.*

▶ Quand ces participes passés sont placés **avant** le groupe du nom, ils sont **invariables**. Ils jouent le rôle d'une **préposition**.

Quand ces participes passés sont placés **après** le groupe du nom ou qu'ils **ne le précèdent que par inversion**, ils sont **variables**. Ils sont utilisés comme **adjectifs**.

À ajouter à la liste ci-dessus : ***supposé, attendu, y compris, ci-joint, ci-inclus, ci-annexé**.*

Que faire quand le participe passé est suivi d'un infinitif?

Ex.: *Tous ces enfants que j'ai **vus** se précipiter dans les magasins attendaient l'arrivée du père Noël.*

▸ Quand le participe passé est suivi d'un infinitif, il s'accorde avec le C.O.D. placé avant si ce C.O.D. fait l'action exprimée par l'infinitif.
J'ai vu qui?
Les enfants.
Qui faisaient l'action de :
se précipiter

Ex.: *Les textes que Paul avait **voulu** mémoriser s'étaient révélés fort difficiles.*

▸ Il arrive souvent que l'infinitif qui suit le participe passé est le C.O.D. du groupe verbal. Dans ce cas, il n'y a pas d'accord.
Paul avait voulu quoi?
mémoriser.
Mémoriser quoi?
que dont l'antécédent est *les textes*.

À retenir: Le participe passé *fait* suivi d'un infinitif est toujours invariable.

Que faire quand le participe passé est *coûté, valu, pesé, vécu, couru, parcouru*?

Ex.: *Tous ces tracas que tu m'as **coûtés**, les as-tu oubliés?*
*Ce grille-pain nous a très bien servi, vu les vingt dollars qu'il nous a **coûté**.*

▸ Le participe passé des verbes *coûter, valoir, peser*, etc., employés au sens propre, reste invariable, car ces verbes sont accompagnés non pas d'un C.O.D. mais d'un C.C. Cependant, employés au sens figuré, ces participes passés varient.

Acceptions de ces verbes

	Sens propre	Sens figuré
coûter:	« avoir une valeur d'achat »	« causer, occasionner »
valoir:	« avoir une valeur »	« procurer »
peser:	« avoir un poids »	« apprécier »
vivre:	« être en vie »	« goûter, passer, mener »
courir:	« parcourir à la course »	« s'exposer à »

PRATIQUE

1 Récrivez le participe passé en l'accordant s'il y a lieu.

a Que de déceptions lui a (coûté) _____ l'achat de cette bagnole ! Les trois mille dollars qu'elle lui a (coûté) _____ , elle ne les a malheureusement jamais (valu) _____ .

b (Vu) _____ votre gentillesse, comment dire non aux demandes (ci-joint) _____ ?

c Les centaines de kilomètres qu'elle a (couru) _____ , cette réputation qu'elles lui ont (valu) _____ , elle s'en est toujours souvenue avec fierté pendant les soixante années qu'elle a (vécu) _____ .

d Les roses qu'on lui a (offert) _____ , Sonia les a (regardé) _____ se faner avec tristesse.

e Pour s'assurer de l'authenticité des faits, il faut les avoir (entendu) _____ confirmer par le principal intéressé.

f Les livres qu'il avait (fait) _____ venir par la poste étaient moins intéressants qu'il ne l'avait (cru) _____ .

g Les arbres que j'ai (vu) _____ reverdir tant de printemps, je les ai (vu) _____ abattre la mort dans l'âme.

h (Étant donné) _____ l'heure tardive, ne vaudrait-il pas mieux rentrer ? Que de reproches nous a (coûté) _____ notre dernière sortie ! Que de risques nous avons (couru) _____ alors de nous voir interdire à jamais notre jeudi soir !

i Ils n'ont (pu) _____ faire toutes les choses qu'ils auraient (souhaité) _____ , malgré toutes les recommandations que nous leur avions (fait) _____ .

j Après les avoir (entendu) _____ exposer les faits, j'en suis (venu) _____ , avouait-elle, à ne plus savoir quoi penser de la première version qu'on m'en avait (donné) _____ .

COMMENT ACCORDER LE PARTICIPE PASSÉ ?

2 Nous avons souligné les participes passés des phrases suivantes.
Indiquez la règle appliquée à chacun d'eux en inscrivant le bon numéro parmi ceux des cas ci-dessous.

Cas 1 : Le participe passé est *excepté*, *passé*, *vu*, etc.
Cas 2 : Le participe passé est suivi d'un infinitif.
Cas 3 : Le participe passé est celui d'un verbe impersonnel.
Cas 4 : Le participe passé est *coûté*, *valu*, *pesé*, *vécu*, *couru*, *parcouru*.
Cas 5 : Le C.O.D. est le pronom *l'* signifiant « cela ».
Cas 6 : Le C.O.D. est le pronom *en.*
Cas 7 : Le C.O.D. est un infinitif ou une proposition sous-entendu.

(Pour vous remettre ces règles en tête, reportez-vous aux pages 199, 200 et 201.)

a   Se maintenir en bonne forme nécessite un entraînement quotidien. Nous l'avons appris à nos dépens.

b   Nous n'avons rien reçu de Nathalie. Pourtant, je l'ai bien entendue nous promettre au moins une carte postale.

c   Les pluies qu'il y a eu ont gâché nos vacances.

d   Les lettres ci-jointes devront être acheminées le plus rapidement possible.

e   Les maisons qu'ils ont fait construire sont déjà vendues.

f   Les secrétaires avaient fait tous les efforts qu'elles avaient pu afin de terminer l'inventaire à temps.

g   Ces mois que tu as vécus à caresser l'espoir d'arriver premier furent exaltants. Ne les regrette pas, pense aux joies qu'ils t'ont values.

h   Jean était en tout point semblable aux photographies qu'en avait réalisées le photographe.

i   Les froids qu'il a fait ont retenu bien des gens à la maison.

3 Récrivez le participe passé en l'accordant s'il y a lieu.

a Que de moqueries ma naïveté m'a (valu) _____ lors du voyage à New York qu'a (fait) _____ la classe l'an dernier. M'avais-tu donné tous les conseils que tu aurais (dû) _____ ?

b Ses roses jaunes (excepté) _____ , il lui aurait volontiers (fait) _____ parvenir toutes les fleurs du jardin. (Excepté) _____ les géraniums, bien sûr : ils ont une drôle d'odeur et sans doute était-elle aussi délicate qu'il l'avait (cru) _____ .

c Maintenant qu'elle y songe, que d'émotions lui avait (coûté) _____ toute cette aventure. Mais aussi que de beaux rêves elle avait (fait) _____ , que d'intrigues passionnantes elle avait (vécu) _____ !

d Cette lettre que Chloé avait (réussi) _____ à écrire, elle l'avait (glissé) _____ à la poste, toute tremblante. (Passé) _____ une semaine, déjà elle s'impatientait : comme la réponse tardait à venir ! Une autre semaine (passé) _____ à attendre avait (fait) _____ naître d'autres appréhensions.

e Que de beaux jours nous avons (vécu) _____ sous ces érables que nous avons (vu) _____ grandir ! Que de courage et d'abnégation il a (fallu) _____ pour les quitter ! Ces vingt années que nous avons (vécu) _____ loin d'eux, combien longues elles nous ont (paru) _____ .

f Que la vie vaille la peine d'être (vécu) _____ , ma mère l'avait (dit) _____ et (redit) _____ sans cesse. Alexandra n'en était cependant pas (convaincu) _____ jusqu'au jour où Daniel se présenta...

g Les peines et les chagrins qu'il y a (eu) _____ et que nous avons (partagé) _____ avec des amis sûrs sont (devenu) _____ soudain moins lourds. Pourtant, ces confidences que nous avons (fait) _____ , combien parfois elles nous ont (coûté) _____ ! Alors qu'après nous en avons toujours été (allégé) _____ et (réconforté) _____ .

h Ces risques que François et Pierre-Luc ont (couru) _____ , en valaient-ils la peine ? Toutes les conséquences d'une pareille conduite, les avaient-ils bien (pesé) _____ ? Tous ces accidents qu'il y a (eu) _____ , ces derniers temps, ils en ont mal (évalué) _____ la gravité. Quels fous !

L'AUTOCORRECTEUR *Réponses des exercices de PRATIQUE aux pages 77 à 79.*

RAPPEL

LES RÈGLES D'ACCORD DU PARTICIPE PASSÉ DES VERBES PRONOMINAUX

Il arrive que le participe passé soit celui d'un verbe pronominal :

— le participe passé **varie** si le **pronom réfléchi** est **C.O.D.** ;
— le participe passé **ne s'accorde pas** avec le **pronom réfléchi** si celui-ci est **C.O.I.** ;
— le participe passé **s'accorde avec le sujet** si le **pronom réfléchi** n'a **aucune fonction logique**.

DIAGNOSTIC

1 Orthographiez correctement les participes passés entre parenthèses.

a Rencontrer une mère et une fille qui se soient à ce point (ressemblé) _____ est sûrement rare.

b Les deux enfants qui s'étaient (meurtri) _____ les genoux en tombant avaient promptement (reçu) _____ les premiers soins.

c Ses difficultés, (vu) _____ son ardeur au travail, se sont (estompé) _____ en un rien de temps.

d Elles avaient été à ce point (blessé) _____ par les propos injurieux que, dans leur colère, elles s'étaient (lancé) _____ qu'elles s'étaient (juré) _____ de ne plus se disputer.

e Lors du dernier affrontement, les coéquipiers s'étaient (nui) _____ plus qu'ils ne s'étaient (entraidé) _____ .

f Les droits qu'elles se sont (arrogé) _____ sans consulter leurs pairs ont été (contesté) _____ .

Réponses du DIAGNOSTIC à la page 314.

APPROFONDISSEMENT

QUE FAIRE QUAND LE PARTICIPE PASSÉ EST CELUI D'UN VERBE PRONOMINAL ?

Un verbe pronominal se reconnaît facilement à la présence de deux pronoms de la même personne grammaticale.

> Ex. : **Je me** promène.
> **Tu te** promènes.
> **Il se** promène.
> **Nous nous** promenons.
> **Vous vous** promenez.
> **Ils se** promènent.

Aux temps composés, le verbe pronominal se conjugue toujours avec l'auxiliaire *être*. Il faut donc accorder correctement le participe passé.

> Ex. : *Je me **suis** promené, elle s'**était** promenée, nous nous **serions** promenés...*

1ᵉʳ cas : Le pronom réfléchi est un complément d'objet.

Ex. : *Ses enfants **s'étaient lancés** dans la piscine dès leur arrivée.*
*Les nuits et les jours **se sont succédé** sans aucune interruption.*
*Nous **nous sommes félicités** chaleureusement.*

▶ Les verbes pronominaux sont ici de sens réfléchi ou de sens réciproque. Dans le premier exemple, les êtres dont il s'agit exercent une action sur eux-mêmes. Alors que dans le troisième, chacun exerce une action sur l'autre. Dans le cas d'un verbe pronominal de sens réfléchi ou de sens réciproque, le participe passé s'accorde comme s'il était employé avec l'**auxiliaire *avoir*.**

Il faut alors procéder en deux étapes :
— remplacer l'auxiliaire *être* par l'auxiliaire **avoir** ;
— rechercher le **C.O.D.** et faire l'accord s'il y a lieu.

Le pronom réfléchi est, le plus souvent, complément d'objet.
L'important est de savoir s'il est un complément d'objet direct ou indirect.

Reprenons les phrases citées plus haut :

*Ses enfants **s'étaient lancés** dans la piscine dès leur arrivée.*
Ses enfants avaient lancé **qui** ?
s' (C.O.D.) mis pour « eux-mêmes », donc *lancés*.

*Les jours **se sont succédé** sans aucune interruption.*
Les jours ont succédé **à quoi** ?
à ***se*** (C.O.I.) mis pour « eux-mêmes », donc *succédé*.

Attention ici : Bien que le pronom réfléchi soit C.O.I., il peut exister dans la phrase un C.O.D. placé avant qui, lui, commandera l'accord du participe passé.

Ex.: *Les confidences qu'ils **s'étaient échangées** les avaient rapprochés.*
Ils avaient échangé **avec qui**? avec *se* (C.O.I.) mis pour «eux-mêmes»,
quoi? des confidences (C.O.D. placé avant), donc *échangées*.

*Nous **nous sommes félicités** chaleureusement.*
Nous avons félicité **qui**?
nous (C.O.D.) mis pour «nous-mêmes», donc *félicités*.

Attention cependant:

Ex.: *Elles **se sont frappé** le genou contre la table.*
Elles ont frappé **quoi**? ***le genou*** (C.O.D. placé après).
Le genou à qui? à **se** mis pour «elles-mêmes», donc *frappé*.

Ex.: *Elles **se sont frappées** au genou.*
Elles ont frappé **qui**? **se** (C.O.D.) mis pour «elles-mêmes», donc *frappées*.
Où? **Au genou**.

2ᵉ cas: Le verbe est simplement (ou essentiellement) pronominal.

Le verbe simplement (ou essentiellement) pronominal ne se conjugue jamais sans l'aide du pronom réfléchi.

Ex.: *Les vacances **s'enfuient** toujours très rapidement.* ▶ Il n'existe pas de verbe **enfuir*. Le pronom *s'* est indissociable du verbe qui, sans lui, n'existe pas.

Le participe passé d'un verbe essentiellement pronominal s'accorde toujours avec le sujet du groupe verbal.

Ex.: *Dans le lointain, les maisons, les arbres et les champs **se sont** peu à peu **évanouis**.* ▶ Ici, accord avec le sujet «les maisons, les arbres et les champs».

Impossible de dire: **Dans le lointain, les maisons, les arbres et les champs ont peu à peu évanoui eux-mêmes.*
Conjuguer *évanouir* sans l'aide du pronom réfléchi ne se fait pas, car le verbe *évanouir* n'existe pas. Seul existe le verbe *s'évanouir* qui, lui, est toujours pronominal.

Attention: Certains verbes, en devenant des pronominaux, n'ont plus le même sens qu'à la forme non pronominale. C'est le cas, notamment, des **verbes** suivants, qui sont à **classer** parmi les **essentiellement pronominaux**:

apercevoir	:	***s'apercevoir de***
attaquer	:	***s'attaquer à***
douter	:	***se douter de***
jouer	:	***se jouer de***
taire	:	***se taire***
passer	:	***se passer de***
saisir	:	***se saisir de***
plaindre	:	***se plaindre de***
etc.		

Le meilleur moyen de savoir si vous êtes en présence d'un verbe essentiellement pronominal est d'essayer de le conjuguer sans l'aide du pronom réfléchi.

> Ex.: *Myriam **aperçoit** soudain Luc* (= elle le découvre, elle le voit... c'est la voix active).
>
> *Myriam **s'est aperçue** dans le miroir* (= elle découvre, voit **qui** dans le miroir? ***s'*** (C.O.D.) mis pour «elle-même», donc *aperçue*).
>
> *Elle **s'est aperçue** de son erreur* (= elle s'est aperçue <u>de</u>, a pris conscience de... c'est un verbe essentiellement pronominal). Il est impossible de conjuguer *apercevoir de sans l'aide du pronom réfléchi, qui est, dans ce cas, sans fonction logique.
> En effet, *s'* n'est pas un C.O.D. (elle n'a pas aperçu elle-même de son erreur). Il s'agit ici, bel et bien, d'un verbe essentiellement pronominal.
> Le participe s'accorde avec le sujet du groupe verbal, donc *aperç**ue***.

DES EXCEPTIONS

Se rire de, ***se plaire***, ***se déplaire***, ***se complaire à*** sont toujours invariables.

> Ex.: *Les deux filles **se sont ri** des difficultés.*
> *Et même, elles **se sont plu** à les affronter!*

S'arroger, quant à lui, varie parce qu'il peut avoir un C.O.D.

> Ex.: *Sonia **s'est arrogé** le droit de passer outre.*
> *Tous les droits qu'elle **s'est arrogés** ne se comptent plus.*

Attention: Les locutions verbales pronominales sont toujours invariables.

> Ex.: se faire mal:
> *Elle **s'est fait mal** en tombant.*
> se faire justice:
> *Cette femme **s'est fait justice**.*
> se rendre compte:
> *Marie **s'est rendu compte** qu'elle avait tout oublié.*
> se donner rendez-vous:
> *Elles **se sont donné rendez-vous** à neuf heures.*

UN TRUC

Toujours chercher à savoir quelle est la fonction assumée par le pronom réfléchi.

S'agit-il d'un C.O.D. ?	▸	L'accord du participe passé se fait avec lui.
S'agit-il d'un C.O.I. ?	▸	Le participe passé ne s'accorde pas avec lui, mais peut s'accorder avec un autre mot placé avant qui est C.O.D.
S'agit-il d'un pronom sans fonction autre que de permettre l'existence et l'emploi du verbe essentiellement pronominal ?	▸	L'accord du participe passé se fait avec le sujet du groupe verbal.

3ᵉ cas : Le verbe pronominal est de sens passif.

Ex. : *Les pommes **se sont vendues** cher cette année.* ▸ Les pommes ne peuvent se vendre d'elles-mêmes. Quelqu'un doit les vendre : les pommes **ont été vendues** par les marchands (= agents de l'action).
« se » est ici sans fonction logique.

Le participe passé d'un verbe pronominal de sens passif s'accorde avec le sujet du groupe verbal.

PRATIQUE

1 Dans chacune des phrases suivantes, le participe passé du verbe pronominal a été souligné.
Classez chacune des phrases dans le tableau qui suit cet exercice, selon le rôle que joue le pronom apparaissant en gras.
Pour ce faire, transcrivez la lettre qui précède la phrase.

a   Dans un grand bruissement d'ailes, tous les oiseaux **se** sont envolés.

b   Les opposants **se** sont battus, réclamant que justice soit faite.

c   Quand Hélène **s**'est aperçue dans la glace, elle fut très contente de sa nouvelle coupe de cheveux.

d   Toutes ses amies **s**'étaient réjouies de sa bonne mine.

e   Quelle tempête ! Avec quelle volupté chacun **s**'est recroquevillé chez soi !

f   On **s**'est efforcé de faire de cette fête une fête réussie.

g   Désormais, elles ne pensent plus à ces quelques jours durant lesquels elles **s**'étaient détestées.

h   Nous **nous** étions partagé tout ce que nous avions pu trouver.

COMMENT ACCORDER LE PARTICIPE PASSÉ ?

i Un soir, ils **s'étaient quittés** après une conversation plus douce et plus tendre que d'habitude.

j Se voyant confondu, il **s'est réfugié** dans un silence obstiné.

k Emballé, il **s'est donné** tout entier à son nouveau travail.

l Ce sont là des questions que je **me suis posées** souvent.

Le pronom est C.O.D. : _____

Le pronom est C.O.I. : _____

Le pronom est sans fonction. : _____

2 Faites l'accord du participe passé entre parenthèses lorsqu'il y a lieu.
Dans chaque case qui le précède, inscrivez la fonction du pronom : C.O.D., C.O.I., S.F. (sans fonction).

a Elles [_____] se sont (ravisé) _____ quand elles ont su quelles conséquences cela aurait.

b Désespérée, l'adolescente [_____] s'est (jeté) _____ dans mes bras, cherchant le réconfort.

c Les bons petits plats qu'ils [_____] s'étaient (préparé) _____ attestaient sans nul doute leur talent de cuisinier.

d En nous quittant, nous [_____] nous étions (souhaité) _____ bonne chance.

e Les bandes rivales [_____] s'étaient presque (entretué) _____ .

f Ma mère et ma sœur [_____] s'étaient (ingénié) _____ à me faire plaisir.

g Luc et Marie [_____] s'étaient (épousé) _____ dans la plus stricte intimité.

h Tout aussitôt, ces bonnes nouvelles qu'elles [_____] se sont (téléphoné) _____ les réconfortèrent.

i Les deux tantes [_____] se sont alors (souvenu) _____ de toutes les attentions dont on les avait entourées.

3 S'il y a lieu, faites l'accord du participe passé entre parenthèses.

a Elles se sont (ri) _____ de mon inexpérience.

b Tous, à l'approche du danger, s'étaient (sauvé) _____ , abandonnant leurs biens.

c Ces soucis que mes deux sœurs se sont (confié) _____ pesaient lourd sur leur cœur.

d Ces bijoux et ces dentelles se seraient (vendu) _____ fort cher si la vente aux enchères avait eu lieu tel qu'il avait été prévu.

e « Nous nous serions (affronté) _____ sans relâche, affirme Julie à Caroline, nous causant mutuellement bien du chagrin. »

f Les amies ne s'étaient pas (vu) _____ depuis dix ans, mais leurs souvenirs étaient restés intacts. Elles s'étaient (rencontré) _____ , par le plus grand des hasards, chez Eaton.

g Mélanie s'est (coupé) _____ au doigt et elle en fait toute une histoire.

h Ma mère s'est toujours (plu) _____ à fréquenter le théâtre.

i Julie s'est (écorché) _____ gravement le pouce en voulant réparer son grille-pain.

j Grelottantes et transies, Josée et moi, nous nous étions (réfugié) _____ près du feu.

k Sans qu'elles puissent se défendre, elles s'étaient (vu) _____ accuser d'ingérence.

l Les deux filles s'étaient (juré) _____ de ne plus jamais remettre les pieds là.

m Elles se sont (efforcé) _____ de tenir leur promesse.

n Faisant bloc derrière elles, nous nous étions tous (opposé) _____ à leur congédiement.

o Myriam et Catherine se sont (plaint) _____ du silence boudeur de Marc.

p Pendant de longues semaines, elles s'étaient (complu) _____ à lui faire croire qu'elles détenaient la clé du mystère.

L'AUTOCORRECTEUR *Réponses des exercices de PRATIQUE aux pages 79 à 81.*

ÉVALUATION

(50 points)

1 **(Deux points pour chaque participe passé correctement accordé.)**
Récrivez le participe passé en l'accordant s'il y a lieu.

a   Les voisines, (exaspéré) _____ par les aboiements de leurs chiens, se sont (dit) _____ leurs quatre vérités.

b   (Étant donné) _____ les cinq dollars que ces bibelots nous ont (coûté) _____ , il ne faut pas trop regretter qu'ils se soient (cassé) _____ .

c   (Vu) _____ sous cet angle, les choses méritent peut-être un examen plus approfondi.

d   Pierre-Luc avait dépensé beaucoup plus de sous qu'il en avait (épargné) _____ .

e   (Vu) _____ les irrégularités (constaté) _____ lors des mises en candidature, les citoyens se sont (abstenu) _____ de voter.

f   Richard s'interrogeait en son âme inquiète : « Les avait-il bien (entendu) _____ , elle et son amie, chuchoter son nom ? »

g   Cette saison, j'ai cueilli d'excellents légumes et j'en ai (mangé) _____ bien plus qu'il n'aurait (fallu) _____ .

h   Lucie, attention : les risques que tu as (couru) _____ auraient pu te mener à la tombe. Heureusement, tu t'es (aperçu) _____ à temps de ta témérité !

i   Les deux candidats s'étaient (livré) _____ une lutte acharnée.

j   Combien de fois nous sommes-nous (querellé) _____ et toujours pour les mêmes raisons idiotes ?

k   Que de pertes il y a (eu) _____ lors de cet incendie !

l   La prisonnière s'était (laissé) _____ emmener sans opposer aucune résistance.

m   Toute la soirée, les parents et les amis s'étaient (succédé) _____ devant la tombe du défunt.

n   À l'annonce de sa mort, elles se sont (écroulé) _____ en pleurs, incapables d'oublier les belles années qu'elles avaient (vécu) _____ avec lui.

o   Ses bagages, Éric les avait (fait) _____ envoyer directement.

COMMENT ACCORDER LE PARTICIPE PASSÉ ?

p Durant notre voyage, il s'est (produit) _____ des incidents fâcheux qui nous ont (coûté) _____ bien des embarras.

L'AUTOCORRECTEUR *Réponses de l'ÉVALUATION aux pages 81 et 82.*

8

COMMENT ACCORDER L'ADJECTIF ET LES DÉTERMINANTS ?

8

COMMENT ACCORDER l'ADJECTIF ET LES DÉTERMINANTS ?

RAPPEL

L'**adjectif qualificatif** épithète, apposition ou attribut, s'accorde en genre et en nombre avec le nom ou le pronom auquel il se rapporte.

DIAGNOSTIC

1 Accordez correctement les mots mis entre parenthèses.

a La salle avait été désertée. Un buffet de mets (succulent) _____ s'offrait vainement, alors que s'égrenaient, (lugubre) _____ , les notes d'un piano (désaccordé) _____ .

b Nos compatriotes sont des locataires (apprécié) _____ . Ils le sont surtout pour leur grande discrétion.

c Ces prévisions à (court) _____ , (moyen) _____ et (long) _____ termes permettent de croire à un redressement de la situation qui, (désespéré) _____ jusque-là, devrait connaître une (certain) _____ amélioration.

d C'étaient des camarades (merveilleux) _____ et des partenaires (plein) _____ d'humour! Ah! combien, durant toutes ces années, je les ai aimées!

e Désignez par (leur) _____ premier et dernier mots toutes les subordonnées présentes dans le texte.

Réponses du DIAGNOSTIC aux pages 314 et 315.

APPROFONDISSEMENT

Maîtriser l'accord des déterminants et des adjectifs, c'est d'abord comprendre comment se construit un groupe du nom.

       Ex.: *Les arbres ombragent la terrasse.*

QU'EST-CE QUI ombragent la terrasse? *Les arbres.* Il ne nous serait pas venu à l'esprit de dire «arbres» tant les deux mots *les* et *arbres* forment un tout. Pourtant, on distingue ici deux mots: un déterminant *les* et un nom *arbres*. Nous appellerons **groupe du nom** cet ensemble formé par le **déterminant** et le **nom**.
Posons alors l'équation suivante: **G.N. = D. + N.**

QU'EST-CE QU'UN DÉTERMINANT?

Le **déterminant** est un mot, souvent très court, parfois de deux ou trois lettres, qui **précède toujours le nom** pour former avec lui un groupe du nom. Généralement, il est là pour jouer son rôle indispensable d'«actualisateur».

Son rôle d'«actualisateur», qu'est-ce à dire?

Observez la phrase suivante:

>Ex.: **Fille réclame jouets.*

Cette phrase contient deux noms: *fille* et *jouets*. Or, il manque quelque chose à ces noms pour qu'on puisse les employer dans une phrase française.

Pour employer le mot *fille*, il manque un mot comme *la*, *ma*, *cette*, etc.
Pour employer le mot *jouets*, il manque un mot comme *ses*, *des*, *les*, etc.

Ces mots qui manquent pour employer les mots *fille* et *jouets* sont des déterminants. On dit que les déterminants sont des actualisateurs parce qu'ils servent à actualiser les noms dans le discours, c'est-à-dire à permettre leur emploi dans la réalité. Tel est le rôle fondamental des déterminants.

La langue française possède six catégories de déterminants:

- les **articles définis** (*le*, *la*, *les*...) et **indéfinis** (*un*, *une*, *des*...);
- les déterminants **possessifs** (*mon*, *sa*, *vos*, *leur*...);
- les déterminants **démonstratifs** (*ce*, *cette*, *ces*...);
- les déterminants **numéraux** (*trois*, *six*, *cent*...);
- les déterminants **indéfinis** (*tout*, *quelques*, *plusieurs*, *certains*...);
- les déterminants **exclamatifs** (*quel!*, *quels!*...) et **interrogatifs** (*quel?*, *quelle?*...).

Nous vous fournissons à l'annexe I, page 323, des tableaux groupant les déterminants selon leur catégorie. Consultez-les, si besoin est, pour vous rafraîchir la mémoire.

Bref: noms et déterminants ont toujours le même genre et le même nombre.

Dans la phrase: *Les arbres ombragent la terrasse*, on a deux **groupes du nom**: *Les arbres* et *la terrasse*.

Les arbres, voilà qui est bien vague! Précisons davantage. Pour ce faire, deux choix parmi les plus courants: utiliser un **adjectif qualificatif** ou un **complément du nom**.

>Ex.: *Les **grands** arbres ombragent la terrasse.*
>Ou:
>*Les arbres **de la cour** ombragent la terrasse.*

Ce sont là deux des « modificateurs » les plus fréquents du groupe nominal: l'**adjectif qualificatif** et le **complément du nom**.

L'**adjectif qualificatif** se joint au nom pour le préciser, bien sûr, mais aussi pour le caractériser, le colorer ou le juger. Bref, pour lui donner une qualité bonne ou mauvaise.
Ici, *grands* se joint au nom *arbres* pour le qualifier, jouant le rôle d'un épithète.

Notons que, dans le groupe du nom, l'adjectif qualificatif peut à son tour être modifié par un **adverbe**.

        Ex.: *De **très** grands arbres ombragent la terrasse.*

> **Bref: l'adjectif qualificatif présent dans le groupe du nom s'accorde en genre et en nombre avec le nom auquel il se rapporte.**

Il arrive que l'on isole l'adjectif qualificatif du reste de la phrase par une virgule. Dans ce cas, l'adjectif qualificatif, jouant le rôle d'une apposition, apporte généralement une explication à ce qui suit ou à ce qui précède.

        Ex.: ***Courageux**, le marathonien se releva.*
             ***Plein de courage**, le marathonien se releva.*

Dans le deuxième exemple, l'adjectif qualificatif *plein* est suivi d'un complément: *de courage*.

> Les fonctions remplies par le groupe du nom sont très variées. Il faut donc bien le circonscrire dans la phrase. Dès qu'on aperçoit un nom, on doit déterminer, au sein du groupe du nom dont il est le mot de base, la nature des constituants.
> S'agit-il d'un déterminant?
> **Ce déterminant prend le genre et le nombre du nom qu'il détermine.**
> S'agit-il d'un adjectif épithète ou apposition?
> **L'adjectif s'accorde en genre et en nombre avec le nom auquel il se rapporte.**

COMMENT FAIRE L'ACCORD DE L'ADJECTIF QUALIFICATIF DANS CERTAINS CAS PARTICULIERS?

L'accord de l'adjectif qualificatif obéit généralement à une règle simple.

> L'adjectif qualificatif épithète, apposition ou attribut, s'accorde en genre et en nombre avec le nom ou le pronom auquel il se rapporte.

Cependant, il arrive que l'on hésite dans les cas suivants.

> L'adjectif suit deux noms unis par ***et*** ou par ***ou***.

Ex.: *Lucie portait, ce jour-là, une robe et un chapeau tout **rond**.*
*Je suis déconcerté chaque fois par son calme ou son humeur **orageuse**.*

▶ L'adjectif qualificatif ne peut qualifier qu'un seul des noms.
Il ne doit alors s'accorder qu'avec le nom qualifié.
Dans la première phrase, seul le chapeau peut être rond.
Dans la seconde phrase, seule l'humeur peut être orageuse.

Des adjectifs au singulier accompagnent un nom au pluriel.

Ex.: *Au Québec, les gouvernements **provincial** et **fédéral** en sont venus à une entente.*

▶ Chacun des adjectifs ne se rapporte ici qu'à une seule des réalités désignées par le nom pluriel.

L'adjectif suit deux noms unis par ***de***.

Ex.: *Une pile **de** soucoupes **fleuries**.*
*Une pile **de** soucoupes **impressionnante**.*

▶ C'est le sens qui détermine ici l'accord de l'adjectif qualificatif.
*Une pile de **soucoupes fleuries**.*
(Ce sont les soucoupes qui sont fleuries.)
*Une **pile** de soucoupes **impressionnante**.*
(C'est la pile qui est impressionnante.)

L'adjectif se rapporte à un nom dont le genre n'est pas précisé dans la phrase.

Ex.: *Votre camarade se montre (**fier** ou **fière**) de ses succès.*

▶ Seul, le contexte peut alors guider l'accord de l'adjectif qualificatif.
C'est le contexte qui nous permet de savoir, par exemple, qu'il s'agit de **Véronique**.
On écrira donc: *Votre camarade se montre **fière** de ses succès.*

PRATIQUE

1 Accordez correctement les adjectifs qualificatifs mis entre parenthèses.

a Une liste d'emplettes si (long) _____ et si (hétéroclite) _____ va lui prendre tout son après-midi. Quelle misère!

b (Nouveau) _____ locataire d'un grand appartement, ma filleule Alexandra désirait masquer ses fenêtres de rideaux de cotonnade (blanc) _____ .

c (Épuisé) _____ par leur longue marche, les touristes avalent, avec une avidité qu'elles ne cherchent pas à dissimuler, une boisson aux fruits (frais) _____ .

d Dans toutes les rencontres (national ou international) _____ , le même sujet revenait invariablement à l'ordre du jour.

e Un sentier de terre (battu) _____ fort (étroit) _____ l'avait conduit dans un enchevêtrement de buissons si (dense) _____ qu'il avait eu un mal fou à retrouver sa route.

f Une tranche d'un pain (lourd) _____ fut son unique repas, heureusement (arrosé) _____ de crème fraîche.

g Sa bonhomie et son humeur toujours (joyeux) _____ l'avaient tiré de situations et de conflits souvent (mesquin) _____ .

h Des tempêtes avaient éclaté dans plusieurs secteurs des fronts (méridional et occidental) _____ avec une telle soudaineté qu'on n'avait pu les prévoir.

i Le ton et la vitesse (vertigineux) _____ qu'il avait adoptés dans son exposé avaient provoqué les rires des auditrices (bienveillant) _____ .

j Ces artistes sont à ce point (prodigieux) _____ qu'une réputation de virtuoses (enviable) _____ les a toujours précédées.

L'AUTOCORRECTEUR *Réponses de l'exercice de PRATIQUE à la page 83.*

RAPPEL

Le **participe présent**, tout comme l'**adjectif verbal**, se termine par le suffixe *-ant*.
Mais, attention :
— le **participe présent** est toujours **invariable** ;
— l'**adjectif verbal**, quant à lui, **s'accorde** comme un simple adjectif.

DIAGNOSTIC

1 Complétez les phrases suivantes en employant, selon le cas, le participe présent ou l'adjectif verbal correspondant au verbe entre parenthèses.

a Les compagnies aériennes choisissent soigneusement leur personnel (naviguer) _____ .

b Les demandes (affluer) _____ de toutes parts, il avait fallu imprimer de nouveaux laissez-passer.

c Ces arguments, pourtant (convaincre) _____ , n'ont pas semblé troubler certains membres (influer) _____ du gouvernement.

d En (négliger) _____ son travail, on risque de le perdre.

e Si (fatiguer) _____ qu'elles soient, ces activités ne nuisent pas au rendement des employés.

f Des bouffées d'air (suffoquer) _____ nous arrivaient de la rue.

g Revenons à la leçon (précéder) _____ .

h Dans le feu de la discussion, Éric a eu des paroles fort (désobliger) _____ qu'elles n'oublieront pas de sitôt.

Réponses du DIAGNOSTIC à la page 315.

APPROFONDISSEMENT

COMMENT FAIRE L'ACCORD DE L'ADJECTIF VERBAL ?

Comme nous l'avons vu précédemment, le mode **participe** est la seule forme du verbe qui peut présenter certaines des propriétés d'un **adjectif qualificatif**.
Aussi, comme l'adjectif qualificatif, le participe peut prendre, au passé, les marques du **genre** (masculin ou féminin) et du **nombre** (singulier ou pluriel).

L'**adjectif verbal**, tout comme le **participe présent**, se termine par le suffixe *-ant*, mais, contrairement à ce dernier, il est variable. D'où l'importance d'apprendre à distinguer le participe présent de l'adjectif verbal, car si le **participe présent** est toujours **invariable**, l'**adjectif verbal**, lui, s'accorde comme un simple **adjectif**.

On reconnaît le **participe présent** aux caractéristiques suivantes :

Il peut avoir un **complément** :

> Seules les personnes ***possédant un visa*** *peuvent franchir la frontière de ce pays.*

Il peut être à la **forme pronominale** :

> *Les mots **se terminant** par ce suffixe sont tous féminins.*

Il peut être utilisé à la **forme négative** :

> *Julie vivait simplement, **ne se souciant** de rien.*

Il peut être l'élément verbal d'une **subordonnée circonstancielle** :

> *Son courage **faiblissant**, elle était sur le point de tout abandonner.*

▶ Le participe présent, répétons-le, est **toujours invariable**.

L'**adjectif verbal** se reconnaît aux caractéristiques suivantes :

Il peut être attribut :

> *Ce spectacle est **passionnant**.*

Il appartient, comme épithète ou comme apposition, au groupe du nom :

> *Un spectacle **saisissant, étonnant** et tout à fait inattendu se présente à nous.*
> ***Charmantes** et jolies, les nouvelles voisines ont attiré son attention.*

▶ L'adjectif verbal, quant à lui, **s'accorde en genre et en nombre avec le nom auquel il se rapporte**.

Le plus souvent, le participe présent et l'adjectif verbal présentent la même orthographe.

Infinitif	Participe présent	Adjectif verbal
aimer	aimant	un père aimant, des frères aiman**ts**, une mère aiman**te**, des sœurs aiman**tes** ;
caresser	caressant	un sourire caressant, une brise caressan**te**, des yeux caressan**ts**, des mains caressan**tes**.

Hélas! les exceptions sont nombreuses et la seule façon de s'y retrouver est de les mémoriser!

COMMENT ACCORDER L'ADJECTIF ET LES DÉTERMINANTS ?

> Lorsque à un participe en **-quant** correspond un adjectif verbal, celui-ci se termine en **-cant**.

Infinitif	Participe présent	Adjectif verbal
communiquer	communiquant	communicant (s), (e), (es)
convaincre	convainquant	convaincant (s), (e), (es)
provoquer	provoquant	provocant (s), (e), (es)
suffoquer	suffoquant	suffocant (s), (e), (es)
vaquer	vaquant	vacant (s), (e), (es)

> Lorsque à un participe en **-guant** correspond un adjectif verbal, celui-ci se termine en **-gant**.

Infinitif	Participe présent	Adjectif verbal
extravaguer	extravaguant	extravagant (s), (e), (es)
fatiguer	fatiguant	fatigant (s), (e), (es)
intriguer	intriguant	intrigant (s), (e), (es)
naviguer	naviguant	navigant (s), (e), (es)
zigzaguer	zigzaguant	zigzagant (s), (e), (es)

> D'autres cas opposent la graphie en **-ant** du participe présent à la graphie en **-ent** de l'adjectif verbal.

Infinitif	Participe présent	Adjectif verbal
adhérer	adhérant	adhérent (s), (e), (es)
affluer	affluant	affluent (s), (e), (es)
coïncider	coïncidant	coïncident (s), (e), (es)
converger	convergeant	convergent (s), (e), (es)
déférer	déférant	déférent (s), (e), (es)
différer	différant	différent (s), (e), (es)
diverger	divergeant	divergent (s), (e), (es)
émerger	émergeant	émergent (s), (e), (es)
équivaloir	équivalant	équivalent (s), (e), (es)
exceller	excellant	excellent (s), (e), (es)
expédier	expédiant	expédient (s), (e), (es)
influer	influant	influent (s), (e), (es)
négliger	négligeant	négligent (s), (e), (es)
précéder	précédant	précédent (s), (e), (es)
somnoler	somnolant	somnolent (s), (e), (es)
violer	violant	violent (s), (e), (es)

PRATIQUE

1 Dans les phrases suivantes, des mots en *-ant* sont écrits entre parenthèses.
Soulignez ceux qui sont des participes présents.
Récrivez correctement, s'il y a lieu, ceux qui sont des adjectifs verbaux.

a Selon (différant) _____ opinions, la plupart (convergeant) _____ , les propos (extravaguant) _____ tenus par nos adversaires n'auront aucune conséquence sur les résultats.

b En (différant) _____ votre réponse, malgré les remarques fort (encourageant) _____ qui ont suivi votre mise en candidature, vous impatientez plusieurs (excellant) _____ partisans.

c En (intriguant) _____ ainsi et en leur (lançant) _____ ces paroles (provoquant), elles ont agi de façon à s'attirer des ennuis.

d Les rayons du soleil (déchirant) _____ le feuillage des arbres bercé par le vent allument çà et là des flaques (mouvant) _____ de lumière.

e Les eaux (convergeant) _____ soudain, les rivières, (somnolant) _____ et tranquilles jusque-là, se creusent de remous (impressionnant) _____ .

2 Complétez les phrases suivantes en employant, selon le cas, le participe présent ou l'adjectif verbal correspondant au verbe entre parenthèses.

a Tu mènes une vie très (fatiguer) _____ ; comment s'étonner alors que ton médecin, te (conseiller) _____ le repos, t'ait prescrit un mois de congé ?

b Que penser de ces gens qui, (négliger) _____ d'honorer leurs promesses, se plaignent de perdre des amis (exceller) _____ ?

c (Perturber) _____ et (violer) _____ sans retenue la vie paisible du quartier, ces jeunes voyous ont semé la panique qui, en se (communiquer) _____ à tous les voisins, a pris des proportions exagérées.

d Nos opinions (diverger) _____ constamment, nous avons décidé de nous séparer avant que nos discussions ne deviennent trop (violer) _____ .

e Nos façons de voir les choses sont très (différer) _____ , mais les résultats obtenus sont (équivaloir) _____ .

f Des abonnés (négliger) _____ ont omis de renouveler leur abonnement, (plonger) _____ l'éditeur dans un grand embarras.

COMMENT ACCORDER L'ADJECTIF ET LES DÉTERMINANTS ?

g (Vaquer) _____ sans bruit à ses occupations, il fut saisi d'une frayeur extrême en entendant soudain la porte ouverte (claquer) _____ au vent.

h Dans les pièces (vaquer) _____ , l'écho de ses pas (se répercuter) _____ lugubrement, il prit peur soudain et sortit de l'immeuble la démarche (zigzaguer) _____ .

i Les bons résultats (aider) _____ et leurs opinions (diverger) _____ mises en veilleuse, elles avaient examiné des propositions d'expansion fort (allécher) _____ .

L'AUTOCORRECTEUR *Réponses des exercices de PRATIQUE aux pages 83 et 84.*

RAPPEL

Tous les **déterminants numéraux** sont **invariables**, sauf ***vingt*** et ***cent***. Quant à ***millier***, ***million*** et ***milliard***, ce ne sont pas des déterminants, mais des **noms de nombre** : ils varient donc.

DIAGNOSTIC

1 Écrivez en lettres les nombres apparaissant dans les phrases suivantes.

a À la page (200) _____ , vous trouverez ce dont vous avez besoin.

b Le déficit se chiffre à (2 000 000 000) _____ de dollars américains. Comment allons-nous nous en sortir ?

c Il y avait (100) _____ choses à faire et le temps manquait.

d Essayer d'équilibrer un budget de (300 000 000) _____ _____ n'est pas chose facile.

e Dans (80) _____ jours, avec (845) _____ dollars en poche, nous partirons pour la mer.

f « (2 421) _____ kilomètres séparent approximativement Sherbrooke de Halifax », affirmait Marc.

g « Je vous l'ai répété (2 843 591) _____ fois », protesta le professeur, exaspéré.

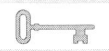

Réponses du DIAGNOSTIC aux pages 315 et 316.

APPROFONDISSEMENT

COMMENT ÉCRIRE AU PLURIEL LES DÉTERMINANTS NUMÉRAUX ?

Tous les **déterminants numéraux** sont **invariables**, sauf ***vingt*** et ***cent***. Quant à ***millier***, ***million*** et ***milliard***, ce ne sont pas des déterminants, mais des **noms de nombre**, et ils varient donc.

> Ex. : *trente-cinq*
> *quatre-vingt**s***
> *trois cent**s***
> *quatre cent**s** million**s***
> *mille deux cent vingt*

Vingt et ***cent*** prennent un ***s*** quand deux conditions sont réunies :
— ils sont multipliés ;
— il n'y a pas d'autre numéral à la suite.

> Ex. : *les **vingt** personnes*
> *quatre-**vingts***
> *quatre-**vingt**-deux*
> *cinq **cents***
> *six **cent** quarante-six*

Notez ici que, *millier*, *million* et *milliard* étant des noms, on écrira :

> *quatre-vingt**s** million**s*** ;
> *trois cent**s** milliard**s***.

Quand met-on un trait d'union ?

On met un **trait d'union** entre deux déterminants numéraux s'ils sont **l'un et l'autre inférieurs à cent**.

> Ex. : *cinquante-sept*
> *quatre-vingt-douze*
> *soixante-dix mille six cent trente-huit*

Si le déterminant composé comporte la conjonction *et,* celle-ci remplace le trait d'union.

C'est le cas de : *vingt et un;*
trente et un;
quarante et un;
cinquante et un;
soixante et un;
soixante et onze.

Attention : La page *quatre-vingt.*
Le numéro *deux cent.*

C'est la **page quatre-vingtième** et le numéro **deux centième**.

PRATIQUE

1 Écrivez en lettres les nombres apparaissant dans les phrases suivantes.

a Le gros lot a atteint (5 000 000) _____
la semaine dernière. Le numéro (300) _____
a été le numéro chanceux.

b Mon numéro, le numéro (631) _____,
est resté bien sagement au fond de la boîte.

c (9 680) _____ billets avaient été
vendus.

d Quelque (vingt) _____ touristes
étaient attendus face au numéro (200) _____,
place de La République.

e Il faut faire signer (2 590 200) _____
contribuables.

f Les (20) _____ ou (100)
_____ spectateurs présents n'ont
guère goûté le spectacle.

g Les pages (71) _____ et (80)
_____ sont les pages manquantes.

h Lors de son périple asiatique, Lucie a parcouru (10 321) _____
_____ kilomètres.

i Mes amies Louise et Marielle, quant à elles, avaient parcouru, l'année dernière, (8 481) _____
_____ milles.

j Les (200 000 000) _____ détournés
avaient été retrouvés.

L'AUTOCORRECTEUR   *Réponses de l'exercice de PRATIQUE aux pages 84 et 85.*

RAPPEL

Tout*, *quelque*, *même, déterminants, varient en genre et en nombre avec le nom auquel ils se rapportent.
Tout*, *quelque*, *même, adverbes, restent invariables.
Cependant, attention: ***tout***, adverbe, varie quand il est placé devant un adjectif féminin commençant par une consonne ou un « h » aspiré.

Tout, pronom, prendra le genre et le nombre du mot qu'il remplace.

Quelque, placé immédiatement devant le verbe *être* (ou un autre verbe semblable) au subjonctif, s'écrit en deux mots.
Quel prend alors le genre et le nombre du sujet du verbe *être*.

Possible, placé après *le plus*, *le moins*, *le meilleur*, etc., est invariable.
Possible, se rapportant à un nom, est variable car, dans le groupe du nom, il joue le rôle d'une épithète.

DIAGNOSTIC

1 Écrivez correctement les mots *tout*, *quelque*, *possible* et *même* dans les phrases suivantes.

a Ces (quelque) _____ rencontres, (même) _____ brèves, permettront de
faire (tout) _____ les progrès (possible) _____ .

b Micheline est merveilleuse: la droiture et la générosité (même) _____ . Ces (même)
_____ qualités en font une amie sur qui on peut compter.

COMMENT ACCORDER L'ADJECTIF ET LES DÉTERMINANTS ?

c (Quelque) _____ indisciplinés qu'ils soient, j'apprécie tout de mes jeunes neveux: leurs imperfections, leurs faiblesses, leurs défauts (même) _____ .

d (Tout à l'heure) _____ , elles viendront s'excuser, (tout) _____ honteuses d'avoir causé (tout) _____ ces ennuis.

e Tout est pour le mieux dans le meilleur des mondes (possible) _____ .

f Croyez-vous qu'elles trouveront (elle même) _____ le chemin?

g (Quelque) _____ puissent être vos objections, elle réussira sans doute à vous convaincre.

h À (tout) _____ propos, il l'interrompait pour lui fournir le plus d'explications (possible) _____ . La situation, (tout) _____ embrouillée qu'elle soit, n'en demandait pas tant.

Réponses du DIAGNOSTIC à la page 316.

APPROFONDISSEMENT

COMMENT ÉCRIRE CORRECTEMENT LE MOT « TOUT » ?

1er cas: *Tout*, dans le groupe du nom, joue le rôle d'un **déterminant**.

Il peut prendre l'une de ces quatre formes : *tout*
 toute
 tous
 toutes
selon le genre et le nombre du nom qu'il sert à déterminer.

Ex. : ***Tout*** *le monde le sait.*
Toute *la famille sera là.*
Tous *les hommes rêvent de faire de grandes choses.*
Toutes *les femmes en rêvent aussi.*

▸ Donc, ***tout***, déterminant, **varie** en genre et en nombre avec le nom auquel il se rapporte.

UN TRUC

Entre ***tout*** et le nom se glisse fréquemment un autre déterminant (article défini ou indéfini, déterminant possessif ou démonstratif).

COMMENT ACCORDER L'ADJECTIF ET LES DÉTERMINANTS ?

> 2ᵉ cas: **Tout** est **pronom**.

— **Tout**, pronom, peut prendre l'une de ces formes : tout
                                                                                             tous
                                                                                              toutes

selon le genre et le nombre de l'antécédent.

Ex.: (le mystère)   **Tout** est résolu.   ▸   Pour savoir quelle forme il faut écrire, il faut d'abord
     (les pêcheurs) **Tous** sont revenus   déterminer quel est l'antécédent du pronom.
                                   bredouilles.   **Tout** prendra le genre et le nombre de cet antécédent.
     (les fleurs)   **Toutes** sont maintenant
                                   écloses.

— **Tout**, pronom, peut servir à récapituler.

Ex.: *Imaginer, dessiner, découvrir de nouvelles*   ▸   **Tout** s'écrit alors *tout* et le verbe dont il est le sujet est à
     choses, **tout** *est possible.*   la 3ᵉ personne du singulier.

> 3ᵉ cas: **Tout** est **adverbe**.

— Il fait partie d'une expression toute faite.

Ex.: *tout à coup*   ▸   Alors, toujours invariable.
     tout en sang   Jamais de trait d'union.
     tout à l'heure

— ***tout*** signifie « complètement », « tout à fait ».

Ex.: *Le jeune homme,* **tout** *grelottant dans son*   ▸   Toujours invariable.
     manteau trop léger, attendait l'autobus.

<u>Attention à *tout*, adverbe</u>.

— L'adjectif qui suit est au féminin et commence par une voyelle ou un « h » muet.

Ex.: *Elle pressait ses mains l'une contre l'autre,*   ▸   Toujours invariable.
     tout *intimidée.*
     Les paumes de ses mains, **tout** *humides,*
     témoignaient de sa grande nervosité.

— L'adjectif qui suit est au féminin et commence par une consonne ou un « h » aspiré.

Ex. : *Elles sont **toutes** surprises de l'importance du traitement.*
*Les chattes, **toutes** hérissées de colère, s'affrontaient dans une lutte à finir.*

▶ ***Tout**, quoique **adverbe**, ne **varie** que devant un **adjectif féminin** commençant par une **consonne** ou un « **h** » **aspiré**.*

Il en va de même quand ***tout*** est placé devant un nom féminin.

Ex. : *Elles sont **toute** vivacité, **tout** énergie !*

On emploie :
— ***toute*** devant un nom féminin commençant par une consonne ou un « h » aspiré ;
— ***tout*** devant un nom féminin commençant par une voyelle ou un « h » muet.

PRATIQUE

1 Voici dix phrases où le mot *tout* est correctement orthographié.
Indiquez la nature du mot *tout* en remplissant le tableau ci-après.
Pour ce faire, n'inscrivez que la lettre correspondant à la phrase.

a La maison, dont les fenêtres tout éclairées se découpaient rassurantes sur la nuit noire, lui réchauffa le cœur.

b Elle n'ajouta rien afin d'éviter toute discussion inutile.

c De tout temps, toutes les connaissances accumulées par l'homme n'ont jamais réussi à étancher sa soif de savoir.

d Pierre a organisé une assemblée des membres du club. Tous ont confirmé leur présence.

e Tout enveloppée dans une grande mante de laine toute brodée, Marie, bien au chaud, regardait la télévision.

f Toutes ont affirmé vouloir réussir. Elles ont donc commencé l'année avec les meilleures résolutions.

g Ils s'avancèrent tous à l'appel de leur nom.

h Tout à l'heure, elles viendront s'excuser toutes confuses.

i Dépit, rancune, ressentiment, l'amour efface tout.

j Tout le monde vous le dira : toute action mérite sa récompense.

Tout est un déterminant : _____

Tout est un pronom : _____

Tout est un adverbe : _____

2 Écrivez correctement le mot *tout* dans les phrases suivantes.

a Les étudiants ont (tout) _____ reçu leur nouvel horaire.

b Devant son regard réprobateur, les enfants s'étaient fait (tout) _____ petits.

c Mes tantes n'ont pas (tout) _____ répondu à l'invitation. Certaines sont malades et (tout) _____ déplacement leur est interdit.

d Elles sont (tout) _____ d'anciennes amies qui, (tout de suite) _____ , accourraient si je le leur demandais.

e (Tout) _____ surprise que tu sois, une histoire (tout) _____ aussi invraisemblable que la tienne est arrivée (tout) _____ récemment à Daniel.

f (Tout à coup) _____ , les motos avaient filé à (tout) _____ allure dans des pétarades étourdissantes, assourdissant (tout) _____ ceux que le hasard avait amenés là.

g (Tout) _____ contrariées et (tout) _____ ennuyées qu'elles soient, elles avaient (tout) _____ de même accepté d'être là.

h La directrice et son adjoint étaient (tout) _____ réticence devant (tout) _____ ces nouveaux changements.

i (Tout) _____ , patrons et employés, l'avaient vu écrit en (toute lettre) _____ dans (tout) _____ les circulaires.

j Alexandra, (tout) _____ essoufflée et (tout) _____ pressée, craignait de ne pas arriver à temps.

L'AUTOCORRECTEUR *Réponses des exercices de PRATIQUE aux pages 85 et 86.*

COMMENT ACCORDER L'ADJECTIF ET LES DÉTERMINANTS ?

APPROFONDISSEMENT

COMMENT ÉCRIRE CORRECTEMENT LE MOT « QUELQUE »?

> 1er cas: *Quelque*, dans un groupe du nom, joue le lrôle d'un **déterminant**.

Il peut prendre l'une de ces deux formes: *quelque, quelques*.

Ex.: *Il y a **quelque** temps de cela, **quelques** amis sont venus me voir.*

▸ Lorsque le mot *quelque* signifie « un certain », « une quelconque », il est toujours **singulier**: *quelque*.
Lorsque le mot *quelque* signifie « un petit nombre », « plusieurs », il est toujours **pluriel**: *quelques*.

> 2e cas: *Quelque* est **adverbe**.

Il signifie « environ ».

Ex.: *À **quelque** trente kilomètres d'ici, vous trouverez le prochain village (« à environ trente kilomètres »).*

▸ *Quelque*, dans ce cas, est **toujours invariable**.

> 3e cas: *Quelque* fait partie d'une **locution conjonctive**: *Quelque... que*.

Quelque... que encadre un adjectif.
Il signifie « bien que... », « aussi... que ».

Ex.: ***Quelque** difficiles **que** soient les conditions de travail (« bien que les conditions de travail soient difficiles », « aussi difficiles que soient les conditions de travail »), tenez bon.*

▸ *Quelque*, dans ce cas, est **toujours invariable**.

> 4e cas: Il s'agit de la **locution** *quel que*.

Ex.: ***Quelle que** soit votre patience, elle a des limites.*
***Quels que** soient les obstacles à franchir, vous y arriverez.*

▸ Cette locution, placée immédiatement devant le verbe *être* (ou un verbe semblable) au subjonctif, s'écrit en deux mots.
Quel prend alors le genre et le nombre du **sujet** du verbe *être*.

PRATIQUE

1 Voici six phrases où le mot *quelque* est correctement orthographié.
Indiquez la nature du mot *quelque* en remplissant le tableau ci-après.
Pour ce faire, n'inscrivez que la lettre correspondant à la phrase.

a   Quelque turbulents que soient les jeunes élèves de ma sœur, elle les aime avec toute l'ardeur de la néophyte.

b   Depuis quelque temps, quelques oiseaux ont élu domicile dans l'arbre du jardin.

c   Nous marcherons avec courage, quelque longue et ardue que soit la route.

d   « Quelque cinquante kilomètres », a dit notre guide. Je ne suis plus sûr que ce fut une bonne idée de m'inscrire...

e   Ah! cher toi, tu trouves toujours quelque raison de croire que je ne te suis pas fidèle!

f   Cette fête est une réussite: quelque trente personnes ont participé à son organisation.

Quelque est un déterminant : _____

Quelque est un adverbe : _____

2 Voici quatre phrases où, à la place du mot *quelque*, on a écrit, comme il se doit, les mots *quel* et *que*.
Soulignez le verbe *être*.
Justifiez l'orthographe du mot *quel*.

a   Quelle que soit la saison, la pratique d'un sport nous garde en bonne forme.
Quelle : _____
_____

b   Nous avions cru pouvoir le convaincre, quelles qu'aient été ses objections.
quelles : _____
_____

c   Quelles que fussent la beauté et la splendeur du site, les touristes, fatigués, restaient silencieux.
Quelles : _____
_____

d   Ton travail, quel que soit le temps investi, il faudra le recommencer.
quel : _____
_____

3 Écrivez correctement le mot ou les mots entre parenthèses dans les phrases suivantes.

a (Quelque) _____ difficultés t'apparaîtront insurmontables, mais (quel que) _____ elles puissent être, garde courage.

b Michel a fait montre de (quelque) _____ indulgence, il faut en convenir.

c (Quelque) _____ belles résolutions que Karine ait prises, les tiendra-t-elle ?

d Les (quelque) _____ centaines de personnes présentes ont applaudi chaudement la tirade.

e De (quelque) _____ grands dangers que vous vous croyez menacé, trouvez-vous opportun d'alerter le corps policier en son entier ?

f (Quel que) _____ ils soient, ces importants visiteurs devront attendre.

g Mon frère et ma belle-sœur sont à la recherche de (quelque) _____ maison à vendre. Ils ne peuvent payer plus que (quelque) _____ cent mille dollars. C'est peu au regard de leurs goûts.

h Avant d'y parvenir, il nous faudra encore faire (quelque) _____ kilomètres.

i Vos compliments, (quelque) _____ agréables et charmants qu'ils fussent, n'ont pas fait mouche, voilà tout !

j Avec (quelque) _____ quatre mille dollars, peut-on aller en Chine et y rester trois mois ?

L'AUTOCORRECTEUR *Réponses des exercices de PRATIQUE aux pages 86 à 88.*

APPROFONDISSEMENT

COMMENT ÉCRIRE CORRECTEMENT LE MOT « MÊME » ?

1er cas : **Même,** dans un groupe du nom, a la valeur d'un **adjectif**.

Il peut prendre l'une de ces deux formes : *même,*
mêmes selon le nombre du nom ou du pronom auquel il se rapporte.

Ex.: *Elles ont les **mêmes** préoccupations.*
*Elles sont elles-**mêmes** surprises.*
*Ma mère est la compréhension et la gentillesse **mêmes**.*

▸ ***Même*** marque alors l'identité, la similitude ou l'insistance.
▸ « *Ma mère est si compréhensive et si gentille qu'on dirait la compréhension et la gentillesse **elles-mêmes**.* »

Attention: Après un **pronom** personnel, ***même*** est toujours précédé d'un **trait d'union**.

2ᵉ cas: *Même* est adverbe.

Il signifie « aussi ».

Ex.: *Le frère, la sœur et **même** (« aussi ») le grand-père aimaient cette émission.*
*Il venait parfois **même** (« aussi ») les fins de semaine.*

▸ Dans ce cas, il est **invariable**.
Il marque la gradation et l'extension.

3ᵉ cas: *Même* appartient à une expression toute faite.

Ex.: *C'est **quand même** difficile à croire.*
*Il est tard, d'accord. Mais, entrez **tout de même**.*

▸ Il est alors toujours **invariable**.

PRATIQUE

1 Voici cinq phrases où le mot *même* est correctement orthographié.
Indiquez la nature du mot *même* en remplissant le tableau ci-après.
Pour ce faire, n'inscrivez que la lettre correspondant à la phrase.

a Les étudiants eux-<u>mêmes</u> veulent voir les exigences se raffermir.

b Toutes les écoles, <u>même</u> les plus traditionalistes, devront revoir leur charte des droits et des libertés.

c Des responsabilités bien lourdes attendent demain <u>même</u> ceux qui en font fi maintenant.

d Tout de <u>même</u>, il est improbable que la situation change si radicalement que <u>même</u> les moins touchés n'en soient pas avertis.

e Dans mon souvenir, tu m'apparais avec les <u>mêmes</u> rides au coin des yeux, les <u>mêmes</u> fossettes dans les joues.

Même est un déterminant : _____

Même est un adverbe : _____

COMMENT ACCORDER L'ADJECTIF ET LES DÉTERMINANTS ?

2. Écrivez correctement le mot *même* dans les phrases suivantes.

a Tout était nouveau : c'était pourtant les (même) _____ arbres. L'hiver avait habillé d'une (même) _____ parure (même) _____ les plus ingrats. Les maisons (elle même) _____ semblaient auréolées de rêve.

b Vos récriminations, (même) _____ justifiées, ne rencontreront qu'indifférence.

c Alexandra est le vivant portrait de sa mère : (même) _____ yeux et (même) _____ lueur taquine quand bien (même) _____ les heures seraient moroses.

d Elle, qui était la prudence, la droiture et la générosité (même) _____ , n'a pu résister à la tentation.

e Toutes les feuilles des érables, des chênes et des ormes (même) _____ commencent à se parer des couleurs de l'automne.

f Ces valeurs que (même) _____ les plus fous défendraient ont été bafouées lors du règlement du litige.

g Pierre-Luc regrettera ses peurs, ses hésitations et (même) _____ ses scrupules.

h Tous ont proposé leur aide. (Vous même) _____ , Madame, en avez-vous fait autant ?

i Quand (même) _____ , de nos jours, (même) _____ de tels gestes de sollicitude sont rarissimes.

L'AUTOCORRECTEUR *Réponses des exercices de PRATIQUE aux pages 88 et 89.*

APPROFONDISSEMENT

COMMENT ÉCRIRE CORRECTEMENT LE MOT « POSSIBLE » ?

1er cas : ***Possible*** est placé après ***le plus, le moins, le meilleur***, etc.

Ex. : *Ils ont fourni le plus de raisons **possible**.*
*Elle a donné les meilleures places **possible**.*

▶ Il est alors **invariable**, car il se rapporte alors au pronom impersonnel *il* sous-entendu (« qu'il avait été possible de fournir ; qu'il avait été possible de donner »).

COMMENT ACCORDER L'ADJECTIF ET LES DÉTERMINANTS ?

2ᵉ cas : **Possible** se rapporte à un nom.

Ex. : *toutes les raisons **possibles***
*le meilleur des choix **possibles** («plusieurs choix sont possibles»)*

▶ Il est alors **variable**, car, dans le groupe du nom, il joue le rôle d'une épithète.

PRATIQUE

1 Écrivez correctement le mot *possible* dans les phrases suivantes.

a Ma mère nous conseillait en prenant le plus de précautions (possible) _____ pour ne pas nous effaroucher.

b La diète se fait de plus en plus sévère. Qu'il serait bon de céder au plus grand nombre de tentations (possible) _____ !

c Quand les négociations s'avéreront (possible) _____ , toutes les propositions (possible) _____ seront alors mises de l'avant.

d Ce cher Marc, il ne songe qu'à faire le moins de démarches (possible) _____ .

e Procurez-vous le plus de billets (possible) _____ afin de mettre de votre côté le maximum de chances (possible) _____ .

f En tout, il ne s'agit pas de faire le plus de choses (possible) _____ , mais de les faire le mieux (possible) _____ .

g Tous les efforts (possible) _____ avaient été déployés pour faire de cette exposition un événement.

L'AUTOCORRECTEUR *Réponses de l'exercice de PRATIQUE à la page 89.*

COMMENT ACCORDER L'ADJECTIF ET LES DÉTERMINANTS ?

ÉVALUATION

(50 points)

1 Donnez au mot entre parenthèses la forme correcte.

a Dans (tout) _____ les secteurs des activités (municipale et provinciale) _____ _____ , ces compressions budgétaires seront catastrophiques.

b Des hasards (troublant) _____ avaient ponctué cette enquête où (tout) _____ ceux qui, de près ou de loin, y avaient été mêlés semblaient douter de (tout) _____ les témoignages, (même) _____ les plus probants.

c Voilà des élèves (brillant) _____ que (tout) _____ les travaux (possible) _____ n'effraient pas. Leur professeur se souviendra longtemps de leurs réussites. N'avaient-elles pas mérité (tout) _____ les prix d'excellence ?

d Cette colle est très (adhérant) _____ . (Quelque) _____ soit la nature des surfaces à réparer, elle tiendra.

e (Quelque) _____ aient été les questions, une série de réponses (tortueux) _____ lui avait été fournie avec à peine (quelque) _____ sourires.

f (Tout) _____ les samedis, Myriam, dont les yeux et le sourire (épanoui) _____ l'avait conquis, assistait à un concert avec sa mère et sa sœur (aîné) _____ .

g La colonne de réfugiées avançait péniblement, (suffoquant) _____ sous la chaleur implacable de midi. (Tout) _____ semblaient au bord de l'épuisement.

h Dans les années (80) _____ de notre ère, la vie était fort différente.

i Bien des amateurs, aussi (excellant) _____ soient-ils dans leur discipline, ne se résolvent pas à participer à ces compétitions.

j Lors de la projection, (tout) _____ tremblante et (tout) _____ apeurée, elle s'agrippait aux bras de son fauteuil, (provoquant) _____ le fou rire de ses amis.

k Sa démarche (zigzaguant) _____ l'avait signalé à (tout) _____ .

l Leur fille a commencé des études de droit, (satisfaisant) _____ ainsi de vieux rêves. Mais, de toutes les spécialités (possible) _____ , elle avait choisi la plus difficile.

m Avant de faire marche arrière, il a dû parcourir environ (350) _____ kilomètres.

n Les chiens, (même) _____ les plus rebelles, peuvent être dressés.

o À (quelque) _____ cinq kilomètres d'ici, nous nous installerons près de (quelque) _____ rivière, d'où nous tirerons peut-être (quelque) _____ savoureux poissons.

p Tous les (100) _____ ans, nous assistons à une mise en question de certaines valeurs.

q (Tout) _____ ces batailles, (tout) _____ ce brouhaha, (tout) _____ cela ne l'intéressait plus désormais.

r Mes jeunes sœurs avaient été (tout de suite) _____ (tout feu tout flamme) _____ .

s Ces spécialistes des (quinzième et seizième) _____ _____ siècles auront fort à faire pour mener à terme la restauration.

t Une soupe aux légumes (invitant) _____ les avait d'abord accueillies. Sur la table, une nappe de coton (immaculé) _____ et des tranches de gâteau (généreux) _____ leur prouvaient qu'elles étaient attendues.

u Bien que les prix aient été fixés le plus bas (possible) _____ , (quelque) _____ deux (cent) _____ dollars la séparaient du bonheur !

v (Tout) _____ impatients que vous soyez de terminer cette évaluation, revoyez-la de crainte que (quelque) _____ malencontreuses erreurs ne s'y soient glissées, car des oublis restent toujours (possible) _____ , hélas !

L'AUTOCORRECTEUR *Réponses de l'ÉVALUATION aux pages 89 et 90.*

COMMENT ACCORDER L'ADJECTIF ET LES DÉTERMINANTS ?

9

COMMENT NE PLUS CONFONDRE CERTAINS HOMOPHONES ?

9

COMMENT NE PLUS CONFONDRE CERTAINS HOMOPHONES ?

RAPPEL

Il faut se souvenir que l'on désigne par le terme «homophone» des mots semblables se prononçant de la même façon bien que n'ayant pas la même orthographe.

C'est le cas notamment pour les mots de la liste suivante.

1. on/ont/on n';
2. c'est/s'est;
3. est/ait;
4. qu'il/qui;
5. qu'elle/quelle
6. parce que/par ce que;
7. quoi que/quoique;
8. quelquefois/quelques fois;
9. davantage/d'avantages;
10. leur/leurs;
11. près/prêt;
12. dans/d'en;
13. sans/s'en/c'en;
14. quand/qu'en/quant;
15. noms et verbes homophones.

DIAGNOSTIC

1 Dans les phrases suivantes, chaque parenthèse contient deux ou trois homophones. Transcrivez sur la ligne l'homophone approprié.

a Bien souvent, (on, ont, on n') _____ (s'est, c'est) _____ imaginé des difficultés où il n'y en avait pas.

b Il faut (qu'il, qui) _____ soit certain d'employer le terme (qu'il, qui) _____ convient ici.

c (Dans, D'en) _____ peu de temps, c'est-à-dire le temps (dans, d'en) _____ faire le tri, le courrier sera acheminé (sans, c'en, s'en) _____ plus tard.

d Ma situation est presque désespérée : je fais trois fautes par ligne, parfois (davantage, d'avantages) _____ .

e Croyez-vous (qu'elle, quelle) _____ saura (qu'elle, quelle) _____ grammaire consulter ?

f Voudrais-tu venir (quelquefois, quelques fois) _____ avec moi dans les grands magasins ? Tu n'aimes pas magasiner, je le sais. Mais, les (quelquefois, quelques fois) _____ où tu voudrais m'accompagner me feraient si plaisir.

g (S'est, C'est) _____ toujours de bon augure quand on voit que les hirondelles (on, ont, on n') _____ commencé leur nid : (s'est, c'est) _____ que bientôt le printemps sera là pour de bon.

h Elle persévère (parce que, par ce que) _____ elle croit qu'on se distingue non (parce que, par ce que) _____ l'on dit, mais bien (parce que, par ce que) _____ l'on fait.

i Bien qu'(on, ont, on n') _____ leur (ait, est) _____ souvent répété que (s'est, c'est) _____ là la seule voie à suivre, elles n'en (on, ont, on n') _____ fait qu'à leur tête.

j Souvent, on (leur, leurs) _____ a demandé la cause de (leur, leurs) _____ soucis, mais ils ne veulent rien dire : il (leur, leurs) _____ semble inconvenant d'étaler devant tous (leur, leurs) _____ vie privée.

k Souvent, le (substitut, substitue) _____ de la Couronne, à qui on (attribue, attribut) _____ de nombreux pouvoirs, se retrouve en conflit d'intérêts.

l (Quand, Quant, Qu'en) _____ je l'ai vue, elle désespérait (dans, d'en) _____ venir à bout. (Sans, S'en, C'en) _____ craindre de me tromper, je dirais, (quand, quant, qu'en) _____ à moi, qu'elle (sans, s'en, c'en) _____ fait pour rien.

m Il m'arrivait (quelquefois, quelques fois) _____ de le croiser. Il me semblait alors heureux de me voir. Pourtant, récemment, les (quelquefois, quelques fois) _____ où c'est arrivé, il ne m'a pas regardé. Étrange !

n Éric, mon meilleur ami, nous a quittés pour une autre ville. (Quoique, Quoi que) _____ il en dise, il ne semble pas heureux. (Quoique, Quoi que) _____ il affirme, son regard triste le trahit. (Quoique, Quoi que) _____ il en soit, j'attends...

o Afin qu'(on, ont, on n') _____ (est, ait) _____ tout notre temps pour visiter la région, qui (est, ait) _____ , paraît-il, pleine de surprises, voudrais-tu avertir nos amis Bernier qu'(on, ont, on n') _____ aura que deux heures pour sauter dans le prochain avion ? Il nous (est, ait) _____ donc impossible de les voir.

p Dans un (envoi, envoie) _____ postal se trouvait la confirmation de son nouvel (emploi, emploie) _____ . Avec quelle impatience elle souhaitait que se fasse le (tri, trie) _____ du courrier.

COMMENT NE PLUS CONFONDRE CERTAINS HOMOPHONES ?

q Elles aiment voir tomber la neige, (parce que, par ce que) _____ , pour elles, neige est synonyme de ski et non de pelletage!

r Ta peine, (qu'elle, quelle) _____ (qu'elle, quelle) _____ soit, il faudra bien (qu'elle, quelle) _____ finisse par s'oublier.

s Lucie a échoué. Ses résultats tournent autour de 20%. Jean et Julie, eux, sont satisfaits des (leur, leurs) _____ . Comme ils ont travaillé! Il (leur, leurs) _____ fallait réussir à tout prix.

t (Quand, Quant, Qu'en) _____ le bonheur (sans, s'en, c'en) _____ est allé, que faire pour le rattraper? Tu le sais, toi? (Quand, Quant, Qu'en) _____ à moi, j'avoue (sans, s'en, c'en) _____ pudeur que je l'ignore.

Réponses du DIAGNOSTIC aux pages 316 et 317.

APPROFONDISSEMENT

on/ont/on n'

Ex.: *Jean et moi voulions aller au cinéma. **On** a pris le métro.*
▸ ***On**, pronom, remplace un nom ou un groupe du nom. Il est toujours sujet du groupe verbal.*

Ex.: *Ils **ont** hâte de voir ce film dont on parle tant. Ils **ont** bien **ri** et surtout ils **ont apprécié** le rythme des cascades.*
▸ ***Ont**, verbe avoir, équivaut à «possèdent», «éprouvent» ou fait partie d'un verbe au passé composé.*

UN TRUC

Ont**,* présent de l'indicatif du verbe *avoir*, peut être remplacé par ***avaient.

Ex.: ***On n'**aime **pas** beaucoup les menteurs. **On n'**a pour eux **que** du mépris. **On n'**apprécie **jamais** leur absence de scrupule.*
▸ ***On**, pronom, suivi de **n'** indique la présence d'une négation ou d'une restriction: ne... pas, ne... jamais, ne... point, ne... que, ne... ni, etc.*

Ici, la difficulté est de déceler à l'oral la présence de la forme négative, puisque celle-ci se confond alors avec la liaison (*on* + voyelle).

PRATIQUE

1 Complétez les phrases suivantes en écrivant *on*, *ont*, ou *on n'*.

a Ils _____ beau dire : _____ a pas toujours ce que l'_____ veut.

b _____ a ni souhaité ni voulu tout ce qui leur est arrivé !

c _____ pensait qu'ils avaient peut-être oublié notre rendez-vous. _____ est parties. Pourtant, _____ aurait eu qu'à attendre cinq minutes de plus pour les voir arriver tout essoufflés, nous _____ -ils raconté par la suite.

d D'ici, _____ aperçoit que la pointe du clocher qu'_____ a érigé voilà deux cents ans.

e Dans la nuit noire, _____ entend que le bruissement doux qu'_____ les arbres quand le vent les caresse.

L'AUTOCORRECTEUR *Réponses de l'exercice de PRATIQUE à la page 91.*

APPROFONDISSEMENT

c'est/s'est

Ex. : ***C'est*** *merveilleux !*
C'est *avec elle que je suis le plus heureux.*
C'est *juré : je ne la quitterai jamais.*

▸ ***C'est*** est un présentatif dont le rôle est de mettre en évidence ce qui suit.
C' est ici, pronom démonstratif et peut être remplacé par ***cela***.

Ex. : *Elle **s'est montrée** une amie parfaite.*
*Maryse **s'est inquiétée** au début.*
*Mais, Claude **s'est** vite **révélé** un homme plein de délicatesse.*

▸ ***S'est*** est la forme que prend l'auxiliaire *être* dans la conjugaison des verbes pronominaux à la 3ᵉ personne du singulier du passé composé.

UN TRUC

Alors que ***c'est*** peut être suivi de mots de différente nature, ***s'est***, lui, est toujours suivi d'un participe passé.

Attention cependant : Dans les groupes : *c'est arrivé, c'est promis,* etc., on a bel et bien des participes passés, mais le sens est : « *cela est arrivé* »,
  « *cela est promis* », etc.

Il faut donc écrire : ***c'est arrivé ; c'est promis,*** etc.

c'est promis

COMMENT NE PLUS CONFONDRE CERTAINS HOMOPHONES ?

PRATIQUE

1 Complétez les phrases suivantes en écrivant *c'est* ou *s'est*.

a Quel triste malentendu ! _____ arrivé quand Louise _____ persuadée qu'elle s'était trompée de jour, alors qu'en fait _____ Louis qui avait tout confondu.

b _____ ma meilleure amie, _____ certain ! Mais, quand elle _____ mise à raconter que _____ Simon que je préfère, je n'ai pas particulièrement apprécié...

c _____ -elle souvenue alors de tout ce j'ai fait pour elle ? Il faut croire qu'elle _____ laissé avoir par la promesse que je ne le saurais pas. _____ malheureux !

d Ah ! oui. Je me rappelle. Ne _____ -il pas marié, l'année dernière ?

e Nul ne _____ senti mieux que moi quand _____ arrivé.

L'AUTOCORRECTEUR *Réponses de l'exercice de PRATIQUE à la page 91.*

APPROFONDISSEMENT

est/ait

À l'oral, ces deux verbes peuvent facilement être confondus.
Pourtant, ils sont bien différents et jamais on ne peut employer l'un pour l'autre.

Ex. : *Jean **est** parti bien qu'on **ait** insisté pour qu'il reste.*

♦ ***Est*** est la 3e personne du singulier du présent de l'indicatif du verbe ***être***.

Ait est la 3e personne du singulier du présent du subjonctif du verbe ***avoir***.

UN TRUC

En cas d'incertitude, il faut remplacer ***est*** par une autre forme du verbe *être* et ***ait*** par une autre forme du verbe *avoir*:

*Jean **était** parti bien qu'on **eût** insisté pour qu'il reste.*

COMMENT NE PLUS CONFONDRE CERTAINS HOMOPHONES ?

PRATIQUE

1 Complétez les phrases suivantes en écrivant *est* ou *ait*.

a De peur que l'on _____ perdu trop de temps, il _____ entendu qu'à l'avenir nous lui soumettrons tous nos projets.

b Paul _____ parti, il reviendra à condition qu'elle _____ mis de l'ordre dans ses pensées.

c Que notre patron _____ été embarrassé par ce qui _____ arrivé, quoi d'étonnant à cela ?

L'AUTOCORRECTEUR *Réponses de l'exercice de PRATIQUE aux pages 91 et 92.*

APPROFONDISSEMENT

qui/qu'il

Ex. : *L'homme **qui** est venu voulait des renseignements.*
*Les renseignements **qui** lui ont été fournis ont semblé le satisfaire.*
▶ On reconnaît ici le pronom relatif *qui* introduisant une relative.
Qui est le sujet du verbe de cette relative.

Ex. : ***Qui** est arrivé le premier ?*
▶ *Qui* est, dans ce cas, un pronom interrogatif.

Ex. : *Le directeur **qu'il** a vu était intéressé par le nouveau catalogue.*
*Il est possible **qu'il** passe une commande.*
▶ On a ici une relative et une complétive commençant par *que*.
Le verbe de la relative, tout comme celui de la complétive, a *il* comme sujet.

PRATIQUE

1 Complétez les phrases suivantes en écrivant *qu'il* ou *qui*.

a _____ soit arrivé le dernier, _____ s'en étonnera ? Chacun ne sait-il pas _____ a beaucoup à faire ?

b Il est nécessaire _____ soit là : _____ pourra mieux que lui s'acquitter de cette tâche ?

COMMENT NE PLUS CONFONDRE CERTAINS HOMOPHONES ?

c Est-il certain _____ fera beau ? _____ peut l'affirmer ? N'a-t-on pas dit _____ allait pleuvoir toute la journée ?

d Les mains dans les poches, _____ avait percées, il s'en allait gaiement.

e Denis, _____ lisait à voix haute afin d'être bien entendu, tenait à ce _____, apparemment, n'intéressait personne.

f Certains _____ appelle parfois et _____ paraissent intéressés lui ont promis de se joindre au groupe.

L'AUTOCORRECTEUR *Réponses de l'exercice de PRATIQUE à la page 92.*

APPROFONDISSEMENT

quelle/qu'elle

Ex.: ***Quelle** merveilleuse aventure !*
***Quelle** destination choisiras-tu ?*

▸ ***Quelle**,* déterminant exclamatif ou interrogatif, s'accorde en genre et en nombre avec le nom auquel il se rapporte.

Ex.: *Nous croyons **qu'elle** partira avec joie.*
*Les voyages **qu'elle** a faits jusqu'à maintenant l'ont comblée.*

▸ ***Qu'elle*** se décompose de la façon suivante :
— *que*: conjonction ou pronom relatif ;
— *elle*: pronom personnel, sujet du verbe.

Ex.: *La vie, **quelle qu'elle** soit, mérite d'être aimée et chérie.*

▸ ***Quelle qu'elle*** provient de:
la locution pronominale *quelle que*
+ *elle*, pronom personnel, sujet du verbe.

PRATIQUE

1 Complétez les phrases suivantes en écrivant *qu'elle*, *quelle* ou *quelle qu'elle*.

a Nadia a croisé Émilie par hasard. _____ joie de se revoir ! _____ a de choses à lui dire !

b _____ sorte de bicyclette comptes-tu acheter ? _____ soit, garde toujours en tête _____ doit durer longtemps.

c Il faut _____ soit bien timide pour refuser cette invitation. Et _____ invitation ! De Steve, en effet, toute invitation, _____ soit, est bien tentante. Sans doute _____ a ses raisons _____ ne nous avouera pas.

d _____ travaille tout l'été est fort heureux, parce _____ pourra ainsi s'offrir cet équipement de ski alpin _____ convoite depuis l'hiver dernier. _____ s'imagine déjà sur les pentes est probable. _____ merveille aussi que ces longues glissades sur les pentes enneigées ! _____ skieuse n'en rêve pas ?

e _____ soit, sa réponse me satisfera. Je sais _____ est très occupée. _____ session elle a eue !

2 Récrivez les phrases c) et e) de l'exercice no 1 en imaginant que les filles mises en scène sont des garçons.

c _____

e _____

L'AUTOCORRECTEUR *Réponses des exercices de PRATIQUE aux pages 92 et 93.*

APPROFONDISSEMENT

parce que/par ce que

Ex.: *Parce qu'il pleut, nous devrons remettre notre excursion à plus tard.*

▸ *Parce que*, locution conjonctive, a le sens de « puisque » ou « car ».

Ex.: *Ces nouveaux produits, par ce qu'ils ont de particulier, conquerront le marché.*
Par ce qu'elles signifient, ces statistiques devront être prises au sérieux.
Ne sois pas trop étonné par ce que Paul te dira.

▸ *Par ce que*, préposition + pronom démonstratif + pronom relatif, a le sens de « par les choses que », « par tout ce que ».

PRATIQUE

1 Complétez les phrases suivantes en écrivant *parce que* ou *par ce que*.

a N'ayons pas l'air trop émerveillés _____ nous verrons, _____ alors, nous pourrions passer pour des ignorants.

b Ne nous laissons pas impressionner _____ il nous a dit, _____ , finalement, est-ce si extraordinaire ?

c C'est surtout _____ quelqu'un fait et non _____ il dit qu'il faut l'évaluer, _____ se vérifie souvent, dans la vie, l'adage : « Grand parleur, petit faiseur ».

d _____ la faim dans le monde a comme conséquence sur l'avenir des peuples touchés, les pays riches doivent accroître leur aide.

e _____ la faim dans le monde représente une menace pour l'ensemble du développement des autres pays, les pays riches doivent accroître leur aide.

L'AUTOCORRECTEUR *Réponses de l'exercice de PRATIQUE à la page 93.*

APPROFONDISSEMENT

quelquefois/quelques fois

Ex.: *Ce que j'ai dit, je l'ai **quelquefois** regretté.* ▸ ***Quelquefois**, adverbe, signifie « parfois ».*

Ex.: *Les **quelques fois** où tu as dû t'absenter ont semblé jeter le désarroi au bureau.* ▸ ***Quelques fois**, déterminant indéfini* quelques *accompagné du nom* fois*, signifie « en les rares occasions », « le petit nombre de fois ».*

UN TRUC

Quelques fois, en deux mots, est généralement précédé d'un déterminant.

COMMENT NE PLUS CONFONDRE CERTAINS HOMOPHONES ?

PRATIQUE

1 Complétez les phrases suivantes en écrivant *quelquefois* ou *quelques fois*.

a Les _____ où elle perd son sang-froid sont pour Josée de bien mauvais souvenirs. _____, elle s'excuse, mais, le plus souvent, elle ronge son frein.

b Il peut arriver que _____ on se trompe en pensant avoir raison. Il faut alors, ces _____ où ça arrive, accepter d'écouter avec objectivité les arguments des autres.

c Je ne nierai pas que _____, en effet, j'oublie jusqu'à mon nom...

L'AUTOCORRECTEUR   *Réponses de l'exercice de PRATIQUE à la page 93.*

APPROFONDISSEMENT

quoi que/quoique

Ex.: ***Quoique*** *Lise ait été libre, elle n'a pas voulu accepter l'invitation.* ▸ ***Quoique,*** conjonction, signifie «bien que», «malgré le fait que».

Ex.: ***Quoi que*** *ses amis en pensent, elle a bien fait.* ▸ ***Quoi que,*** *quoi*, pronom relatif + *que*, pronom relatif, signifie «quelle que soit la chose que», «quelles que soient les choses que».

PRATIQUE

1 Complétez les phrases suivantes en écrivant *quoi que* ou *quoique*.

a Te souviendras-tu que nous avons rendez-vous? _____ tu me répondes, avec toi, je ne suis sûr de rien, _____ la dernière fois, je dois l'admettre, tu fis exception.

b _____ Roch soit le plus compétent, le poste lui a été refusé. Il s'agit là d'une injustice _____ on en dise.

c _____ il arrive, sache que tu peux compter sur moi.

COMMENT NE PLUS CONFONDRE CERTAINS HOMOPHONES ?

d Pour sa vieille voiture, on lui a donné mille dollars, _____ elle n'en valait pas trois cents. Curieux !

e _____ nous choisissions comme activité, avec Luc, nous sommes toujours certains de nous amuser, _____ en pensent les rabat-joie.

L'AUTOCORRECTEUR *Réponses de l'exercice de PRATIQUE à la page 94.*

APPROFONDISSEMENT

davantage/d'avantages

Ex. : *Annie ne veut pas en faire **davantage**.* ▸ ***Davantage***, adverbe, peut être remplacé par *plus*.

Ex. : *Marc n'a pas tiré **d'avantage** de la situation, car elle présente plus **d'avantages** que d'inconvénients.* ▸ ***D'avantage***, préposition *de* + le nom singulier *avantage*, a le sens de « un certain profit ».
D'avantages, préposition *de* + le nom pluriel *avantages*, a le sens de « de bénéfices ». *D'avantages* est le contraire du groupe *d'inconvénients*.

PRATIQUE

1 Complétez les phrases suivantes en écrivant *davantage* ou *d'avantages*.

a Vous conviendrez qu'il y a plus _____ à procéder de cette façon.

b Vous en feriez _____ que je trouverais cela suspect.

c _____ il réfléchissait, _____ il se convainquait : « Ma situation présenterait alors bien plus _____ que maintenant ».

d Maîtriser l'informatique est, par les temps qui courent, une qualité pleine _____ .

L'AUTOCORRECTEUR *Réponses de l'exercice de PRATIQUE à la page 94.*

APPROFONDISSEMENT

leur/leurs

Ex.: *Mes sœurs ont apprécié **leur** soirée.*
*Elles ont revu **leurs** amis d'antan.*

▸ ***Leur*** et ***leurs*** sont ici des déterminants possessifs. ***Leur*** accompagne un nom au singulier.
Leurs accompagne, quant à lui, un nom pluriel.

Il arrive que l'on hésite sur le nombre du groupe du nom où l'on trouve le déterminant *leur*.
S'agit-il d'un groupe où *leur* est au singulier ou d'un groupe où *leur* est au pluriel ?
Un moyen simple de le savoir est de mettre toute la phrase au singulier.

« *Je **leur** ai dit de mettre **leur** tuque et **leurs** mitaines* », dira Myriam s'adressant à ses filles Anne et Catherine.

Imaginons maintenant qu'elle ne s'adresse qu'à sa fille Chloé.
« *Je **lui** ai dit de mettre **sa** tuque et **ses** mitaines* », dira-t-elle.

Nous constatons donc que:
leur, pronom est le pluriel de *lui*.
Chacune des filles a « sa tuque » et « ses mitaines », d'où le nombre tantôt singulier, tantôt pluriel de *leur*, déterminant.

Ex.: *Les Demers se sont acheté une nouvelle voiture. **La leur** est maintenant la plus belle de toutes les voitures du quartier.*
*Les autres voisins considèrent **les leurs** d'un œil critique.*
*Pierre et Lucie n'ont qu'un modeste vélo. Mais, **le leur** est de tous le meilleur, assurent-ils.*

▸ ***La leur***, ***les leurs*** et ***le leur*** sont ici des pronoms possessifs.
Si un seul objet (masculin singulier) est possédé par plusieurs, on écrit *le leur*.
Si un seul objet (féminin singulier) est possédé par plusieurs, on écrit *la leur*.
Si deux objets ou plus (masculin ou féminin) sont possédés par plusieurs, on écrit *les leurs*.

Ex.: *On **leur** avait souligné l'importance de la décision à prendre.*

▸ ***Leur***, pronom personnel, renvoie à un antécédent au pluriel.
Leur, pluriel de *lui*, est toujours invariable et sa graphie est *leur*.
Leur, qui signifie « à eux », « à elles », est toujours un C.O.I.

PRATIQUE

1 Complétez les phrases suivantes en écrivant *leur* ou *leurs*.

a _____ session terminée, il ne _____ restera plus qu'à plier bagages : _____ réservations sont faites, la France ouvre les bras.

b _____ avez-vous bien indiqué la route à suivre? Notre carte est peut-être périmée. La _____, je crois, ne vaut guère mieux.

c Nos examens ont été très difficiles. Les _____ aussi !

d Nous _____ avions répété souvent combien _____ avis était précieux.

e En cas de besoin, ne devons-nous pas _____ donner un coup de main? N'en doutons pas, _____ reconnaissance nous serait acquise éternellement.

L'AUTOCORRECTEUR *Réponses de l'exercice de PRATIQUE aux pages 94 et 95.*

APPROFONDISSEMENT

près/prêt

Ex.: *Il est **près** de six heures.*
*Ah! comme il a hâte d'être tout **près** d'elle!*

▸ On écrit ***près*** dans des expressions comme *près de, tout près, à peu près.*

Ex.: *Pierre-Luc sera **prêt** dans cinq minutes.*
*Si votre mère n'est pas **prête**, Sophie et lui sont **prêts** à l'attendre.*

▸ On écrit ***prêt*** quand on peut remplacer l'homophone par *disposé à, préparé à.*
Prêt peut s'écrire de quatre façons différentes : *prêt, prête, prêts, prêtes,* parce que c'est un adjectif qui s'accorde en genre et en nombre avec le nom auquel il se rapporte.

Notons enfin que *prêt* est parfois un nom.

Ex.: *La banque me consentira-t-elle un **prêt** rapidement?*
*La bibliothèque municipale a un service de **prêts** très achalandé.*

PRATIQUE

1 Complétez les phrases suivantes en écrivant *près* ou *prêt*.

a   Rien ne l'intéresse ou à peu _____ .

b   Tout _____ , Alain et Richard, _____ à croire qu'elles seront _____ dans moins de cinq minutes, attendent ces demoiselles.

c   Sylvie affirme : « Je suis _____ à te faire ce _____ , mais tu dois me rembourser dans six mois, tu entends ? »

d   « Viens plus _____ », lui suggéra-t-il.

L'AUTOCORRECTEUR   *Réponses de l'exercice de PRATIQUE à la page 95.*

APPROFONDISSEMENT

dans/d'en

Ex.: *Hélas ! **dans** mes textes, je trouve toujours des erreurs orthographiques.*
- On écrit ***dans*** quand on veut exprimer un lieu. ***Dans*** est une préposition.

Ex.: *Et, des erreurs, à la relecture, je crains toujours **d'en** découvrir de nouvelles !*
- On écrit ***d'en*** quand on est en présence de la structure suivante :
  d' (*de*), préposition
  + *en*, pronom personnel.

UN TRUC

D'en est souvent suivi d'un infinitif.

PRATIQUE

1 Complétez les phrases suivantes en écrivant *dans* ou *d'en*.

a _____ venir à bout, il ne pensait jamais y arriver !

b J'entrai _____ le ruisseau, mais l'eau était si froide que je me hâtai _____ sortir.

c J'ai écrit à Marc au sujet de la date de mon arrivée. Dans sa réponse, Myriam me demande _____ parler à ton père.

d Quand donc s'arrêtera-t-elle _____ faire autant ? Il devient urgent _____ parler, elle va s'épuiser.

L'AUTOCORRECTEUR *Réponses de l'exercice de PRATIQUE à la page 95.*

APPROFONDISSEMENT

sans/s'en/c'en

Ex.: ***Sans*** toi, je suis perdu.
▸ On écrit ***sans*** quand on veut exprimer une absence, un manque. ***Sans*** est une préposition.

Ex.: Il ***s'en*** est fallu de peu pour qu'elle soit exclue des jeux.
Des ennuis, il ***s'en*** est présenté à la tonne !
Il ***s'en*** est tiré sans trop de mal.
▸ On écrit ***s'en*** quand on est en présence de la structure suivante :
   s', pronom personnel *se*, d'un verbe à la forme pronominale
   + *en*, pronom personnel C.O.I. ou C.C.

Ex.: ***C'en*** est trop, je vais tout abandonner !
▸ On écrit ***c'en*** quand on est en présence de la structure suivante :
   c', pronom démonstratif *ça*
   + *en*, pronom personnel.

PRATIQUE

1 Complétez les phrases suivantes en écrivant *sans*, *s'en* ou *c'en*.

a La tempête s'est calmée doucement _____ qu'on _____ soit aperçus.

b J'ai mis une cacahuète sur le bord de ma fenêtre. Un écureuil _____ est approché et _____ est emparé _____ s'effrayer de ma présence. Mais, _____ est trop ! Voilà le chat du voisin !

c Le vent secouait l'arbre du jardin. Des feuilles _____ détachaient et _____ allaient virevolter plus loin _____ savoir où elles tomberaient.

d _____ la certitude qu'il _____ tirerait, il n'aurait pu s'accrocher si fort à la guérison.

e _____ est fini de toutes ces émotions ! Pourtant, elle ne _____ est jamais remise depuis. _____ votre aide, que serait-elle devenue ?

L'AUTOCORRECTEUR *Réponses de l'exercice de PRATIQUE à la page 96.*

APPROFONDISSEMENT

quand/quant/qu'en

Ex. : ***Quand** reviendras-tu ?*
*Tu te demandais donc **quand** je reviendrais.*
▶ ***Quand*** fait partie d'une phrase interrogative directe ou indirecte.

Ex. : ***Quand** il pleut, ah ! comme je suis bien !*
***Quand** il partira, je ne serai pas là.*
▶ ***Quand*** introduit une subordonnée circonstancielle de temps.

Ex. : ***Quant** à moi, quand il pleut, je m'ennuie.*
▶ ***Quant à*** introduit un complément.
Il signifie « en ce qui (me-te-le-la-les) concerne ».

Ex. : ***Qu'en** penses-tu ?*
*Sois patiente, il te dira bien ce **qu'il** en pense.*
*Il vaut mieux **qu'en** attendant tu te tiennes loin.*
▶ ***Qu'en*** est la contraction de *que*, pronom interrogatif ou conjonction de subordination, et de *en*, pronom personnel ou préposition.

UN TRUC

Il faut lire la phrase en évitant de faire cette contraction. *Que* apparaît alors clairement.

COMMENT NE PLUS CONFONDRE CERTAINS HOMOPHONES ?

PRATIQUE

1 Complétez les phrases suivantes en écrivant *quand*, *quant* ou *qu'en*.

a Quelle joie _____ je te vois arriver ! _____ je pense _____ cours de route tu dois t'arrêter constamment pour vérifier ton chargement, je m'inquiète toujours.

b Il faut dire _____ ce temps-là, ils ne pouvaient profiter de l'informatique.

c Rien _____ voyant ton visage, je vois bien _____ ça ne va pas.

d Les tulipes ont fleuri à profusion ; _____ aux impatientes, elles boudent.

e Si nous allions à la piscine ; _____ dis-tu ?

L'AUTOCORRECTEUR *Réponses de l'exercice de PRATIQUE à la page 96.*

APPROFONDISSEMENT

noms et verbes homophones

Il arrive souvent que l'orthographe du verbe homophone se présente au moment où l'on veut écrire le nom. Le moyen d'éviter cette confusion est de bien se mettre en tête les différentes terminaisons.
Nous vous les proposons ci-après.
Vous trouverez à gauche le nom.
À droite, les formes du verbe qui se prononcent comme le nom.

un **appel**	**appeler**	
	indicatif présent :	j'appelle, tu appelles, il appelle, elles appellent
	impératif présent :	appelle
	subjonctif présent :	que j'appelle, que tu appelles, qu'il appelle, qu'elles appellent
un **appui**	**appuyer**	
	indicatif présent :	j'appuie, tu appuies, il appuie, elles appuient
	impératif présent :	appuie
	subjonctif présent :	que j'appuie, que tu appuies, qu'il appuie, qu'elles appuient
un **attribut**	**attribuer**	
	indicatif présent :	j'attribue, tu attribues, il attribue, elles attribuent
	impératif présent :	attribue
	subjonctif présent :	que j'attribue, que tu attribues, qu'il attribue, qu'elles attribuent

Nous avons relevé 38 autres cas où une confusion est possible. Il en sera fait mention dans les exercices de la partie « PRATIQUE ».

PRATIQUE

1 Sur le modèle présenté ci-dessus, remplissez les tableaux suivants.

a un **balai** **balayer**
  indicatif présent : je _____
  tu _____
  il _____
  elles _____
  impératif présent : _____
  subjonctif présent : que je _____
  que tu _____
  qu'il _____
  qu'elles _____

b un **calcul** **calculer**
  indicatif présent : je _____
  tu _____
  il _____
  elles _____
  impératif présent : _____
  subjonctif présent : que je _____
  que tu _____
  qu'il _____
  qu'elles _____

c un **clou** **clouer**
  indicatif présent : je _____
  tu _____
  il _____
  elles _____
  impératif présent : _____
  subjonctif présent : que je _____
  que tu _____
  qu'il _____
  qu'elles _____

d un **conseil**   **conseiller**
  indicatif présent : je _____
   tu _____
   il _____
   elles _____
  impératif présent : _____
  subjonctif présent : que je _____
   que tu _____
   qu'il _____
   qu'elles _____

e un **cri**   **crier**
  indicatif présent : je _____
   tu _____
   il _____
   elles _____
  impératif présent : _____
  subjonctif présent : que je _____
   que tu _____
   qu'il _____
   qu'elles _____

f un **défi**   **défier**
  indicatif présent : je _____
   tu _____
   il _____
   elles _____
  impératif présent : _____
  subjonctif présent : que je _____
   que tu _____
   qu'il _____
   qu'elles _____

g un **dégel** **dégeler**
indicatif présent : je _____
tu _____
il _____
elles _____

impératif présent : _____
subjonctif présent : que je _____
que tu _____
qu'il _____
qu'elles _____

h un **désir** **désirer**
indicatif présent : je _____
tu _____
il _____
elles _____

impératif présent : _____
subjonctif présent : que je _____
que tu _____
qu'il _____
qu'elles _____

i un **éclair** **éclairer**
indicatif présent : j' _____
tu _____
il _____
elles _____

impératif présent : _____
subjonctif présent : que j' _____
que tu _____
qu'il _____
qu'elles _____

j	un **email**	**émailler**		
		indicatif présent	:	j' _____
				tu _____
				il _____
				elles _____
		impératif présent	:	_____
		subjonctif présent	:	que j' _____
				que tu _____
				qu'il _____
				qu'elles _____

2 Écrivez, telle que demandée, la forme du verbe qui se prononce comme le nom donné.

a	un emploi	employer indicatif présent	:	j' _____
b	un ennui	ennuyer indicatif présent	:	il _____
c	un entretien	entretenir indicatif présent	:	elle _____
d	un envoi	envoyer subjonctif présent	:	que j' _____
e	un envol	s'envoler indicatif présent	:	tu _____
f	un essai	essayer indicatif présent	:	j' _____
g	un étai	étayer subjonctif présent	:	qu'il _____
h	un gel	geler indicatif présent	:	je _____
i	un institut	instituer indicatif présent	:	j' _____
j	un maintien	maintenir impératif présent	:	elle _____
k	un oubli	oublier indicatif présent	:	j' _____
l	un pari	parier indicatif présent	:	tu _____

m	un pli	plier indicatif présent	:	je _____
n	un rappel	rappeler subjonctif présent	:	qu'elle _____
o	un réveil	réveiller indicatif présent	:	je _____

3 Trouvez le nom homophone du verbe donné.
Ajoutez ensuite un mot de la même famille qui confirme le choix de la lettre finale du nom homophone.

a	je salue	:	_____ _____
b	il signale	:	_____ _____
c	je sommeille	:	_____ _____
d	tu soupires	:	_____ _____
e	elle soutient	:	_____ _____
f	il statue	:	_____ _____
g	je substitue	:	_____ _____
h	il troue	:	_____ _____
i	vole	:	_____ _____

4 Trouvez le nom homophone du verbe donné.

a	je me soucie	:	un _____
b	elle tournoie	:	un _____
c	tu travailles	:	un _____
d	je trie	:	un _____

L'AUTOCORRECTEUR *Réponses des exercices de PRATIQUE aux pages 97 à 102.*

ÉVALUATION

(70 points)

1 (50 points)
Dans les phrases suivantes, chaque parenthèse contient deux ou trois homophones.
Transcrivez sur la ligne l'homophone approprié.

a La question, (qu'elle, quelle) _____ (qu'elle, quelle) _____ puisse être, devra être reportée à la prochaine assemblée.

b (Sans, S'en C'en) _____ trop (sans, s'en, c'en) _____ rendre compte, elle avait laissé ses yeux parler pour elle.

c (Quand, Quant, Qu'en) _____ penses-tu ? (Sans, C'en, S'en) _____ François (dans, d'en) _____ ma vie, parviendrais-je à être heureuse ?

d Croire que l'(on, ont, on n') _____ a que ce que l'(on, ont, on n') _____ mérite, (s'est, c'est) _____ nier sa chance.

e Si j'en juge (parce que, par ce que) _____ ça demande de courage de poursuivre la route malgré les obstacles, ah ! oui, je lui lève mon chapeau.

f J'y rencontre souvent mon ancien collègue. (Quelquefois, quelques fois) _____ , nous avons le temps de bavarder un peu. Malheureusement, ces (quelquefois, quelques fois) _____ se font de plus en plus rares.

g « Elle (sans, s'en, c'en) _____ tirera et (sans, s'en, c'en) _____ trop de mal », affirme le médecin.

h Jean regrette le départ de Nicole. C'est la seule voisine (qui, qu'il) _____ l'ait vraiment apprécié.

i Tout ce qu'elle (leur, leurs) _____ a préparé comme surprises, ils ne sont pas (près, prêt) _____ de les voir. Ah ! il y a bien moins (davantage, d'avantages) _____ pour eux à la perdre que pour elle.

j Cette chère Suzanne, (quoique, quoi que) _____ elle prétende, ne réussira pas là où toutes ont échoué, (quoique, quoi que) _____ elle n'ait pas ménagé ses efforts !

k Te plairait-il (dans, d'en) _____ discuter ? Il est bien possible (quand, quant, qu'en) _____ en parlant la solution jaillisse d'elle-même. (Sans, S'en, C'en) _____ est assez de se torturer comme ça !

l Il (leur, leurs) _____ faut en parler (davantage, d'avantages) _____ s'ils veulent trouver une issue à (leur, leurs) _____ situation.

COMMENT NE PLUS CONFONDRE CERTAINS HOMOPHONES ?

m Papa, peux-tu me consentir un (près, prêt) _____ : mon chèque n'est pas encore arrivé et mes amis ne peuvent attendre (davantage, d'avantages) _____ ? Je (leur, leurs) _____ dois cinq cents dollars.

n À (qu'elle, quelle) _____ heure pensez-vous (qu'elle, quelle) _____ aura terminé ce travail (qu'il, qui) _____ lui pèse tant ?

o (S'est, C'est) _____ promis, (on, ont, on n') _____ y reviendra plus ! Jean, bien qu'il nous (est, ait) _____ fait attendre plus qu'il ne l'aurait fallu, (s'est, c'est) _____ enfin décidé : (on, ont, on n') _____ aura pas à passer l'examen.

p Comment acquérir toutes ces connaissances ? (Davantage, D'avantages) _____ de dictées, (davantage, d'avantages) _____ d'exercices, vous y trouverez, à la longue, plus (davantage, d'avantages) _____ que d'inconvénients.

q (Sans, S'en, C'en) _____ est trop ! (Quand, Quant, Qu'en) _____ donc se méfiera-t-elle ? Antoine, (quand, quant, qu'en) _____ à lui, ne (sans, s'en, c'en) _____ plaignait pas.

r Comme il se fait tard ! Il est (près, prêt) _____ de onze heures. Et, (près, prêt) _____ d'elle, le téléphone reste muet. Il y a belle lurette qu'elle est (près, prêt) _____ , elle ! Elle ne languira pas (davantage, d'avantages) _____ . (Leur, Leurs) _____ soirée ? Eh ! bien, tant pis !

2 (20 points)
Dans le texte suivant, chaque parenthèse contient un nom et un verbe homophones. Transcrivez sur la ligne l'homophone approprié.

Matin douloureux

Le matin, quand le (réveil, réveille) _____ sonne l'heure où il doit se rendre à l' (institut, institue) _____ et qu'il (sommeille, sommeil) _____ encore si bien, Maxime (essaie, essai) _____ de se tirer du lit sans un (soupire, soupir) _____ . Combien, parfois, il (salue, salut) _____ avec (ennui, ennuie) _____ l'arrivée de ce nouveau jour ! Il était si heureux dans ce monde moelleux où se (maintient, maintien) _____ constante une douce chaleur et où s'(envolent, envol) _____ tous les (soucis, soucies) _____ . Aucun (emploi, emploie) _____ du temps contraignant, aucun (appel, appelle) _____ ne viennent troubler sa quiétude. Hélas ! le (travail, travaille) _____ l'(appel, appelle)_____ , allons-y donc. Dans un sursaut d'énergie, il (oubli, oublie) _____ en un (éclair, éclaire) _____ les bras de Morphée. Et, comme chaque matin, il quête à sa tendre amie un (conseil, conseille)_____ , toujours le même : « (Salut, Salue)_____ Pascale à qui j'(attribue, attribut) _____ tant de goût, (conseille, conseil) _____ -moi : que dois-je mettre ? »

L'AUTOCORRECTEUR *Réponses de l'ÉVALUATION aux pages 102 et 103.*

10

COMMENT RÉGLER CERTAINS PROBLÈMES D'ORTHOGRAPHE LEXICALE ?

10

COMMENT RÉGLER CERTAINS PROBLÈMES D'ORTHOGRAPHE LEXICALE ?

RAPPEL

Si l'on veut parvenir à une plus grande aisance en français, il faut réussir à maîtriser l'orthographe — telle qu'on la trouve dans le dictionnaire — du plus grand nombre de mots possible.

Comment y arriver ?

Une seule façon : consentir à **apprendre par coeur** l'orthographe des mots sur lesquels on bute.

DIAGNOSTIC

1 Vingt fautes d'orthographe lexicale se sont glissées dans le texte suivant.
Soulignez-les.
Récrivez chaque mot correctement sur les lignes qui suivent le texte.

Lettre à un professeur de français

Cher professeur,

Ah! comme l'ortographe me fait souffrir! Quelle reconnaissanse j'aurais pour celui qui, d'un coup de baguette magique, éfacerait toutes mes fautes passées et à venir!

En septembre dernier, vous nous avez annoncé solennellement : « L'objectif, cette année, est de débarasser vos textes de toutes ces fautes qui les dénaturent. Il suffit souvent de vous rafraichir la mémoire, car ces règles, vous les connaissez. »

Ça, c'est sur, il m'aurait fallu avoir recours plus souvent à un dictionnaire! Dans mes dictées, vous apperceviez au moins une faute tous les six mots, parfois davantage. « Marc s'en moque, pensiez-vous. La graphie des mots, il s'en préocuppe comme de sa première convalescense! Ah! oui, que faire? »

Davantage d'exercices, davantage de dictées, je ferais des progrès, je vaincrais toutes ces difficultées, m'assuriez-vous. Sans la certitude qu'un jour celles-ci se trouveraient applanies, j'aurais tout abandonné.

Vous m'encourageriez volontier. Néanmoin, quel travail! Après chaque règle nouvelle, je craignais éperduement de voir arriver les exceptions. Que d'histoires pour une lettre en moins ou en trop!

Bien de la négligeance de ma part, affirmiez-vous. Courage, courage, on y arrivera un jour tout-à-fait.

Dans cette lettre que je vous addresse, j'espère ne pas avoir fait trop de fautes et vous redis ma gratitude pour votre obligence.

Marc Laventure

1 _____
2 _____
3 _____
4 _____
5 _____
6 _____
7 _____
8 _____
9 _____
10 _____
11 _____
12 _____
13 _____
14 _____
15 _____
16 _____
17 _____
18 _____
19 _____
20 _____

Réponses du DIAGNOSTIC aux pages 318 et 319.

APPROFONDISSEMENT

LES FAMILLES DE MOTS

Maîtriser l'orthographe lexicale est possible. Réjouissons-nous : divers moyens existent pour nous faciliter la tâche.

S'attacher d'abord à comprendre d'où viennent les mots et comment ils ont évolué tout au long de leur histoire peut nous aider à nous débarrasser de l'idée d'incohérence et d'absurdité que nous associons spontanément à plusieurs orthographes.

L'origine latine ou grecque de certains mots justifie, au commencement du mot, dans le corps du mot ou à la fin, la présence de lettres que l'on juge, au premier abord, incongrues.
Et que dire des nombreux emprunts à l'anglais, à l'espagnol, à l'italien et à l'arabe ?
Savoir d'où viennent les mots nous aide parfois à admettre leurs caprices orthographiques.

On devine alors que le mot écrit n'est pas seulement le calque du son : il peut raconter une histoire, son histoire, nous dire quelle est son origine et par quels méandres il nous est parvenu.
Enfin, il nous parle d'abondance de sa famille.

Pourquoi un « t » à la fin de tribut ? À cause de *tributaire*.
Pourquoi un « s » à la fin de vernis ? À cause de *vernissage*.
Pourquoi un « l » à la fin de sourcil ? À cause de *sourciller*.

PRATIQUE

1 Justifiez la présence de la dernière lettre des mots suivants en fournissant un mot de la même famille.

a Pourquoi un « c » à la fin de *accroc* ?
À cause de : _____

b Pourquoi un « d » à la fin de *hasard* ?
À cause de : _____

c Pourquoi un « t » à la fin de *saint* ?
À cause de : _____

d Pourquoi un « d » à la fin de *bond* ?
À cause de : _____

e Pourquoi un « s » à la fin de *pouls* ?
À cause de : _____

f   Pourquoi un «l» à la fin de *fusil*?

   À cause de : _____

g   Pourquoi un «d» à la fin de *vagabond*?

   À cause de : _____

h   Pourquoi un «t» à la fin de *cahot*?

   À cause de : _____

i   Pourquoi un «s» à la fin de *paradis*?

   À cause de : _____

j   Pourquoi un «s» à la fin de *avis*?

   À cause de : _____

k   Pourquoi un «t» à la fin de *début*?

   À cause de : _____

l   Pourquoi un «t» à la fin de *institut*?

   À cause de : _____

m   Pourquoi un «d» à la fin de *friand*?

   À cause de : _____

n   Pourquoi un «d» à la fin de *standard*?

   À cause de : _____

o   Pourquoi un «b» à la fin de *plomb*?

   À cause de : _____

L'AUTOCORRECTEUR   *Réponses de l'exercice de PRATIQUE aux pages 105 et 106.*

APPROFONDISSEMENT

LES TRUCS MNÉMOTECHNIQUES

Il faut créer des réflexes, des automatismes.
Et, pour ce faire, recourir à des procédés mnémotechniques peut se révéler fort utile.

> Ex.: *Apercevoir*: je peux apercevoir avec un œil, donc un «p».
> *Milieu*: qu'un «l» en son milieu.
> *Toujours:* toujours avec un «s».

Chacun en a fait une bonne provision au cours de son apprentissage des rudiments de la langue.
Amusez-vous à vous les remettre en mémoire ou à en inventer d'autres.

PRATIQUE

1 Dressez une liste de cinq mots dont l'orthographe vous échappe.
Inventez pour chacun un truc mnémotechnique pour vous aider à vous en souvenir.
(Les trucs les plus farfelus sont toujours ceux dont on se souvient le mieux.)

1 _____ : _____

2 _____ : _____

3 _____ : _____

4 _____ : _____

5 _____ : _____

L'AUTOCORRECTEUR *Réponses de l'exercice de PRATIQUE à la page 106.*

COMMENT RÉGLER CERTAINS PROBLÈMES D'ORTHOGRAPHE LEXICALE ?

APPROFONDISSEMENT

Enfin, nous vous soumettons ci-après six blocs d'exercices sur des difficultés éprouvées par nombre d'étudiants.

Vous dévoiler tous les pièges que présente l'orthographe lexicale serait, dans le cadre du présent manuel, tout à fait impossible.

Le plus important pour vous, c'est de vous arrêter et d'analyser vos erreurs.
Comprendre pourquoi il y a eu «faute», c'est souvent découvrir les vrais coupables: l'ignorance peut-être, mais surtout l'étourderie, l'inattention.

Les graphies du son «té»

Nous trouvons deux graphies du son «**té**» à la fin des noms féminins.

— **té**: quand le nom féminin exprime une qualité;

> Ex.: *activité (qualité de celui qui est actif);*
> *autorité (qualité de celui qui est autoritaire);*
> *beauté (qualité de ce qui est beau);*
> *bonté (qualité de celui qui est bon)...*

quand il s'agit d'un nom usuel.

> Ex: *une anfractuosité, une qualité...*

— **tée**: quand le nom féminin exprime le contenu d'une chose;

> Ex.: *assiettée, pelletée, brouettée, charretée...*

quand le nom féminin, dérivé d'un verbe, emprunte sa forme au participe passé.

> Ex.: *entrée, montée...*

PRATIQUE

1 Écrivez la qualité de ce qui possède les propriétés suivantes.

a Qualité de ce qui est *clair*   : _____

b Qualité de ce qui est *éternel* : _____

c Qualité de ce qui est *facile* : _____

d Qualité de ce qui est *humide* : _____

e Qualité de ce qui est *obscur* : _____

f Qualité de ce qui est *propre* : _____
g Qualité de ce qui est *rapide* : _____
h Qualité de ce qui est *sain* : _____
i Qualité de ce qui est *simple* : _____
j Qualité de ce qui est *vrai* : _____

2 Écrivez à droite le nom féminin en *-tée* dérivé du verbe donné à gauche.
Entre les parenthèses, vous trouverez une courte définition du nom demandé.

porter : _____ (ensemble des petits que les femelles mettent bas en une fois).

jeter : _____ (construction formant une avancée dans la mer).

dicter : _____ (exercice visant à l'acquisition de l'orthographe).

révolter : _____ (personne de sexe féminin qui prend part à une révolte).

buter : _____ (massif de maçonnerie résistant à la poussée des arches extrêmes d'un pont).

L'AUTOCORRECTEUR *Réponses des exercices de PRATIQUE aux pages 106 et 107.*

APPROFONDISSEMENT

Les mots se terminant en *-ance*, *-ence*, ou *-anse*

Les mots se terminant en *-ance*, *-ence*, ou *-anse* présentent certaines difficultés. Vous trouverez ci-dessous des listes regroupant les plus courants d'entre eux.

-ance

accoutumance   assistance
bienveillance   circonstance
connaissance   croissance
importance   indépendance
jouissance   naissance
nonchalance   obligeance
performance   prédominance
séance   substance
vaillance   vengeance
vigilance   vraisemblance

COMMENT RÉGLER CERTAINS PROBLÈMES D'ORTHOGRAPHE LEXICALE ?

-ence	
absence	cohérence
concurrence	confidence
conséquence	conscience
convalescence	dégénérescence
démence	essence
existence	fréquence
négligence	patience
présidence	providence
science	violence

-anse	
anse	danse
ganse	panse
transe	

PRATIQUE

1 Dans la colonne de gauche, vous trouvez un mot.
Fournissez à droite le nom en *-ance*, *-ence* ou *-anse* appartenant à la même famille.

a concurrentiel : _____

b patiemment : _____

c vengeur : _____

d substantiel : _____

e négliger : _____

f performant : _____

g obliger : _____

h providentiel : _____

i conséquemment : _____

j circonstanciel : _____

k incohérent : _____

l danseuse : _____

m vraisemblable : _____

n essentiel   : _____

o absentéisme : _____

L'AUTOCORRECTEUR   *Réponses de l'exercice de PRATIQUE à la page 107.*

APPROFONDISSEMENT

LA FORMATION DES ADVERBES

Généralement, l'adverbe est formé de l'adjectif féminin + *ment*.

Ex.: doucement ▶ douce (adj. fém.) + ment
lentement ▶ lente (adj. fém.) + ment
joyeusement ▶ joyeuse (adj. fém.) + ment

Parfois, le « e » de l'adjectif devient un « é ».

Ex.: intens**é**ment ▶ intense (adj. fém.) + ément
énorm**é**ment ▶ énorme (adj. fém.) + ément
précis**é**ment ▶ précise (adj. fém.) + ément
profond**é**ment ▶ profonde (adj. fém.) + ément

Les adjectifs en *-ant* ou *-ent* exigent un traitement particulier.

Ex.: *bruyant, puissant* où l'adjectif se termine en *-ant*.
Ex.: *récent, prudent* où l'adjectif se termine en *-ent*.

On construit l'adverbe en supprimant *-nt* pour le remplacer par *-mment*.

bruya ~~nt~~ ▶ bruya*mment*
puissa ~~nt~~ ▶ puissa*mment*
réce ~~nt~~ ▶ réce*mment*
prude ~~nt~~ ▶ prude*mment*

Les adjectifs se terminant par une voyelle forment l'adverbe par simple ajout de *-ment*.

Ex.: *vrai, joli, éperdu, modéré.*

COMMENT RÉGLER CERTAINS PROBLÈMES D'ORTHOGRAPHE LEXICALE ?

L'adverbe se construit par l'ajout de -*ment*:
vraiment, joliment, éperdument, modérément.

Une exception : *gai* fait *gaiement.*

Pour les adjectifs se terminant en -*u* voici la liste des adverbes où un accent circonflexe sera nécessaire.

assidu	▶	*assidûment*
congru	▶	*congrûment*
cru	▶	*crûment*
continu	▶	*continûment*
dru	▶	*drûment*
du	▶	*dûment*
goulu	▶	*goulûment*
incongru	▶	*incongrûment*
indu	▶	*indûment*

PRATIQUE

1 Fournissez l'adverbe dérivé de chacun des adjectifs suivants.

a   quotidien   : _____
b   poli   : _____
c   savant   : _____
d   subséquent   : _____
e   hardi   : _____
f   assidu   : _____
g   indépendant   : _____
h   conséquent   : _____
i   gai   : _____
j   démesuré   : _____
k   exprès   : _____
l   nouveau   : _____
m   immense   : _____
n   vaillant   : _____
o   apparent   : _____

COMMENT RÉGLER CERTAINS PROBLÈMES D'ORTHOGRAPHE LEXICALE ?

p résolu   : _____
q fréquent   : _____
r abondant   : _____
s goulu   : _____
t indiscret : _____

L'AUTOCORRECTEUR   *Réponses de l'exercice de PRATIQUE à la page 108.*

APPROFONDISSEMENT

LE « S » FINAL

Des adverbes qui prennent toujours un « s »

ailleurs	alors
certes	dedans
dehors	dessous
dessus	désormais
exprès	jadis
jamais	longtemps
moins	néanmoins
parfois	puis
quelquefois	toujours
volontiers	

Des mots qui, au singulier, prennent toujours un « s »

abcès	abus
canevas	chaos
compas	concours
cours	corps
décès	discours
fois	guet-apens
héros	jus
legs	marais
mets	parcours
poids	pouls
printemps	puits
relais	remords
remous	revers
talus	velours

COMMENT RÉGLER CERTAINS PROBLÈMES D'ORTHOGRAPHE LEXICALE ?

Des mots toujours pluriels	
annales	appointements
atours	agissements
archives	aux abois
aux aguets	aux alentours
aux dépens	aux environs
confins	épousailles
décombres	doléances
frais	fiançailles
funérailles	immondices
mœurs	pourparlers
représailles	obsèques
ténèbres	

PRATIQUE

1 Reprenez la colonne où apparaissent les adverbes qui prennent toujours un « s ».
Classez-les selon la circonstance qu'ils expriment.
Le nombre d'adverbes à écrire est indiqué entre les parenthèses.

a Le temps (cinq) : _____
b Le lieu (trois) : _____
c La manière (deux) : _____
d L'opposition (un) : _____

2 Pour chacun des mots apparaissant à gauche, fournissez un mot de la même famille qui, au singulier, prend toujours un « s ».

a concourir : un _____
b décéder : un _____
c chaotique : un _____
d printanier : un _____
e remuer : un _____
f héroïque : un _____
g juteux : un _____
h relayer : un _____

i velouté : un _____

j corporel : un _____

3 Dans la liste proposée à la page 284, cherchez un mot toujours pluriel qui s'insère vraisemblablement dans chacune des phrases suivantes.
Écrivez-le sur la ligne.

a Lors des _____, les jeunes mariés semblaient si amoureux qu'on ne comprend pas qu'ils en soient venus en si peu de temps à de telles _____, surtout après de si longues _____.

b Malgré de nombreux _____ et malgré l'augmentation considérable du coût de la vie, les _____ fixés resteront identiques à ceux de l'an dernier.

c Les _____ et les _____ des animaux étudiés sont très étranges.

d Pour ses _____, le défunt lui-même aurait préféré des _____ moins pompeuses.

L'AUTOCORRECTEUR *Réponses des exercices de PRATIQUE aux pages 109 et 110.*

APPROFONDISSEMENT

DES MOTS QUI PRENNENT UN ACCENT CIRCONFLEXE

abîme	âcre	âge
allô	arôme	bâbord
bâtir	bâton	bête
blême	boîte, emboîter	bûcher
brûler	chaîne	chêne
goût, dégoût, ragoût, dégoûter	épître	être
gîte	faîte	fantôme
fête, fêter	flûte	forêt
fraîche, rafraîchir	grâce	grêle, grêler
île, îlet, îlot	infâme	jeûne
mûr, mûrir	ôter	piqûre
pôle	rougeâtre, verdâtre, grisâtre...	sûr
symptôme	voûte...	

COMMENT RÉGLER CERTAINS PROBLÈMES D'ORTHOGRAPHE LEXICALE ?

Il faut savoir que :

— **l'accent circonflexe a souvent pris la place d'un « s » maintenant disparu ;**

>Ex. : « forest » a donné *forêt* ;
>« castel » a donné *château*.

— **les mots en « atre » prennent le plus souvent un accent circonflexe ;**

>Ex. : *rougeâtre, verdâtre, grisâtre, plâtre*...
>sauf : *pédiatre, psychiatre*.

— **quand il apparaît, l'accent circonflexe coiffe la dernière voyelle devant une syllabe muette ;**

>Ex. : *bête, côte, requête*...

Si la dernière syllabe devient sonore, l'accent circonflexe

— **disparaît ;**

>Ex. : drôle devient *drolatique* ;
>grâce devient *gracieux*.

— **le « ê » devient « é » ;**

>Ex. : requête devient *requérant* ;
>bête devient *bétail*.

Attention : piqûre.

PRATIQUE

1 Dans les mots suivants, le « s » qui y était présent autrefois a cédé sa place à un accent circonflexe. Fournissez un mot de la même famille qui le prouve.

a bête   : _____
b côte   : _____
c épître   : _____
d fête   : _____
e fenêtre   : _____
f forêt   : _____

COMMENT RÉGLER CERTAINS PROBLÈMES D'ORTHOGRAPHE LEXICALE ?

g goût : _____

h hôpital : _____

i vêtir : _____

j prêt : _____

2 Pour chacun des mots suivants, fournissez un mot de la même famille où, la dernière syllabe devenant sonore, l'accent circonflexe disparaît ou devient « é ».

a pôle : _____

b jeûne : _____

c diplôme : _____ mais : *diplômé.*

d fantôme : _____

e sûr : _____

f conquête : _____

g arôme : _____

h côte : _____

i tempête : _____

j infâme : _____

L'AUTOCORRECTEUR   *Réponses des exercices de PRATIQUE à la page 110.*

APPROFONDISSEMENT

DES MOTS AVEC TRAIT D'UNION ET SANS TRAIT D'UNION

Avec trait d'union

après-demain
au-dessous
au-devant de
bien-fondé
entre-deux
quasi-certitude
pêle-mêle
va-et-vient

au-delà
au-dessus
avant-hier
c'est-à-dire
non-sens
quelques-uns
sur-le-champ
vis-à-vis...

COMMENT RÉGLER CERTAINS PROBLÈMES D'ORTHOGRAPHE LEXICALE ?

Sans trait d'union	
aujourd'hui	compte rendu
en deçà	en dedans
en dehors	en dessous
en dessus	en quelque sorte
en tout cas	grosso modo
quelque chose	quelconque
quelque part	sens dessus dessous
tout à coup	tout à l'heure
tout à fait	tout de même
tout de suite	vice versa...

Il faut savoir que le trait d'union apparaît aussi :

— **entre les verbes et les pronoms personnels :**

    Ex. : *répond-elle, dit-on, apporte-la...*

— **entre les verbes au mode impératif et leurs pronoms compléments :**

    Ex. : *promets-le-lui, donne-la-leur, allons-nous-en, allez-vous-en...*

Attention : va-t'en, viens-t'en.

— **de chaque côté du « t » dans les phrases de type interrogatif et dans les formes où il y a inversion du sujet.**

Ce « t » apparaît lorsque le verbe se termine par -*a* ou par -*e* et est suivi d'un pronom personnel de la 3ᵉ personne.

    Ex. : *Va-t-on trouver enfin une solution ?*
          Utilise-t-elle le produit conseillé ?
          Promènera-t-il le chien ce matin ?
          Tout est comme je le veux, s'exclama-t-elle.

PRATIQUE

1 Dans les phrases suivantes, placez des traits d'union là où il en faut.

a Elle a acquis la quasi certitude, nous affirme t elle, de pouvoir terminer le travail sur le champ.

b Verra t il d'un bon œil que vous ayez mis sens dessus dessous tous ces livres qu'il avait rangés au dessus de la cheminée ?

c Tous ces va et vient qui ont eu lieu avant hier, le policier les avait notés dans son compte rendu.

d Il s'agissait, grosso modo, de quelque chose d'assez ressemblant à ce que nous avions commandé. Comme ce n'est pas cependant tout à fait ce que nous voulions, nous retournerons le colis après demain. On nous enverra, du moins nous l'a t on promis, notre nouveau répondeur dans une semaine.

e Tout était pêle mêle sur le comptoir. « Range le, m'avait demandé notre patron, c'est un non sens de penser que nos clients seront tentés d'acheter si rien ne se trouve vis à vis du prix annoncé. »

L'AUTOCORRECTEUR   *Réponses de l'exercice de PRATIQUE à la page 111.*

APPROFONDISSEMENT

LE REDOUBLEMENT OU NON DE CERTAINES CONSONNES

Quel casse-tête que ces verbes où l'on double ou pas le «c», le «d», le «f», le «l», le «n», le «p», le «r», le «s» ou le «t» au moment de leur accoler un préfixe !

Il faut savoir que la consonne finale d'un préfixe cherche à devenir identique à la consonne initiale du radical.

Voilà pourquoi le préfixe **ad-** peut prendre les formes **a-, ac-, af-, al-, ag-, ap-, ar-, as-**.

　　　　　Ex. :   *adoucir, accourir, affaiblir, alléger, aggraver, apprêter, arrondir...*

Le préfixe **ob-** peut prendre les formes **oc-, of-, op-**.

　　　　　Ex. :   *observer, occasionner, offenser, opposer...*

Le préfixe **in-** peut prendre les formes **im-, il-, ir-**.

　　　　　Ex. :   *inscrire, implanter, illustrer, irriguer...*

La confusion naît du fait que certains verbes ne doublent pas la consonne alors que d'autres le font.
Nous vous proposons ici des listes limitées aux verbes les plus courants.
Ce choix est bien arbitraire, direz-vous ! Oui, en effet. Il a cependant le mérite de vous sensibiliser à la difficulté que représente le redoublement de certaines consonnes.

« C »	« CC »

achever	accabler	accommoder	accoutumer
acheminer	accaparer	accompagner	accrocher
acheter	accéder	accomplir	accroître
acquérir	accélérer	accorder	accueillir
acquitter	accepter	accoster	accumuler
	acclamer	accoucher	accuser
	acclimater	accourir	occasionner
			occuper

« d »		« dd »
adapter	adopter	additionner
adhérer	adorer	
admettre	adosser	
admirer	adoucir	
	adresser	

« f »		« ff »	
(aucun)	affaiblir	affirmer	affûter
	affamer	affliger	effacer
	affecter	affoler	effaroucher
	affermir	affranchir	offenser
	afficher	affronter	offusquer
	affilier	affluer	

« g »		« gg »
agacer	agrafer	agglomérer
agenouiller	agrandir	aggraver
agir	agrémenter	
agiter	aguerrir	
agoniser		

« l »		« ll »
alarmer	allaiter	allumer
alerter	allécher	illuminer
aliéner	alléger	illustrer
aligner	alléguer	illusionner
alimenter	allier	
alourdir	allonger	
alunir	allouer	

« m »		« mm »	
amaigrir	amerrir	emménager	immoler
amarrer	amincir	immatriculer	immuniser
amasser	imiter	immerger	
améliorer	imaginer	immigrer	
aménager	omettre	immiscer	
amener		immobiliser	

COMMENT RÉGLER CERTAINS PROBLÈMES D'ORTHOGRAPHE LEXICALE ?

« n »		« nn »	
anéantir	énoncer	annoncer	ennoblir
anesthésier	enorgueillir	annexer	innocenter
animer	initier	annihiler	innover
anoblir	inoculer	annuler	
ânonner	inonder	ennuyer	
enivrer	inaugurer	enneiger	

« p »		« pp »	
apaiser		apparaître	appliquer	approcher
apercevoir		apparenter	apporter	approfondir
apitoyer		appartenir	apposer	approuver
aplanir		apparier	apprécier	approvisionner
aplatir		appâter	appréhender	appuyer
apostropher		appauvrir	apprendre	opposer
opérer		appeler	apprêter	oppresser
		appesantir	apprivoiser	opprimer
		applaudir		

« r »		« rr »	
ironiser		arracher	arrondir
		arranger	arroser
		arrêter	irriguer
		arriver	irriter

« s »		« ss »	
(Aucun, car le « s »	assainir	assimiler	assujettir
entre deux voyelles produirait le	assaisonner	assister	assumer
son [z].)	assassiner	associer	assurer
	assécher	assombrir	essaimer
	assembler	assommer	essayer
	asseoir	assortir	essorer
	asservir	assouplir	essouffler
	assigner	assourdir	essuyer

COMMENT RÉGLER CERTAINS PROBLÈMES D'ORTHOGRAPHE LEXICALE ?

PRATIQUE

1 Pour chacune des expressions suivantes, trouvez un verbe formé à l'aide d'une des variantes du préfixe *ad-*.

- **a** rendre plus grave : _____
- **b** rendre plus souple : _____
- **c** rendre plus noble : _____
- **d** rendre plus grand : _____
- **e** rendre plus pauvre : _____
- **f** rendre plus mince : _____
- **g** rendre plus léger : _____
- **h** rendre plus long : _____
- **i** rendre plus fade : _____
- **j** rendre plus profond : _____

2 Pour chacune des expressions suivantes, trouvez un verbe formé à l'aide d'une des variantes du préfixe *in-*.

- **a** remplir de lumière : _____
- **b** envahir par l'onde : _____
- **c** donner un matricule : _____
- **d** mettre en colère : _____
- **e** arroser pour rendre plus fertile : _____

3 Pour chacune des expressions suivantes, trouvez un verbe formé à l'aide d'une des variantes du préfixe *ad-*.

- **a** tirer vers soi : _____
- **b** s'appuyer sur un coude : _____
- **c** s'habituer à un climat : _____
- **d** réduire à néant : _____
- **e** s'opposer front à front : _____
- **f** prendre tout pour soi : _____
- **g** percevoir de loin : _____
- **h** arriver en courant : _____
- **i** mettre ensemble : _____

4 Formez un verbe à l'aide des adjectifs suivants en leur accolant l'une des variantes du préfixe *ad-*.

- **a** faible : _____
- **b** rond : _____
- **c** pesant : _____
- **d** sain : _____
- **e** maigre : _____
- **f** sombre : _____
- **g** pacifique : _____
- **h** doux : _____
- **i** sèche : _____
- **j** loué : _____

L'AUTOCORRECTEUR *Réponses des exercices de PRATIQUE aux pages 111 à 113.*

ÉVALUATION

(50 points)

1 Vingt-cinq fautes d'orthographe lexicale se sont glissées dans le texte suivant.
Soulignez-les.
Récrivez chaque mot correctement sur les lignes qui suivent le texte.

La réponse du professeur de Marc

Cher Marc,

Sciamment, j'ai glissé dans cette lettre quelques erreurs. Sans doute, maintenant, pourras tu les appercevoir et les corriger. Je suis très contente que tu te sois décidé à étudier assidument ton français. Les profits que tu en tireras dans toutes les activitées de ta vie te convaincront tout-à-fait, si besoin est, du bien fondé de tes efforts.

Ta vigilence toujurs en éveil te permettra d'acroître constemment tes connaissances. Fréquamment, tu puiseras, dans cette assurrance que tu t'es donnée, de grandes satisfactions.

Terminées ces hésitations sans fin : un « r » ou deux ? un accent ou pas ? un « e » ou un « a » ? Désormait, plus de doutes : tu sais ! Tu ne craindras plus la concurance. À jamais enfui ce remord après avoir remis une copie criblée de fautes. Tu dormiras maintenant la consciense appaisée !

Tout au long de ce parcours dans la jungle de l'orthographe lexicale, puisses-tu avoir attrapé la piqure du français ! L'enthousiasme et le gout d'apprendre me semblent en être les premiers symptomes. Peu à peu, se construit ainsi patiamment une forteresse innattaquable : celle de la connaissance. L'ignoranse n'a plus qu'à battre en retraite, vaincue.

Te voilà maintenant au seuil de tes études supérieures. Plonges y de tout ton cœur ! C'est là une source de joies intarissable.

Bonne chance !

Nicole LaFrance

1 _____

2 _____

3 _____

4 _____

5 _____

6 _____

7 _____

8	_____
9	_____
10	_____
11	_____
12	_____
13	_____
14	_____
15	_____
16	_____
17	_____
18	_____
19	_____
20	_____
21	_____
22	_____
23	_____
24	_____
25	_____

L'AUTOCORRECTEUR   *Réponses de l'ÉVALUATION aux pages 113 et 114.*

LES CLÉS DE CORRECTION DES DIAGNOSTICS

1 – COMMENT S'ASSURER QU'UNE PHRASE EST CORRECTE ?

Diagnostic des pages 11 et 12
À quelles conditions une phrase est-elle correcte ?

1 Les phrases suivantes sont-elles correctes ou incorrectes ?
Dans le tableau qui suit, classez chacune de ces phrases dans la bonne rangée.
Pour ce faire, transcrivez la lettre qui précède la phrase.

Phrases correctes : *c), f), h)*

Phrases incorrectes : *a), b), d), e), g)*

2 Relisez toutes les phrases que vous considérez comme incorrectes.
(Il y en a cinq.)
Expliquez dans le tableau ci-après pourquoi vous les jugez incorrectes.
Pour ce faire, transcrivez le numéro désignant la bonne raison parmi les trois suivantes.

1 À l'écrit, une phrase commence par une majuscule et se termine par un point.
2 La phrase a toujours un sens : elle présente une idée, une opinion complète.
3 La phrase obéit à des principes organisationnels.

Phrase *a)* : *numéro 2* .

Phrase *b)* : *numéro 1.*

Phrase *d)* : *numéro 2.*

Phrase *e)* : *numéro 3* (ou *2*) .

Phrase *g)* : *numéro 1.*

Diagnostic de la page 16
Dans une phrase donnée, quels mots appartiennent au groupe sujet, lesquels au groupe verbal et lesquels au groupe complément circonstanciel ?

1 Dans chacune des phrases suivantes, isolez le groupe de mots qui constitue le sujet (G.S.), le groupe de mots qui constitue le groupe du verbe (G.V.) et le ou les groupes de mots qui constituent le ou les compléments circonstanciels (C.C.).

a C.C. : *Comme le soleil se fait plus doux*

G.S. : *ceux qui rêvent à de longues plages ensoleillées*

G.V. : *nombreux sont*

LES CLÉS DE CORRECTION DES DIAGNOSTICS

b C.C.: *Dans le lointain*
G.S.: *une grosse lune*
G.V.: *se berce sur le fond sombre de la nuit*

c C.C.: *Dès qu'on le pourra*
G.S.: *toute la famille, père, mère et enfants*
G.V.: *se réunira*
C.C.: *pour souligner l'anniversaire de l'oncle Paul*

Diagnostic des pages 26 à 28
Qu'appelle-t-on types de phrases ?

1 **Voici des phrases de type déclaratif à la forme affirmative.
Transformez-les selon la consigne donnée.**

a *La violence faite aux enfants est beaucoup plus insidieuse qu'auparavant !*

b *Depuis sa réélection en 1989, le gouvernement libéral a-t-il levé un à un une série de tabous ?*

c *Ouvrons les commerces le dimanche.*

d *Comme je suis heureuse qu'il ait voulu m'accompagner à Cancun !*

2 **Voici cinq affirmations.
Formulez une question qui aura pour réponse l'affirmation donnée.
(La question doit porter sur ce qui est souligné.)**

a *En présence de nombreux invités, qui a reçu, vendredi soir dernier, le Félix de la découverte de l'année ?*

b *En présence de nombreux invités, qu'a reçu Marie-Carmen vendredi soir dernier ?*

c *Où le groupe des Lundis Littéraires invite-t-il ses membres à une soirée de lecture, le 7 décembre à 20 h ?*

d *De quelle façon l'orchestre philharmonique fêtera-t-il, lundi prochain, son 150ᵉ anniversaire ?*

e *Quand l'orchestre philharmonique fêtera-t-il son 150ᵉ anniversaire par un concert dirigé par trois chefs prestigieux ?*

Diagnostic de la page 35
Les signes de ponctuation : le point, le point d'exclamation, le point d'interrogation, les points de suspension et la virgule.

1 **Ponctuez le texte suivant de façon qu'on y trouve six phrases déclaratives, deux phrases exclamatives, une phrase impérative et trois phrases interrogatives.**

Règlement de compte

Une lueur grise baigne la ville (**.**) Un long cri, soudain, déchire la nuit (**!**) Un homme court, un autre a hurlé (**.**) Sur la chaussée se plaint un homme blessé (**.**) Que s'est-il passé (**?**) Quelle rancœur justifiait pareille violence (**?**) Vite, appelons une ambulance (**!**)

La peur serre les cœurs : une peur affreuse, irrépressible (**.**) Quelqu'un a averti la police (**.**) Quel temps elle met à arriver (**!**) Faudra-t-il attendre encore longtemps (**?**)

Le blessé crie, implore alors que grandissent l'impuissance des badauds, leur révolte et leur exaspération (**.**)

2 – COMMENT ANALYSER LA STRUCTURE DU GROUPE VERBAL ?

Diagnostic de la page 45
Les compléments d'objet

1 **Soulignez tous les compléments d'objet (mots et groupes de mots) contenus dans les phrases suivantes.**
Précisez s'il s'agit d'un C.O.D. ou d'un C.O.I.
Précisez aussi de quel verbe chaque C.O. est le complément.

a   Depuis une trentaine d'années, on observe <u>un renouveau d'intérêt pour l'astrologie et les sectes</u>.

un renouveau d'intérêt pour l'astrologie et les sectes : C.O.D. du verbe « observe ».

b   Il y a dix ans, des écrivains ont proposé <u>à certaines maisons d'édition</u> <u>des romans traitant de ce même phénomène</u>.

à certaines maisons d'édition : C.O.I. du verbe « ont proposé ».

des romans traitant de ce même phénomène : C.O.D. du verbe « ont proposé ».

c   Leur lecture <u>nous</u> conduit tout naturellement <u>à nous interroger sur les besoins mystiques des hommes</u>.

nous : C.O.D. du verbe « conduit ».

à nous interroger sur les besoins mystiques des hommes : C.O.I. du verbe « conduit ».

nous : C.O.D. du verbe « interroger ».

sur les besoins mystiques des hommes : C.O.I. du verbe « interroger ».

Diagnostic de la page 52
Les attributs du complément d'objet

1 **Soulignez les attributs des compléments d'objet (mots et groupes de mots) contenus dans les phrases suivantes. À l'aide d'une flèche, reliez chaque attribut au C.O.D. qui lui correspond.**

    a   Nos professeurs, qui passaient pour exigeants, on ne **les** trouve aujourd'hui que <u>justes et prévoyants</u>.

    b   Nicole est encore plus frileuse que moi qui, pourtant, **me** considère comme <u>douillette</u>.

    c   Les voisins **le** crurent <u>fou</u> quand il déclara **sa perruche** <u>atteinte de la rage</u>.

    d   Mon professeur a travaillé à **nous** rendre <u>capables de résoudre ces problèmes</u>.

Diagnostic de la page 54
Les compléments circonstanciels de verbe

1 **Récrivez les compléments circonstanciels de verbe en précisant la catégorie (temps, lieu, manière, accompagnement, moyen) à laquelle appartient chaque complément circonstanciel.**

    a   *méthodiquement*: C.C. de manière.

    b   *vers le patron du restaurant*: C.C. de lieu.

    c   *dans cette ville*: C.C. de lieu.

        avec Alexandre: C.C. d'accompagnement.

    d   *d'un large volant*: C.C. de moyen.

        d'une multitude de perles minuscules: C.C. de moyen.

Diagnostic de la page 56
Les compléments d'agent

1 **Soulignez les compléments d'agent dans les phrases suivantes.**

    a   Afin d'être remarqués <u>par leur idole</u>, les jeunes supporters se sont livrés à toutes sortes de subterfuges.

    b   Elle fut appréciée <u>de tous ceux pour qui comptait la sauvegarde des traditions</u>.

    c   Puisque la pièce devait être jouée dans de nombreuses villes, les salles avaient été réservées longtemps à l'avance <u>par les membres de l'équipe</u>.

    d   Lorsque les résultats furent connus, plusieurs furent frappés <u>de l'importance accordée à la gestuelle</u>.

Diagnostic de la page 58
Les attributs du sujet

1 **Soulignez tous les attributs du sujet (mots et groupes de mots) contenus dans les phrases suivantes.**

    a   Elle me dévisagea sans paraître <u>surprise de me trouver là à ses côtés</u>.

    b   <u>Si enchanteresses</u> nous semblent les plages de sable chaud quand, dehors, il fait moins 30° et que le froid devient <u>mordant</u>.

    c   Les oiseaux se perchèrent sur les fils et y restèrent, le temps que le vent se calme, <u>frémissants et inquiets</u>.

    d   Du Palais des civilisations d'où s'ébranla la manifestation, les protestataires furent <u>surpris de voir si rapidement grossir leurs rangs</u>.

3 – COMMENT RELIER DES PHRASES SIMPLES ?

Diagnostic des pages 67 et 68
Les marqueurs de relation

1 **Dans chacun des cas suivants, reliez les phrases simples à l'aide d'un marqueur de relation qui exprime le rapport de sens indiqué entre parenthèses.**

    a   *Comme (ou : parce qu', vu que, etc.) elle assistera, ce soir, à une présentation de collections, Chloé décidera sans doute de renouveler sa garde-robe.*
        Ou : Chloé décidera sans doute de renouveler sa garde-robe, car elle assistera, ce soir, à une présentation de collections.

        Prenez note de la présence d'une virgule isolant en tête de phrase un fragment complément circonstanciel et de celle précédant le mot *car*.

    b   *La météo annonçait « averses dispersées », toutefois (ou : sauf que, encore que, etc.) la météo, heureusement, se trompe souvent.*

        Prenez note de la présence d'une virgule précédant le mot *toutefois*.

    c   *Nous avons persuadé Marie de poser sa candidature, car (ou : en effet, parce qu', etc.) elle est la plus compétente de nous tous.*

        Prenez note de la présence d'une virgule précédant le mot *car*.

    d   *Thomas croyait trouver Joëlle chez sa tante, or elle venait tout juste d'en sortir.*

        Prenez note de la présence d'une virgule précédant le mot *or*.

LES CLÉS DE CORRECTION DES DIAGNOSTICS

e *Les journaux relatent le crime dans toute son horreur de sorte que (ou: aussi, par conséquent, etc.) les bonnes gens sont atterrés, car (ou: en effet, parce que, d'autant plus que, etc.) cette violence gratuite leur semble monstrueuse.*

Prenez note de la présence d'une virgule précédant le mot *car*.

2 **Dans certaines phrases de l'exercice précédent, le rapport de sens pourrait être suggéré par un signe de ponctuation. Quel est ce signe?**

Le deux-points.

Récrivez ici une phrase en utilisant ce signe comme marqueur.

(À titre d'exemple.)

*Nous avons persuadé Marie de poser sa candidature***:** *elle est la plus compétente de nous tous.*

*Les journaux relatent le crime dans toute son horreur***:** *les bonnes gens sont atterrés, car cette violence gratuite leur semble monstrueuse.*

*Les journaux relatent le crime dans toute son horreur de sorte que les bonnes gens sont atterrés***:** *cette violence gratuite leur semble monstrueuse.*

3 **Dans chacune des phrases suivantes, un fragment précisant une circonstance (but, temps, concession, cause, comparaison, condition ou conséquence) a été souligné.**
Encadrez le marqueur de relation qui introduit ce fragment.
Précisez la nature du rapport de sens exprimé.

a ⟦Alors que⟧ la neige tombe à plein ciel pétille dans l'âtre un joyeux feu de cheminée.
Rapport de sens: *temps*.

b ⟦Vu qu'⟧il allait souvent à Sherbrooke, Marc rendait visite sur visite à son amie Myriam.
Rapport de sens: *cause*.

c ⟦De peur qu'⟧on ne le soupçonne d'avoir quelque arrière-pensée, il se hâtait de dire qu'il ne la voyait que par affaires.
Rapport de sens: *but*.

d ⟦Au cas où⟧ tu en aurais le temps, passerais-tu chez moi chercher la cassette que tu m'as prêtée?
Rapport de sens: *condition*.

e Ne vous découragez pas ⟦même si⟧ des difficultés imprévues surgissent.
Rapport de sens: *concession*.

LES CLÉS DE CORRECTION DES DIAGNOSTICS

Diagnostic des pages 76 et 77
Le pronom relatif

1 **Voici des ensembles de phrases simples.**
Effectuez les transformations nécessaires pour faire de chaque ensemble une phrase complexe utilisant des pronoms relatifs.

   a *Ce matin, Caroline, que Jean n'a pas vue si joyeuse depuis un bon moment déjà, s'est levée d'excellente humeur.*

   b *Élise s'est finalement procuré des billets pour le spectacle dont François lui avait tant parlé.*

   c *La lecture de ce best-seller auquel la critique a fait bon accueil se révèle fastidieuse.*

   d *Catherine, qui adorait les tulipes, avait semé de tulipes toute la plate-bande, laquelle, malgré son ensoleillement, n'avait rien produit.*

   e *Ces cours de grammaire pour lesquels Chloé se donnait beaucoup de mal et qu'elle suivait avec une assiduité exemplaire étaient pour elle d'un grand intérêt.*

Diagnostic des pages 88 et 89
La virgule et le deux-points

1 **Il manque 17 virgules dans l'extrait suivant.**
Rétablissez-les.

Naissance d'un « nez » extraordinaire

Et, c'est naturellement à Paris que la puanteur était la plus grande, car Paris était la plus grande ville de France. Et, au sein de la capitale, il était un endroit où la puanteur régnait de façon particulièrement infernale, entre la rue aux Fers et la rue de Ferronnerie, c'était le cimetière des Innocents.

Pendant huit cents ans, on avait transporté là les morts de l'Hôtel-Dieu et des paroisses circonvoisines. Pendant huit cents ans, on y avait, jour après jour, charroyé les cadavres par douzaines et on les y avait déversés dans de longues fosses.

Or, c'est là, à l'endroit le plus puant de tout le royaume, que vit le jour, le 17 juillet 1738, Jean-Baptiste Grenouille. La chaleur pesait comme du plomb sur le cimetière, projetant sur les rues avoisinantes son haleine pestilentielle, où se mêlaient l'odeur des melons pourris et celle de la corne brûlée.

Patrick Süskind, Le parfum, Paris, Fayard, 1986.

2 Dans les phrases suivantes, mettez le deux-points là où il en faut pour annoncer une cause ou une conséquence.

- **a** Vertement, elle lui signifia son opposition **:** manifestement, l'idée n'avait pas l'heur de lui plaire.

- **b** Marc entend la porte d'entrée s'ouvrir **:** Anne-Catherine arrive enfin.

- **c** Myriam a de nouveau la migraine **:** la tension de la fin de session sans doute !

- **d** Ma petite chatte est montée sur la table. Elle a tapé une fleur du vase **:** toutes les autres ont frémi.

- **e** Elle en a tapé une autre **:** même résultat. Espiègle, elle est prête à jouer sans fin à ce nouveau jeu.

4 – COMMENT ALLÉGER UNE PHRASE TROP LONGUE ?

Diagnostic des pages 99 et 100
Comment alléger une phrase trop longue ?

1 Les phrases suivantes sont trop longues.
Récrivez-les en les allégeant.
Les consignes placées à leur suite vous guideront.

- **a** *À une heure de la fermeture officielle des bureaux de vote, le taux de participation était d'un peu plus de 50 %. Les résultats devraient être connus dans les prochaines heures.*

- **b** *La contradiction est flagrante entre les deux sections du département de Sciences sociales. L'une dénonce la lenteur de certains étudiants à compléter leurs études collégiales. L'autre, qui l'encourage, refuse d'admettre que des collégiens qui prennent cinq ou six sessions à compléter leur formation générale soient nécessairement des fainéants.*

- **c** *Même si elles divergent parfois d'opinion, les associations étudiantes, <u>porte-parole</u> de milliers d'étudiants, feront front commun, dimanche prochain, pour riposter à la réforme des cégeps envisagée par Québec.*

- **d** *Les diverses fédérations fermeront les yeux sur leurs différends afin de maximiser leur force de frappe.*

- **e** *Victimes des sarcasmes de leurs parents, littéralement coupés de toute parole affectueuse et de toute expérience sociale valorisante, des milliers d'enfants sont psychologiquement brisés.*

5 – COMMENT MAÎTRISER LA CONJUGAISON VERBALE ?

Diagnostic des pages 127 et 128
Qu'est-ce que conjuguer un verbe ?

1 Placez correctement chacun des verbes suivants dans le tableau ci-après selon le mode et le temps auxquels il est conjugué.
Dans chaque cas, indiquez entre les parenthèses l'infinitif du verbe.

INDICATIF présent

- je jette (jeter)
- vous dites (dire)
- je me bats (se battre)
- nous courons (courir)
- elle acquiert (acquérir)

INDICATIF imparfait

- vous alliez (aller)
- tu croyais (croire)
- nous nous battions (se battre)
- ils connaissaient (connaître)
- elle consentait (consentir)

INDICATIF futur simple

- nous mourrons (mourir)
- elle ira (aller)
- je pourrai (pouvoir)
- elles feront (faire)
- tu te rendras (se rendre)

SUBJONCTIF présent

- qu'il voie (voir)
- que tu saches (savoir)
- que je sois (être)
- qu'elles tiennent (tenir)
- que tu veuilles (vouloir)

Diagnostic des pages 133 et 134
La voix active et la voix passive

1 **Indiquez à quelle voix sont employés les verbes des phrases suivantes.**
Inscrivez dans les parenthèses la lettre A pour la voix active ou la lettre P pour la voix passive.

- **a** Les dossiers égarés ont été retrouvés (*P*) fort heureusement.

- **b** Les savoureux desserts, qui vous ont été servis (*P*) lors du banquet de clôture, avaient été choisis (*P*) par le président du comité lui-même.

- **c** Tous les événements qui vous ont été racontés (*P*) par le guide de l'expédition sont arrivés (*A*) dans l'ordre où ils vous ont été décrits (*P*).

- **d** Les cambrioleurs, qui étaient sortis (*A*) par les fenêtres, s'étaient emparés (*A*) de tous les appareils électroniques.

- **e** Elles sont retournées (*A*) chez elles profondément humiliées par les explications qui leur ont été fournies (*P*) pour justifier le refus de leur candidature.

- **f** Ne craignez (*A*) rien: cette somme vous sera payée (*P*), séance tenante, par le débiteur.

Diagnostic de la page 137
Dans la formation des temps composés, quel auxiliaire faut-il utiliser: *être* ou *avoir*?

1 **Écrivez le participe passé des verbes suivants au masculin singulier en l'employant avec *avoir* ou *être* selon le cas.**

- **a** écrire: *avoir écrit*

- **b** naître: *être né*

- **c** souffrir: *avoir souffert*

- **d** aller: *être allé*

- **e** devoir: *avoir dû*

- **f** coudre: *avoir cousu*

- **g** croître: *avoir crû*

- **h** mourir: *être mort*

- **i** acquérir: *avoir acquis*

- **j** s'asseoir: *s'être assis*

Diagnostic de la page 140
La conjugaison des verbes du 1ᵉʳ groupe

1 Dans les phrases suivantes, donnez au verbe la forme demandée.

a   Que tu *achètes* tout sans réfléchir suffisamment te *jouera* des tours.

b   En ce temps-là, nous *recopiions* nos notes de cours avec le plus grand soin.

c   Elles se *lançaient* le ballon avec une vigueur retrouvée.

d   Les roses *déploieront* leurs pétales au soleil.

e   Ils *trouveront* la solution de l'énigme, car ils *vérifieront* soigneusement toutes les hypothèses.

f   Quand nous habiterons Montréal, nous *louerons* un grand appartement pour vous y inviter.

g   Vous *planifiez* si bien tout ce qu'on vous *demande* que ce sera un plaisir de travailler avec vous.

Diagnostic des pages 148 et 149
La conjugaison des verbes du 2ᵉ groupe

1 Dans les phrases suivantes, donnez au verbe la forme demandée.

a   Quel prodige que les astronautes *atterrissent* justement là où les ingénieurs de la NASA l'ont décidé.

b   Toutes les routes *aboutissent* au lac, aussi nul besoin que vous *vous munissiez* d'une boussole.

c   Ces bonnes gens *bannissaient* de leur vie les pensées pouvant altérer leur joie de vivre.

d   La ville *démolira* ces vieilles maisons bien que, avec elles, toute une portion de notre histoire *périsse*.

e   Nous *gravirions* volontiers les sentiers menant au sommet, car ainsi nous *jouirions* d'un magnifique panorama.

Diagnostic de la page 155
La conjugaison des verbes du 3ᵉ groupe

1 Dans les phrases suivantes, donnez au verbe la forme demandée.

a   Alors que l'hiver multipliait les journées glaciales, certains *craignaient* de ne pouvoir skier.

b   Et que veux-tu que je te *dise* de plus ?

c Les jeunes enfants *croiront* avoir réussi à nous mystifier.

d Les gens *s'assoiront* autour de la salle sans plus de façon.

e Notre patron ne *s'enquit* pas davantage des raisons de notre refus.

Diagnostic de la page 164
Dans les subordonnées, quel mode choisir : l'indicatif ou le subjonctif ?

1 Dans les phrases suivantes, tous les verbes entre parenthèses sont au présent.
Conjuguez chacun en utilisant le mode correct : mode indicatif ou mode subjonctif.

a Il est nécessaire que je te *dise* toute la vérité si je *veux* que tu me *croies*.

b Bien que je *sache* que tu *vois* Paul derrière mon dos, apprends que je ne *conclus* pas que tu *veuilles* me rendre jalouse.

c Notre commandant a ordonné que nous *rejoignions* la base au plus tôt.

d Quoique tu te *ries* de ce qu'on raconte, il faut que tu *fasses* attention de ne pas alimenter par ta désinvolture les faussetés qui *courent* déjà sur ton compte.

6 – COMMENT ACCORDER LE VERBE AVEC SON SUJET ?

Diagnostic de la page 173
Comment reconnaître le groupe sujet et le mot qui commande l'accord du verbe ?

1 Dans chacune des phrases suivantes, soulignez les sujets (mots ou groupes de mots).
Encadrez le mot ou le groupe de mots qui commande l'accord du verbe.
À l'aide d'une flèche, reliez ce mot ou ce groupe de mots au verbe dont il est le sujet.

a Le [regard] chaleureux et souriant, la [discrétion] de leur tenue et l'[attitude] franche qu'ont les bons [garçons] démentent tous les racontars colportés à leur sujet.

b Ainsi que l'appréhendaient les [observateurs], l'[opposition] des équipes belligérantes se corse : l'[une] d'elles, tout comme les autres d'ailleurs, est prête à tout pour vaincre.

c Ni son [amie] ni [elle] n'avaient cru bon d'intervenir dans le conflit.

d Que l'[avenir] ne nous réserve que surprises et sujets d'étonnement, [plusieurs] en sont convaincus.

e [Tous] cheminaient guillerets vers le lac : mon frère, ma sœur et mon [ami] Roch qui fermait la marche.

f Beaucoup de <u>paroles</u> dites et beaucoup de <u>gestes</u> accomplis furent regrettés quand les véritables <u>raisons</u> d'une telle <u>conduite</u> furent connues.

g Sur l'ordre des médecins, les <u>oncles</u> et le <u>frère</u> de Charles s'approchèrent du lit, mais <u>il</u> ne les vit pas.

h A beau mentir <u>qui</u> vient de loin.

Diagnostic des pages 176 et 177
Comment déceler la présence des « écrans » trompeurs ?

1 Encadrez le mot qui commande l'accord du verbe.
Soulignez les mots qui se sont glissés entre le verbe et ce mot.

a Les <u>demandes</u> de candidature adressées aux ingénieurs en chef doivent être accompagnées d'une attestation d'études.

b Bien que les <u>gardiens</u> de phare jouissent de la télévision, de la radio et du magnétoscope, <u>supporter</u> la rudesse de la vie dans ces tours isolées exige une grande force morale.

c Le <u>schéma</u> migratoire des animaux de leur naissance à leur mort est généralement cyclique.

d Le <u>sens</u> de l'orientation des abeilles excite depuis longtemps la curiosité.

e Une ancienne <u>hypothèse</u> selon laquelle les <u>oiseaux</u> migrateurs pourraient naviguer en longeant les lignes du champ magnétique terrestre reprend de la vraisemblance.

2 Faites l'accord du verbe avec son sujet.

a De nombreux essais faits avec d'autres oiseaux, dont le pigeon, *ont permis* de vérifier qu'ils se servent du soleil pour s'orienter.

b D'autres animaux que les oiseaux, les poissons et les batraciens par exemple, *s'orientent* probablement grâce au soleil.

c Soir après soir, un jeune monsieur, en compagnie de ses deux amis, *venait* s'asseoir à l'une de mes tables.

d La conclusion à laquelle je suis parvenu à la suite de mes nombreuses lectures *ne plaira pas* au comité d'experts.

e « Je vous *convaincrai* facilement », affirma-t-elle, ce que toutes les personnes présentes dans la salle *souhaitaient* volontiers.

Diagnostic des pages 181 et 182
Les règles particulières d'accord du verbe avec le sujet

1 Faites l'accord du verbe avec son sujet.

a La plupart des personnes interviewées *se disent* convaincues du bien-fondé de la nouvelle réglementation.

b Alors que le cœur vous *bat*, les ronronnants ascenseurs qui vous *hissent* jusqu'à son bureau et cette si gentille réceptionniste vous *rassurent*.

c Le petit nombre de conseillers mis au courant *s'est montré* fort prudent.

d Avec une rapidité que nul n'*avait prévue*, une douzaine de coups de feu *se succédèrent*, semant la mort dans la foule.

e Plus d'un *s'est montré étonné* que si peu de gens *aient été invités*.

f Le quart des titres retenus *ne valait pas* qu'un courtier comme vous s'y *attarde*.

g Nous *formions* alors une bande d'amis qui *se voyaient* une fois la semaine.

h Noël — sa folie, ses excès et ses élans du cœur — me *ravit* et me *chagrine* tout à la fois.

i Vous et moi les *aurons prévenus* mais, c'est certain, cette bande de jeunes écervelés *ne fera que* ce que bon lui semble.

j Ma jeune sœur ainsi que ma mère *n'avaient* pour lui qu'affection et bonté.

2 Parmi les deux phrases données, biffez celle où le verbe est mal accordé.

a Le plus surprenant, c'est la quantité de gens qui déjeunent ou dînent seuls au restaurant.
~~Le plus surprenant, c'est la quantité de gens qui déjeune ou dîne seuls au restaurant.~~

b ~~Les quotidiens d'information générale ont dû eux-mêmes s'adapter puisque la plupart, désormais, consacre de nombreuses colonnes au nouveau phénomène.~~
Les quotidiens d'information générale ont dû eux-mêmes s'adapter puisque la plupart, désormais, consacrent de nombreuses colonnes au nouveau phénomène.

c ~~Moins de deux mois s'est écoulé depuis cette rencontre où lui et moi nous étions revus après cinq ans d'absence.~~
Moins de deux mois se sont écoulés depuis cette rencontre où lui et moi nous étions revus après cinq ans d'absence.

d Que le cinquième de ses biens ait brûlé l'avait beaucoup ébranlé, aussi d'apprendre que les deux tiers de sa fortune avaient été perdus à la Bourse l'a rendu fou.
~~Que le cinquième de ses biens aient brûlé l'avait beaucoup ébranlé, aussi d'apprendre que les deux tiers de sa fortune avait été perdu à la Bourse l'a rendu fou.~~

e ~~À l'appel du maître, une bande de chiens, devenue hystérique par la présence, sur leur territoire, du chat du voisin, s'était soudainement calmée.~~
À l'appel du maître, une bande de chiens, devenus hystériques par la présence, sur leur territoire, du chat du voisin, s'étaient soudainement calmés.

7 – COMMENT ACCORDER LE PARTICIPE PASSÉ ?

Diagnostic des pages 193 et 194
Les règles générales d'accord du participe passé

1 Orthographiez correctement les participes passés entre parenthèses.

a Malgré l'air revêche que ses deux filles avaient *pris*, toutes les recommandations que lui avait *dictées* sa sollicitude, elle les avait *faites* en prenant bien son temps.

b Ces nouveaux professeurs, dont on nous avait *annoncé* l'arrivée avec grand enthousiasme, nous les avions à peine *vus* qu'ils étaient déjà *disparus* dans le bureau du directeur.

c Sa jeunesse a été *marquée* par un grand intérêt pour les collections. Coquilles, plantes, minéraux furent toujours minutieusement *rassemblés*.

d Très tôt, de nombreux lecteurs ont été *fascinés* par les extraits du roman qu'avait *publiés* le journal local.

e Depuis quelques mois, François a *consacré* tous ses temps libres au ski. Les nombreux conseils *reçus*, la persévérance qu'il a *montrée* en feront peut-être un jour un skieur passable.

f Quel fouillis ! Sa tâche ne sera *terminée* que dans la mesure où elle l'aura, cette liste, enfin *retrouvée*.

Diagnostic de la page 198
Les règles particulières d'accord de certains participes passés

1 Orthographiez correctement les participes passés entre parenthèses.

a Julie a visité le Salon du livre. Les commentaires qu'elle nous en a *faits* indiquent que cette exposition ne l'a pas *laissée* indifférente.

b Cette rencontre, nous ne l'avions pas *voulue* : elle nous a été *imposée* par des obligations desquelles nous n'avons *pu* nous soustraire.

c Les personnes que je vous ai *présentées*, je leur ai *demandé* de venir : les lettres, les documents et les notes *ci-joints* vous expliqueront pourquoi.

d Quand Pierre et Denis les avaient *vues* s'arrêter, ils s'étaient imaginé qu'elles le faisaient pour eux.

e Les quarante années qu'elle a *vécu* ne furent pas toutes des années heureuses.

f *Vue* de près, la robe que nous avions *envisagé* d'acheter pour son anniversaire nous avait *révélé* le peu d'heures *consacré* à sa confection et la piètre qualité du tissu.

g *Ci-annexé* une copie des résultats, lesquels se révèlent plus intéressants qu'on ne l'avait *prédit*.

h Des conseils, elle en a *reçu* bien davantage qu'elle n'en a *donné*.

i Ces risques que nous avons *courus*, valaient-ils toute la peine que nous nous sommes donnée ?

j Quel conteur il est ! Que de belles heures nous avons *vécues* à l'écouter !

k Avant de partir, ma sœur nous avait *fait* toutes les recommandations qu'elle avait *pu*, si bien que nous nous sentions totalement rassurées.

Diagnostic de la page 205
Que faire quand le participe passé est celui d'un verbe pronominal ?

1 Orthographiez correctement les participes passés entre parenthèses.

a Rencontrer une mère et une fille qui se soient à ce point *ressemblé* est sûrement rare.

b Les deux enfants qui s'étaient *meurtri* les genoux en tombant avaient promptement *reçu* les premiers soins.

c Ses difficultés, *vu* son ardeur au travail, se sont *estompées* en un rien de temps.

d Elles avaient été à ce point *blessées* par les propos injurieux que, dans leur colère, elles s'étaient *lancés* qu'elles s'étaient *juré* de ne plus se disputer. (lancés s'accorde ici avec *que* mis pour « les propos injurieux », masculin pluriel)

e Lors du dernier affrontement, les coéquipiers s'étaient *nui* plus qu'ils ne s'étaient *entraidés*.

f Les droits qu'elles se sont *arrogés* sans consulter leurs pairs ont été *contestés*.

8 – COMMENT ACCORDER L'ADJECTIF ET LES DÉTERMINANTS ?

Diagnostic de la page 217
Les cas particuliers d'accord de l'adjectif qualificatif

1 Accordez correctement les mots mis entre parenthèses.

a La salle avait été désertée. Un buffet de mets *succulents* s'offrait vainement, alors que s'égrenaient, *lugubres*, les notes d'un piano *désaccordé*.

b Nos compatriotes sont des locataires *appréciés*. Ils le sont surtout pour leur grande discrétion.

c Ces prévisions à *court*, *moyen* et *long* termes permettent de croire à un redressement de la situation qui, *désespérée* jusque-là, devrait connaître une *certaine* amélioration.

d C'étaient des camarades *merveilleuses* et des partenaires *pleines* d'humour! Ah! combien, durant toutes ces années, je les ai aimées!

e Désignez par *leurs* premier et dernier mots toutes les subordonnées présentes dans le texte.

Diagnostic de la page 222
Comment faire l'accord de l'adjectif verbal?

1 **Complétez les phrases suivantes en employant, selon le cas, le participe présent ou l'adjectif verbal correspondant au verbe entre parenthèses.**

a Les compagnies aériennes choisissent soigneusement leur personnel *navigant*.

b Les demandes *affluant* de toutes parts, il avait fallu imprimer de nouveaux laissez-passer.

c Ces arguments, pourtant *convaincants*, n'ont pas semblé troubler certains membres *influents* du gouvernement.

d En *négligeant* son travail, on risque de le perdre.

e Si *fatigantes* qu'elles soient, ces activités ne nuisent pas au rendement des employés.

f Des bouffées d'air *suffocantes* nous arrivaient de la rue.

g Revenons à la leçon *précédente*.

h Dans le feu de la discussion, Éric a eu des paroles fort *désobligeantes* qu'elles n'oublieront pas de sitôt.

Diagnostic des pages 226 et 227
Comment écrire au pluriel les déterminants numéraux?

1 **Écrivez en lettres les nombres apparaissant dans les phrases suivantes.**

a À la page (200) *deux cent*, vous trouverez ce dont vous avez besoin.

b Le déficit se chiffre à (2 000 000 000) *deux milliards* de dollars américains. Comment allons-nous nous en sortir?

c Il y avait (100) *cent* choses à faire et le temps manquait.

d Essayer d'équilibrer un budget de (300 000 000) *trois cents millions* n'est pas chose facile.

e Dans (80) *quatre-vingts* jours, avec (845) *huit cent quarante-cinq* dollars en poche, nous partirons pour la mer.

f «(2 421) *Deux mille quatre cent vingt et un* kilomètres séparent approximativement Sherbrooke de Halifax», affirmait Marc.

g «Je vous l'ai répété (2 843 591) *deux millions huit cent quarante-trois mille cinq cent quatre-vingt-onze* fois», protesta le professeur, exaspéré.

Diagnostic des pages 229 et 230
Les règles d'accord de *tout, quelque, même* et *possible*.

1 **Écrivez correctement les mots *tout*, *quelque*, *possible* et *même* dans les phrases suivantes.**

a Ces *quelques* rencontres, *même* brèves, permettront de faire *tous* les progrès *possibles*.

b Micheline est merveilleuse: la droiture et la générosité *mêmes*. Ces *mêmes* qualités en font une amie sur qui on peut compter.

c *Quelque* indisciplinés qu'ils soient, j'apprécie tout de mes jeunes neveux: leurs imperfections, leurs faiblesses, leurs défauts *même*.

d *Tout à l'heure*, elles viendront s'excuser, *toutes* honteuses d'avoir causé *tous* ces ennuis.

e Tout est pour le mieux dans le meilleur des mondes *possibles*.

f Croyez-vous qu'elles trouveront *elles-mêmes* le chemin?

g *Quelles que* puissent être vos objections, elle réussira sans doute à vous convaincre.

h À *tout* propos, il l'interrompait pour lui fournir le plus d'explications *possible*. La situation, *tout* embrouillée qu'elle soit, n'en demandait pas tant.

9 – COMMENT NE PLUS CONFONDRE CERTAINS HOMOPHONES?

Diagnostic des pages 245 à 247
Comment ne plus confondre certains homophones?

1 **Dans les phrases suivantes, chaque parenthèse contient deux ou trois homophones. Transcrivez sur la ligne l'homophone approprié.**

a Bien souvent, *on s'est* imaginé des difficultés où il n'y en avait pas.

b Il faut *qu'il* soit certain d'employer le terme *qui* convient ici.

c *Dans* peu de temps, c'est-à-dire le temps *d'en* faire le tri, le courrier sera acheminé *sans* plus tarder.

d Ma situation est presque désespérée : je fais trois fautes par ligne, parfois *davantage*.

e Croyez-vous *qu'elle* saura *quelle* grammaire consulter ?

f Voudrais-tu venir *quelquefois* avec moi dans les grands magasins ? Tu n'aimes pas magasiner, je le sais. Mais, les *quelques fois* où tu voudrais m'accompagner me feraient si plaisir.

g *C'est* toujours de bon augure quand on voit que les hirondelles *ont* commencé leur nid : *c'est* que bientôt le printemps sera là pour de bon.

h Elle persévère *parce qu'*elle croit qu'on se distingue non *par ce que* l'on dit, mais bien *par ce que* l'on fait.

i Bien qu'*on* leur *ait* souvent répété que *c'est* là la seule voie à suivre, elles n'en *ont* fait qu'à leur tête.

j Souvent, on *leur* a demandé la cause de *leurs* soucis, mais ils ne veulent rien dire : il *leur* semble inconvenant d'étaler devant tous *leur* vie privée.

k Souvent, le *substitut* de la Couronne, à qui on *attribue* de nombreux pouvoirs, se retrouve en conflit d'intérêts.

l *Quand* je l'ai vue, elle désespérait *d'en* venir à bout. *Sans* craindre de me tromper, je dirais, *quant* à moi, qu'elle *s'en* fait pour rien.

m Il m'arrivait *quelquefois* de le croiser. Il me semblait alors heureux de me voir. Pourtant, récemment, les *quelques fois* où c'est arrivé, il ne m'a pas regardé. Étrange !

n Éric, mon meilleur ami, nous a quittés pour une autre ville. *Quoi qu'*il en dise, il ne semble pas heureux. *Quoi qu'*il affirme, son regard triste le trahit. *Quoi qu'*il en soit, j'attends...

o Afin qu'*on ait* tout notre temps pour visiter la région, qui *est*, paraît-il, pleine de surprises, voudrais-tu avertir nos amis Bernier qu'*on n'*aura que deux heures pour sauter dans le prochain avion ? Il nous *est* donc impossible de les voir.

p Dans un *envoi* postal se trouvait la confirmation de son nouvel *emploi*. Avec quelle impatience elle souhaitait que se fasse le *tri* du courrier.

q Elles aiment voir tomber la neige, *parce que*, pour elles, neige est synonyme de ski et non de pelletage !

r Ta peine, *quelle qu'elle* soit, il faudra bien *qu'elle* finisse par s'oublier.

s Lucie a échoué. Ses résultats tournent autour de 20 %. Jean et Julie, eux, sont satisfaits des *leurs*. Comme ils ont travaillé ! Il *leur* fallait réussir à tout prix.

t *Quand* le bonheur *s'en* est allé, que faire pour le rattraper ? Tu le sais, toi ? *Quant* à moi, j'avoue *sans* pudeur que je l'ignore.

LES CLÉS DE CORRECTION DES DIAGNOSTICS

10 – COMMENT RÉGLER CERTAINS PROBLÈMES D'ORTHOGRAPHE LEXICALE ?

Diagnostic des pages 273 et 274
Comment régler certains problèmes d'orthographe lexicale ?

1 **Vingt fautes d'orthographe lexicale se sont glissées dans le texte suivant.**
Soulignez-les.
Récrivez chaque mot correctement sur les lignes qui suivent le texte.

Lettre à un professeur de français

Cher professeur,

Ah ! comme l'<u>ortographe</u> me fait souffrir ! Quelle <u>reconnaissanse</u> j'aurais pour celui qui, d'un coup de baguette magique, <u>éfacerait</u> toutes mes fautes passées et à venir !

En septembre dernier, vous nous avez annoncé <u>solenellement</u> : « L'objectif, cette année, est de <u>débarasser</u> vos textes de toutes ces fautes qui les dénaturent. Il suffit souvent de vous <u>rafraichir</u> la mémoire, car ces règles, vous les connaissez. »

Ça, c'est <u>sur</u>, il m'aurait fallu avoir <u>recour</u> plus souvent à un dictionnaire ! Dans mes dictées, vous <u>apperceviez</u> au moins une faute tous les six mots, parfois davantage. « Marc s'en moque, pensiez-vous. La graphie des mots, il s'en <u>préoccuppe</u> comme de sa première <u>convalescense</u> ! Ah ! oui, que faire ? »

Davantage d'exercices, davantage de dictées, je ferais des progrès, je vaincrais toutes ces <u>difficultées</u>, m'assuriez-vous. Sans la certitude qu'un jour celles-ci se trouveraient <u>applanies</u>, j'aurais tout abandonné.

Vous m'encourageriez <u>volontier</u>. <u>Néanmoin</u>, quel travail ! Après chaque règle nouvelle, je craignais <u>éperduement</u> de voir arriver les exceptions. Que d'histoires pour une lettre en moins ou en trop !

Bien de la <u>négligeance</u> de ma part, affirmiez-vous. Courage, courage, on y arrivera un jour <u>tout-à-fait</u>.

Dans cette lettre que je vous <u>addresse</u>, j'espère ne pas avoir fait trop de fautes et vous redis ma gratitude pour votre <u>obligence</u>.

Marc Laventure

1 *orthographe*

2 *reconnaissance*

3 *effacerait*

4 *solennellement*

5 *débarrasser*

6 *rafraîchir*

7 *sûr*

8 *recours*

9 *aperceviez*

10 *préoccupe*

11 *convalescence*

12 *difficultés*

13 *aplanies*

14 *volontiers*

15 *néanmoins*

16 *éperdument*

17 *négligence*

18 *tout à fait*

19 *adresse*

20 *obligeance*

ANNEXES

I   LES DÉTERMINANTS

II   LES PRONOMS

III   LES ADVERBES

IV   LES PRÉPOSITIONS

V   TABLEAUX DE CONJUGAISON

I — LES DÉTERMINANTS

ARTICLES				CATÉGORIE
SINGULIER		PLURIEL		
MASCULIN	FÉMININ	MASCULIN	FÉMININ	
le	la	les	les	DÉFINIS ORDINAIRES
l'	l'			ÉLIDÉS
au du	à la de la	aux des	aux des	DÉFINIS CONTRACTÉS
un	une	des	des	INDÉFINIS
du	de la	des	des	PARTITIFS

DÉTERMINANTS DÉMONSTRATIFS		
SINGULIER		PLURIEL
MASCULIN	FÉMININ	MASCULIN ET FÉMININ
ce	cette	ces
cet		ces
À toutes ces formes, il est possible d'ajouter -ci ou -là.		

DÉTERMINANTS POSSESSIFS			
Personne grammaticale caractérisant le «possesseur»	SINGULIER		PLURIEL
	MASCULIN	FÉMININ	MASCULIN ET FÉMININ
1re pers. sing.	mon	ma	mes
2e pers. sing.	ton	ta	tes
3e pers. sing.	son	sa	ses
1re pers. plur.	notre		nos
2e pers. plur.	votre		vos
3e pers. plur.	leur		leurs

DÉTERMINANTS EXCLAMATIFS OU INTERROGATIFS			
SINGULIER		PLURIEL	
MASCULIN	FÉMININ	MASCULIN	FÉMININ
quel	quelle	quels	quelles

TABLEAU DES NUMÉRAUX		
CHIFFRES	DÉTERMINANTS NUMÉRAUX	ADJECTIFS NUMÉRAUX
1	un	premier
2	deux	deuxième
3	trois	troisième
4	quatre	quatrième
5	cinq	cinquième
6	six	sixième
7	sept	septième
8	huit	huitième
9	neuf	neuvième
10	dix	dixième
etc.	etc.	etc.

DÉTERMINANTS INDÉFINIS			
		FORME MASCULINE	FORME FÉMININE
1.	Ils expriment la quantité.		
	NOMBRE = 0	aucun — nul — pas un	aucune — nulle — pas une
	NOMBRE = 1	quelque — n'importe quel certain — chaque	quelque — n'importe quelle certaine — chaque
	NOMBRE > 1	certains — quelques — plusieurs — maints — divers — différents n'importe quels — plus d'un	certaines — quelques — plusieurs — maintes — diverses — différentes n'importe quelles — plus d'une
	TOTALITÉ	tout — tous (les)	toute — toutes (les)
2.	Ils sont très proches des adjectifs qualificatifs.	tel, tels — même, mêmes — autre, autres	telle, telles — même, mêmes — autre, autres

Ces tableaux ont été tirés de *La Grammaire par l'exemple*, André Mareuil et Muriel Langlois-Choquette, Les éditions françaises, 1988, 238 pages.

II — LES PRONOMS

PRONOMS PERSONNELS

PERSONNE / FONCTION		SUJET	COMPLÉMENT D'OBJET DIRECT	COMPLÉMENT D'OBJET INDIRECT	FORMES D'INSISTANCE
SINGULIER	1re	je	me, moi	me, moi	moi
	2e	tu	te, toi	te, toi	toi
	3e	il, elle	le, la	lui	lui, elle
PLURIEL	1re	nous	nous	nous	nous
	2e	vous	vous	vous	vous
	3e	ils, elles	les	leur (toujours invariable)	eux, elles
pronom personnel indéfini		on	se	soi	soi
3e personne (les verbes pronominaux réfléchis)			se	se, soi	soi
3e personne pour remplacer un groupe prépositionnel (préposition + G.N.)			en	en, y	en, y

PRONOMS DÉMONSTRATIFS

	FORMES	MASCULIN	FÉMININ	NEUTRE
SINGULIER	FORMES SIMPLES	celui	celle	ce, c', ça
	FORMES COMPOSÉES	celui-ci, celui-là	celle-ci, celle-là	ceci, cela
PLURIEL	FORMES SIMPLES	ceux	celles	
	FORMES COMPOSÉES	ceux-ci, ceux-là	celles-ci, celles-là	

PRONOMS POSSESSIFS				
PERSONNE ET GENRE	**UN POSSESSEUR**		**PLUSIEURS POSSESSEURS**	
	UN OBJET	DEUX OBJETS OU PLUS	UN OBJET	DEUX OBJETS OU PLUS
1re PERS. MASC.	le mien	les miens	le nôtre	les nôtres
— FÉM.	la mienne	les miennes	la nôtre	les nôtres
2e PERS. MASC.	le tien	les tiens	le vôtre	les vôtres
— FÉM.	la tienne	les tiennes	la vôtre	les vôtres
3e PERS. MASC.	le sien	les siens	le leur	les leurs
— FÉM.	la sienne	les siennes	la leur	les leurs

PRONOMS RELATIFS				
PRONOMS INVARIABLES	**FORMES DIVERSES DU PRONOM LEQUEL**			
	SINGULIER		PLURIEL	
qui que quoi dont où	MASCULIN	FÉMININ	MASCULIN	FÉMININ
	lequel	laquelle	lesquels	lesquelles
	duquel	de laquelle	desquels	desquelles
	auquel	à laquelle	auxquels	auxquelles

PRONOMS INTERROGATIFS			
		ANTÉCÉDENT HUMAIN	ANTÉCÉDENT NON ANIMÉ
INVARIABLES	FORMES SIMPLES	qui	que quoi (souvent avec une préposition : de quoi, à quoi...)
	FORMES RENFORCÉES	qui est-ce qui qu'est-ce que	qu'est-ce qui, à quoi est-ce que, qu'est-ce que
VARIABLES	FORMES DIVERSES DU PRONOM LEQUEL	Ex. : lequel — duquel — auquel (masc. sing.) lesquelles — desquelles — auxquelles (fém. plur.) Ces formes figurent déjà comme **pronoms relatifs**.	

PRONOMS INDÉFINIS			
	FORME MASCULINE	FORME FÉMININE	FORME NEUTRE
1. Ils expriment la quantité. NOMBRE = 0	*nul — aucun — pas un*	*nulle — aucune — pas une*	*rien*
	personne		
NOMBRE = 1	*tel — l'un — quelqu'un — chacun — n'importe lequel*	*telle — l'une — quelqu'une — chacune — n'importe laquelle*	*quelque chose* *n'importe quoi* *je ne sais quoi*
	quiconque *n'importe qui* *je ne sais qui*		
NOMBRE > 1	*quelques-uns — certains — les uns — plus d'un— n'importe lesquels*	*quelques-unes — certaines — les unes — plus d'une — n'importe lesquelles*	
	plusieurs		
TOTALITÉ	*tous*	*toutes*	*tout*
	tout le monde		
2. Ils sont proches du contenu d'un nom.	*le même* *un autre*	*la même* *une autre*	*autre chose*
	autrui *l'autre* *les autres*		

Ces tableaux ont été tirés de *La Grammaire par l'exemple*, André Mareuil et Muriel Langlois-Choquette, Les éditions françaises, 1988, 238 pages.

III — LES ADVERBES

MANIÈRE		TEMPS		LIEU	
ensemble	(+ adverbe en **-ment**)	maintenant	hier	partout	autour
volontiers		quelquefois	jadis	çà et là	alentour
ainsi		enfin (ou ensuite)	jamais	ailleurs	etc.
bien		désormais	longtemps	dedans	
debout		aujourd'hui	parfois	dehors	
exprès		auparavant	soudain	dessous	
mal		aussitôt	souvent	dessus	
mieux		autrefois	tard	ici	
plutôt		bientôt	tôt	là	
vite		déjà	toujours	loin	
gratis		demain	naguère	devant	
quasi		encore	etc.	derrière	

INTERROGATION		QUANTITÉ		NÉGATION	
combien		beaucoup	tellement	ne... jamais	ne... que
pourquoi		très	trop	ne... plus	ne... point
quand		mieux	tant	ne... pas	ne
où		assez peu	presque	non	etc.
comment		aussi	tout à fait		
à quel point		davantage	etc.		
etc.					

OPINION	LIAISON	DOUTE
peut-être	puis	probablement
certainement	ensuite	vraisemblablement
oui	enfin	sans doute
non	etc.	apparemment
etc.		peut-être
		etc.

CONSÉQUENCE	OPPOSITION	COMPARAISON
par conséquent	d'une part	aussi... que
ainsi	d'autre part	plus... que
etc.	tantôt... tantôt	etc.
	etc.	

AFFIRMATION		RESTRICTION	
bien sûr	oui	seulement	
en vérité	précisément	du moins	
en effet	que si	etc.	
assurément	sans doute		
aussi	si fait		
certainement	soit		
bien	volontiers		
certes	vraiment		
	etc.		

IV — LES PRÉPOSITIONS

Toute préposition introduit un groupe prépositionnel complément.

Ce sont parfois des mots simples :			
à	de	envers	parmi
après	depuis	hormis	pendant
avant	derrière	hors	pour
avec	dès	jusque	près
chez	devant	malgré	proche
contre	en	outre	sans
dans	entre	par	sur
			vers...

Ou, ce sont d'anciens participes ou adjectifs :			
attendu	non compris	proche	touchant
concernant	y compris	sauf	vu...
durant	passé	suivant	
excepté	plein	supposé	

Ou encore des locutions prépositives :			
à cause de	au défaut de	de delà	faute de
à côté de	au-dehors de	de derrière	grâce à
à défaut de	au-delà de	de dessous	hors de
afin de	au-dessous de	de dessus	jusqu'à
à fleur de	au-dessus de	de devant	jusque
à force de	au-devant de	de façon à	loin de
à l'abri de	au lieu de	de manière à	par-dedans
à la faveur de	au milieu de	d'entre	par-dehors
à la merci de	au péril de	de par	par-delà
à la mode de	auprès de	de peur de	par-dessous
à l'égard de	au prix de	du côté de	par-dessus
à l'encontre de	autour de	en deçà de	par-devant
à l'envi de	au travers de	en dedans de	par-devers
à l'exception de	aux dépens de	en dehors de	par rapport à
à l'exclusion de	aux environs de	en dépit de	près de
à l'insu de	avant de	en face de	proche de
à moins de	d'après	en raison de	quant à
à raison de	d'avec	en sus de	sauf à
au-dedans de	de chez	étant donné	vis-à-vis de...

Les rapports exprimés par la préposition et la locution prépositive sont très variés.
Vouloir en dresser une liste exhaustive est utopique.
Sachez cependant qu'elles peuvent exprimer :

— **le lieu** : sur, à, vers, en, par, chez, entre, dans, parmi, de sous, à travers, au travers de, hors de, en-dessous de, au-dessus de, loin de, au delà de, etc. ;

— **le temps** : avant, après, pendant, depuis, en, devant, dès, depuis, durant, jusqu'à, etc. ;

330

- **la cause** : attendu, de, par suite de, à cause de, en raison de, à force de, grâce à, à raison de, pour, par le fait de, etc. ;

- **le but** : pour, afin de, en vue de, de peur de, à, etc. ;

- **le moyen, la manière** : à, de, au moyen de, avec, par, selon, suivant, sans, contrairement à, en, etc. ;

- **la conséquence** : au point de ;

- **l'accompagnement** : avec ;

- **l'agent** : par, de ;

- **la possession** : à, de, etc. ;

- **l'attribution** : à, pour ;

- **l'opposition** : malgré, contre, en dépit de, nonobstant, etc. ;

- **la condition** : à condition de ;

- **l'exception, l'exclusion** : sans, sauf, excepté, hors, non compris, etc.

EMPLOI INCORRECT	EMPLOI CORRECT
*lire *sur* le journal	lire **dans** le journal
*marcher *sur* la rue	marcher **dans** la rue
*demeurer *sur* la rue Maricourt	demeurer rue Maricourt
*être *sur* un projet important	s'occuper **d'**un projet important
*siéger *sur* un comité	siéger **à** un comité
*être *sur* ce côté	être **de** ce côté
*le fils *à* mon voisin	le fils **de** mon voisin
*trois *à* quatre fois	trois **ou** quatre fois
*8 $ *de* l'heure	8 $ l'heure
*se rappeler *de* l'heure	se rappeler l'heure
*la venue *de* d'autres personnes	la venue **d'**autres personnes
*mesurer 10 mètres *par* 12	mesurer 10 mètres **sur** 12
*être tenu responsable *pour* l'accident	être tenu responsable **de** l'accident
*payer *pour* ses achats	payer ses achats
*s'assurer *pour* le feu	s'assurer **contre** le feu
*compenser *pour* les frais	compenser les frais
*être en colère *après* lui	être en colère **contre** lui
*être fâché *avec* elle	être fâché **contre** elle

V — TABLEAUX DE CONJUGAISON

			Page
1.	AVOIR		333
2.	ÊTRE		334
3.	AIMER	▶ verbe du **1er groupe**, conjugaison **active**	335
4.	ÊTRE AIMÉ	▶ conjugaison **passive**	336
5.	ARRIVER	▶ verbe du **1er groupe** conjugué avec **être**	337
6.	OUBLIER	▶ exemple de verbe en **-ier**	338
7.	ALLER		339
8.	SE MOQUER	▶ exemple de **verbe pronominal**	340
9.	FINIR	▶ exemple de verbe du **2e groupe**	341
10.	VENIR	▶ verbe du **3e groupe** conjugué avec **être**	342
11.	PRENDRE	▶ verbe du **3e groupe** conjugué avec **avoir**	343
12.	FAIRE		344
13.	POUVOIR		345
14.	DEVOIR		346
15.	ÉCRIRE	▶ exemple de verbe du **3e groupe** en **-re**	347
16.	MOURIR		348
17.	COURIR		349
18.	FALLOIR	⎫ exemples de verbes **impersonnels**	350
19.	PLEUVOIR	⎭	351

1. Verbe **AVOIR**
   (se conjugue aux temps composés avec l'auxiliaire **avoir**)

Temps simples	*Temps composés*	*Temps simples*	*Temps composés*
MODE INDICATIF		**MODE CONDITIONNEL**	
PRÉSENT j'ai tu as il a nous avons vous avez ils ont	**PASSÉ COMPOSÉ** j'ai eu tu as eu il a eu nous avons eu vous avez eu ils ont eu	**PRÉSENT** j'aurais tu aurais il aurait nous aurions vous auriez ils auraient	**PASSÉ** j'aurais eu tu aurais eu il aurait eu nous aurions eu vous auriez eu ils auraient eu
		MODE SUBJONCTIF	
IMPARFAIT j'avais tu avais il avait nous avions vous aviez ils avaient	**PLUS-QUE-PARFAIT** j'avais eu tu avais eu il avait eu nous avions eu vous aviez eu ils avaient eu	**PRÉSENT** que j'aie que tu aies qu'il ait que nous ayons que vous ayez qu'ils aient	**PASSÉ** que j'aie eu que tu aies eu qu'il ait eu que nous ayons eu que vous ayez eu qu'ils aient eu
		MODE IMPÉRATIF	
FUTUR j'aurai tu auras il aura nous aurons vous aurez ils auront	**FUTUR ANTÉRIEUR** j'aurai eu tu auras eu il aura eu nous aurons eu, vous aurez eu ils auront eu	**PRÉSENT** aie ayons ayez	
		MODE PARTICIPE	
PASSÉ SIMPLE j'eus tu eus il eut nous eûmes vous eûtes ils eurent	**PASSÉ ANTÉRIEUR** [Ce temps est très peu employé.]	**PRÉSENT** ayant	**PASSÉ** eu
		MODE INFINITIF	
		PRÉSENT avoir	**PASSÉ** avoir eu

333

2. Verbe **ÊTRE**
   (se conjugue aux temps composés avec l'auxiliaire **avoir**)

Temps simples	*Temps composés*	*Temps simples*	*Temps composés*
MODE INDICATIF			
PRÉSENT je suis tu es il est nous sommes vous êtes ils sont	**PASSÉ COMPOSÉ** j'ai été tu as été il a été nous avons été vous avez été ils ont été	**MODE CONDITIONNEL**	
^	^	**PRÉSENT** je serais tu serais il serait nous serions vous seriez ils seraient	**PASSÉ** j'aurais été tu aurais été il aurait été nous aurions été vous auriez été ils auraient été
IMPARFAIT j'étais tu étais il était nous étions vous étiez ils étaient	**PLUS-QUE-PARFAIT** j'avais été tu avais été il avait été nous avions été vous aviez été ils avaient été	**MODE SUBJONCTIF**	
^	^	**PRÉSENT** que je sois que tu sois qu'il soit que nous soyons que vous soyez qu'ils soient	**PASSÉ** que j'aie été que tu aies été qu'il ait été que nous ayons été que vous ayez été qu'ils aient été
FUTUR je serai tu seras il sera nous serons vous serez ils seront	**FUTUR ANTÉRIEUR** j'aurai été tu auras été il aura été nous aurons été vous aurez été ils auront été	**MODE IMPÉRATIF**	
^	^	**PRÉSENT** sois soyons soyez	
PASSÉ SIMPLE je fus tu fus il fut nous fûmes vous fûtes ils furent	**PASSÉ ANTÉRIEUR** [Ce temps est très peu employé.]	**MODE PARTICIPE**	
^	^	**PRÉSENT** étant	**PASSÉ*** été
^	^	**MODE INFINITIF**	
^	^	**PRÉSENT** être	**PASSÉ** avoir été

* Le participe passé **été** est toujours invariable.
Ex. : *Elle **a été** invitée à un spectacle samedi dernier.*

3. Verbe **AIMER** (1er groupe)
infinitif terminé par **-er**   Conjugaison **active**

Temps simples	Temps composés	Temps simples	Temps composés
MODE INDICATIF		**MODE CONDITIONNEL**	
PRÉSENT j'aime tu aimes il aime nous aimons vous aimez ils aiment	**PASSÉ COMPOSÉ** j'ai aimé tu as aimé il a aimé nous avons aimé vous avez aimé ils ont aimé	**PRÉSENT** j'aimerais tu aimerais il aimerait nous aimerions vous aimeriez ils aimeraient	**PASSÉ** j'aurais aimé tu aurais aimé il aurait aimé nous aurions aimé vous auriez aimé ils auraient aimé
^^	^^	**MODE SUBJONCTIF**	
IMPARFAIT j'aimais tu aimais il aimait nous aimions vous aimiez ils aimaient	**PLUS-QUE-PARFAIT** j'avais aimé tu avais aimé il avait aimé nous avions aimé vous aviez aimé ils avaient aimé	**PRÉSENT** que j'aime que tu aimes qu'il aime que nous aimions que vous aimiez qu'ils aiment	**PASSÉ** que j'aie aimé que tu aies aimé qu'il ait aimé que nous ayons aimé que vous ayez aimé qu'ils aient aimé
^^	^^	**MODE IMPÉRATIF**	
FUTUR j'aimerai tu aimeras il aimera nous aimerons vous aimerez ils aimeront	**FUTUR ANTÉRIEUR** j'aurai aimé tu auras aimé il aura aimé nous aurons aimé vous aurez aimé ils auront aimé	**PRÉSENT** aime* aimons aimez	
^^	^^	**MODE PARTICIPE**	
PASSÉ SIMPLE j'aimai tu aimas il aima nous aimâmes vous aimâtes ils aimèrent	**PASSÉ ANTÉRIEUR** j'eus aimé tu eus aimé il eut aimé nous eûmes aimé vous eûtes aimé ils eurent aimé	**PRÉSENT** aimant	**PASSÉ** aimé
^^	^^	**MODE INFINITIF**	
^^	^^	**PRÉSENT** aimer	**PASSÉ** avoir aimé

* Au mode impératif, les verbes du premier groupe ne prennent pas de **s** à la 2e personne du singulier.
Ex. : ***Entre*** *donc! Viens t'asseoir.*

335

4. Verbe ÊTRE AIMÉ
(cet ensemble se compose du verbe **être** et du participe passé du verbe **aimer**) — Conjugaison **passive**

Temps simples	Temps composés	Temps simples	Temps composés
MODE INDICATIF		**MODE CONDITIONNEL**	
PRÉSENT je suis aimé tu es aimé il est aimé nous sommes aimés vous êtes aimés ils sont aimés	**PASSÉ COMPOSÉ** j'ai été aimé tu as été aimé il a été aimé nous avons été aimés vous avez été aimés ils ont été aimés	**PRÉSENT** je serais aimé tu serais aimé il serait aimé nous serions aimés vous seriez aimés ils seraient aimés	**PASSÉ** j'aurais été aimé tu aurais été aimé il aurait été aimé nous aurions été aimés vous auriez été aimés ils auraient été aimés
		MODE SUBJONCTIF	
IMPARFAIT j'étais aimé tu étais aimé il était aimé nous étions aimés vous étiez aimés ils étaient aimés	**PLUS-QUE-PARFAIT** j'avais été aimé tu avais été aimé il avait été aimé nous avions été aimés vous aviez été aimés ils avaient été aimés	**PRÉSENT** que je sois aimé que tu sois aimé qu'il soit aimé que nous soyons aimés que vous soyez aimés qu'ils soient aimés	**PASSÉ** que j'aie été aimé que tu aies été aimé qu'il ait été aimé que nous ayons été aimés que vous ayez été aimés qu'ils aient été aimés
		MODE IMPÉRATIF	
FUTUR je serai aimé tu seras aimé il sera aimé nous serons aimés vous serez aimés ils seront aimés	**FUTUR ANTÉRIEUR** j'aurai été aimé tu auras été aimé il aura été aimé nous aurons été aimés vous aurez été aimés ils auront été aimés	**PRÉSENT** sois aimé soyons aimés soyez aimés	
		MODE PARTICIPE	
PASSÉ SIMPLE je fus aimé tu fus aimé il fut aimé nous fûmes aimés vous fûtes aimés ils furent aimés	**PASSÉ ANTÉRIEUR** [Ce temps est très peu employé.]	**PRÉSENT** étant aimé	**PASSÉ** été aimé
		MODE INFINITIF	
		PRÉSENT être aimé	**PASSÉ** avoir été aimé

À tous les temps de ce tableau, ce verbe passif est ici conjugué au masculin.
Si le sujet est au féminin: le participe **aimé** se mettra aussi au féminin.
Ex.: *Anne a été **aimée** par Simon.*
*Anne et Chloé ont été **aimées**.*

5. Verbe **ARRIVER** (1er groupe)
(se conjugue aux temps composés avec l'auxiliaire **être**)

Temps simples	*Temps composés*	*Temps simples*	*Temps composés*
MODE INDICATIF		**MODE CONDITIONNEL**	
PRÉSENT j'arriv**e** tu arriv**es** il arriv**e** nous arriv**ons** vous arriv**ez** ils arriv**ent**	**PASSÉ COMPOSÉ*** je suis arrivé tu es arrivé il est arrivé nous sommes arrivés vous êtes arrivés ils sont arrivés	**PRÉSENT** j'arriv**erais** tu arriv**erais** il arriv**erait** nous arriv**erions** vous arriv**eriez** ils arriv**eraient**	**PASSÉ*** je serais arrivé tu serais arrivé il serait arrivé nous serions arrivés vous seriez arrivés ils seraient arrivés
		MODE SUBJONCTIF	
IMPARFAIT j'arriv**ais** tu arriv**ais** il arriv**ait** nous arriv**ions** vous arriv**iez** ils arriv**aient**	**PLUS-QUE-PARFAIT*** j'étais arrivé tu étais arrivé il était arrivé nous étions arrivés vous étiez arrivés ils étaient arrivés	**PRÉSENT** que j'arriv**e** que tu arriv**es** qu'il arriv**e** que nous arriv**ions** que vous arriv**iez** qu'ils arriv**ent**	**PASSÉ*** que je sois arrivé que tu sois arrivé qu'il soit arrivé que nous soyons arrivés que vous soyez arrivés qu'ils soient arrivés
		MODE IMPÉRATIF	
FUTUR j'arriv**erai** tu arriv**eras** il arriv**era** nous arriv**erons** vous arriv**erez** ils arriv**eront**	**FUTUR ANTÉRIEUR*** je serai arrivé tu seras arrivé il sera arrivé nous serons arrivés vous serez arrivés ils seront arrivés	**PRÉSENT** arriv**e** arriv**ons** arriv**ez**	**PASSÉ*** sois arrivé soyons arrivés soyez arrivés
		MODE PARTICIPE	
PASSÉ SIMPLE j'arriv**ai** tu arriv**as** il arriv**a** nous arriv**âmes** vous arriv**âtes** ils arriv**èren**t	**PASSÉ ANTÉRIEUR*** je fus arrivé tu fus arrivé il fut arrivé nous fûmes arrivés vous fûtes arrivés ils furent arrivés	**PRÉSENT** arriv**ant**	**PASSÉ*** arrivé
		MODE INFINITIF	
		PRÉSENT arriv**er**	**PASSÉ*** être arrivé

* Chacun des temps composés, marqués*, est ici conjugué au masculin.
   Dans d'autres cas où le sujet sera au féminin, le participe se mettra aussi au féminin.
Ex.: *Marie répète à ses filles: «Je suis arrivée, nous sommes arrivées.»*

6. Verbe **OUBLIER** (1ᵉʳ groupe)
(se conjugue aux temps composés avec l'auxiliaire **avoir**)   Conjugaison modèle pour les verbes en **-ier**

Temps simples	*Temps composés*	*Temps simples*	*Temps composés*
MODE INDICATIF			
PRÉSENT j'oubli**e** tu oubli**es** il oubli**e** nous oubli**ons** vous oubli**ez** ils oubli**ent**	**PASSÉ COMPOSÉ** j'ai oublié tu as oublié il a oublié nous avons oublié vous avez oublié ils ont oublié	**MODE CONDITIONNEL**	
^	^	**PRÉSENT** j'oubli**erais** tu oubli**erais** il oubli**erait** nous oubli**erions** vous oubli**eriez** ils oubli**eraient**	**PASSÉ** j'aurais oublié tu aurais oublié il aurait oublié nous aurions oublié vous auriez oublié ils auraient oublié
		MODE SUBJONCTIF	
IMPARFAIT j'oubli**ais** tu oubli**ais** il oubli**ait** nous oubli**ions** vous oubli**iez** ils oubli**aient**	**PLUS-QUE-PARFAIT** j'avais oublié tu avais oublié il avait oublié nous avions oublié vous aviez oublié ils avaient oublié	**PRÉSENT** que j'oubli**e** que tu oubli**es** qu'il oubli**e** que nous oubli**ions** que vous oubli**iez** qu'ils oubli**ent**	**PASSÉ** que j'aie oublié que tu aies oublié qu'il ait oublié que nous ayons oublié que vous ayez oublié qu'ils aient oublié
		MODE IMPÉRATIF	
FUTUR j'oubli**erai** tu oubli**eras** il oubli**era** nous oubli**erons** vous oubli**erez** ils oubli**eront**	**FUTUR ANTÉRIEUR** j'aurai oublié tu auras oublié il aura oublié nous aurons oublié vous aurez oublié ils auront oublié	**PRÉSENT** oubli**e** oubli**ons** oubli**ez**	
		MODE PARTICIPE	
PASSÉ SIMPLE j'oubli**ai** tu oubli**as** il oubli**a** nous oubli**âmes** vous oubli**âtes** ils oubli**èrent**	**PASSÉ ANTÉRIEUR** j'eus oublié tu eus oublié il eut oublié nous eûmes oublié vous eûtes oublié ils eurent oublié	**PRÉSENT** oubli**ant**	**PASSÉ** oublié
		MODE INFINITIF	
		PRÉSENT oubli**er**	**PASSÉ** avoir oublié

Difficultés relatives aux verbes en **-ier** :
— au futur simple et au conditionnel présent, ne pas omettre le « e » des verbes du 1ᵉʳ groupe : *j'oublierai, j'oublierais* ;
— à l'imparfait et au subjonctif présent, ne pas omettre le double « i » avec nous et vous : *nous oubliions, que vous oubliiez*.

7. Verbe **ALLER** (1ᵉʳ groupe)
   (se conjugue aux temps composés avec l'auxiliaire **être**)

Temps simples	*Temps composés*	*Temps simples*	*Temps composés*
MODE INDICATIF		**MODE CONDITIONNEL**	
PRÉSENT	**PASSÉ COMPOSÉ***	**PRÉSENT**	**PASSÉ***
je v**ais** tu v**as** il v**a** nous all**ons** vous all**ez** ils v**ont**	je suis allé tu es allé il est allé nous sommes allés vous êtes allés ils sont allés	j'**irais** tu **irais** il **irait** nous **irions** vous **iriez** ils **iraient**	je serais allé tu serais allé il serait allé nous serions allés vous seriez allés ils seraient allés
		MODE SUBJONCTIF	
IMPARFAIT	**PLUS-QUE-PARFAIT***	**PRÉSENT**	**PASSÉ***
j'all**ais** tu all**ais** il all**ait** nous all**ions** vous all**iez** ils all**aient**	j'étais allé tu étais allé il était allé nous étions allés vous étiez allés ils étaient allés	que j'**aille** que tu **ailles** qu'il **aille** que nous all**ions** que vous all**iez** qu'ils **aillent**	que je sois allé que tu sois allé qu'il soit allé que nous soyons allés que vous soyez allés qu'ils soient allés
		MODE IMPÉRATIF	
FUTUR	**FUTUR ANTÉRIEUR***	**PRÉSENT**	
j'**irai** tu **iras** il **ira** nous **irons** vous **irez** ils **iront**	je serai allé tu seras allé il sera allé nous serons allés vous serez allés ils seront allés	v**a** all**ons** all**ez**	
		MODE PARTICIPE	
PASSÉ SIMPLE	**PASSÉ ANTÉRIEUR***	**PRÉSENT**	**PASSÉ***
j'all**ai** tu all**as** il all**a** nous all**âmes** vous all**âtes** ils all**èrent**	je fus allé tu fus allé il fut allé nous fûmes allés vous fûtes allés ils furent allés	all**ant**	allé
		MODE INFINITIF	
		PRÉSENT	**PASSÉ***
		all**er**	être allé

* Chacun des temps composés, marqués *, est ici conjugué au masculin.
  Dans d'autres cas où le sujet sera au féminin, le participe se mettra aussi au féminin.
Ex.: *Ève dit à ses amies:* «*Je* **suis allée** *trop loin;*
  nous **sommes allées** *trop loin*»

8. Verbe **SE MOQUER** (1er groupe)
(se conjugue aux temps composés avec l'auxiliaire **être**)

Conjugaison modèle des verbes **pronominaux**

Temps simples	Temps composés	Temps simples	Temps composés
MODE INDICATIF		**MODE CONDITIONNEL**	
PRÉSENT je me moque tu te moques il se moque nous nous moquons vous vous moquez ils se moquent	**PASSÉ COMPOSÉ*** je me suis moqué tu t'es moqué il s'est moqué nous nous sommes moqués vous vous êtes moqués ils se sont moqués	**PRÉSENT** je me moquerais tu te moquerais il se moquerait nous nous moquerions vous vous moqueriez ils se moqueraient	**PASSÉ*** je me serais moqué tu te serais moqué il se serait moqué nous nous serions moqués vous vous seriez moqués ils se seraient moqués
		MODE SUBJONCTIF	
IMPARFAIT je me moquais tu te moquais il se moquait nous nous moquions vous vous moquiez ils se moquaient	**PLUS-QUE-PARFAIT*** je m'étais moqué tu t'étais moqué il s'était moqué nous nous étions moqués vous vous étiez moqués ils s'étaient moqués	**PRÉSENT** que je me moque que tu te moques qu'il se moque que nous nous moquions que vous vous moquiez qu'ils se moquent	**PASSÉ*** que je me sois moqué que tu te sois moqué qu'il se soit moqué que nous nous soyons moqués que vous vous soyez moqués qu'ils se soient moqués
		MODE IMPÉRATIF	
FUTUR je me moquerai tu te moqueras il se moquera nous nous moquerons vous vous moquerez ils se moqueront	**FUTUR ANTÉRIEUR*** je me serai moqué tu te seras moqué il se sera moqué nous nous serons moqués vous vous serez moqués ils se seront moqués	**PRÉSENT** moque-toi moquons-nous moquez-vous	
		MODE PARTICIPE	
PASSÉ SIMPLE je me moquai tu te moquas il se moqua nous nous moquâmes vous vous moquâtes ils se moquèrent	**PASSÉ ANTÉRIEUR*** je me fus moqué tu te fus moqué il se fut moqué nous nous fûmes moqués vous vous fûtes moqués ils se furent moqués	**PRÉSENT** se moquant	**PASSÉ*** s'étant moqué
		MODE INFINITIF	
		PRÉSENT se moquer	**PASSÉ*** s'être moqué

* Chacun des temps composés, marqués *, est ici conjugué au masculin.
Dans d'autres cas où le sujet sera au féminin, le participe se mettra aussi au féminin.
Ex. : *Chloé s'**est moquée** du danger.*
*Catherine et elle se **seraient** d'ailleurs **moquées** de tout.*

9. Verbe **FINIR** (2ᵉ groupe)
(se conjugue aux temps composés avec l'auxiliaire **avoir**)

Infinitif terminé par **-ir**
Participe présent en **-issant**

Temps simples	Temps composés	Temps simples	Temps composés
\multicolumn{2}{c}{**MODE INDICATIF**}	\multicolumn{2}{c}{**MODE CONDITIONNEL**}

MODE INDICATIF

PRÉSENT
je finis
tu finis
il finit
nous finissons
vous finissez
ils finissent

PASSÉ COMPOSÉ
j'ai fini
tu as fini
il a fini
nous avons fini
vous avez fini
ils ont fini

IMPARFAIT
je finissais
tu finissais
il finissait
nous finissions
vous finissiez
ils finissaient

PLUS-QUE-PARFAIT
j'avais fini
tu avais fini
il avait fini
nous avions fini
vous aviez fini
ils avaient fini

FUTUR
je finirai
tu finiras
il finira
nous finirons
vous finirez
ils finiront

FUTUR ANTÉRIEUR
j'aurai fini
tu auras fini
il aura fini
nous aurons fini
vous aurez fini
ils auront fini

PASSÉ SIMPLE
je finis
tu finis
il finit
nous finîmes
vous finîtes
ils finirent

PASSÉ ANTÉRIEUR
j'eus fini
tu eus fini
il eut fini
nous eûmes fini
vous eûtes fini
ils eurent fini

MODE CONDITIONNEL

PRÉSENT
je finirais
tu finirais
il finirait
nous finirions
vous finiriez
ils finiraient

PASSÉ
j'aurais fini
tu aurais fini
il aurait fini
nous aurions fini
vous auriez fini
ils auraient fini

MODE SUBJONCTIF

PRÉSENT
que je finisse
que tu finisses
qu'il finisse
que nous finissions
que vous finissiez
qu'ils finissent

PASSÉ
que j'aie fini
que tu aies fini
qu'il ait fini
que nous ayons fini
que vous ayez fini
qu'ils aient fini

MODE IMPÉRATIF

PRÉSENT
finis
finissons
finissez

PASSÉ
aie fini
ayons fini
ayez fini

MODE PARTICIPE

PRÉSENT
finissant

PASSÉ
fini

MODE INFINITIF

PRÉSENT
finir

PASSÉ
avoir fini

10. Verbe **VENIR** (3ᵉ groupe)
(se conjugue aux temps composés avec l'auxiliaire **être**)

Temps simples	*Temps composés*	*Temps simples*	*Temps composés*
MODE INDICATIF		**MODE CONDITIONNEL**	
PRÉSENT	**PASSÉ COMPOSÉ***	**PRÉSENT**	**PASSÉ***
je vien**s**	je suis venue	je viend**rais**	je serais venue
tu vien**s**	tu es venue	tu viend**rais**	tu serais venue
il vien**t**	elle est venue	il viend**rait**	elle serait venue
nous ven**ons**	nous sommes venues	nous viend**rions**	nous serions venues
vous ven**ez**	vous êtes venues	vous viend**riez**	vous seriez venues
ils vienn**ent**	elles sont venues	ils viend**raient**	elles seraient venues
		MODE SUBJONCTIF	
IMPARFAIT	**PLUS-QUE-PARFAIT***	**PRÉSENT**	**PASSÉ***
je ven**ais**	j'étais venue	que je vienn**e**	que je sois venue
tu ven**ais**	tu étais venue	que tu vienn**es**	que tu sois venue
il ven**ait**	elle était venue	qu'il vienn**e**	qu'elle soit venue
nous ven**ions**	nous étions venues	que nous ven**ions**	que nous soyons venues
vous ven**iez**	vous étiez venues	que vous ven**iez**	que vous soyez venues
ils ven**aient**	elles étaient venues	qu'ils vienn**ent**	qu'elles soient venues
		MODE IMPÉRATIF	
FUTUR	**FUTUR ANTÉRIEUR***	**PRÉSENT**	
je viend**rai**	je serai venue	vien**s**	
tu viend**ras**	tu seras venue	ven**ons**	
il viend**ra**	elle sera venue	ven**ez**	
nous viend**rons**	nous serons venues		
vous viend**rez**	vous serez venues		
ils viend**ront**	elles seront venues		
		MODE PARTICIPE	
PASSÉ SIMPLE	**PASSÉ ANTÉRIEUR***	**PRÉSENT**	**PASSÉ***
je v**ins**	je fus venue	ven**ant**	venue
tu v**ins**	tu fus venue		
il v**int**	elle fut venue		
nous v**înmes**	nous fûmes venues		
vous v**întes**	vous fûtes venues		
ils v**inrent**	elles furent venues		
		MODE INFINITIF	
		PRÉSENT	**PASSÉ***
		ven**ir**	être venue

* Chacun des temps composés, marqués *, est ici conjugué au féminin.
Dans d'autres cas où le sujet sera au masculin, le participe se mettra aussi au masculin.
Ex.: *Michel **est venu** voir Jean, son ami d'enfance.*
*Michel et Jean **sont devenus** rapidement de grands amis.*

11. Verbe **PRENDRE** (3e groupe)
(se conjugue aux temps composés avec l'auxiliaire **avoir**)

Temps simples	*Temps composés*	*Temps simples*	*Temps composés*
<td colspan="2" align="center">**MODE INDICATIF**</td>	<td colspan="2" align="center">**MODE CONDITIONNEL**</td>
PRÉSENT je prends tu prends il prend nous prenons vous prenez ils prennent	**PASSÉ COMPOSÉ** j'ai pris tu as pris il a pris nous avons pris vous avez pris ils ont pris	**PRÉSENT** je prendrais tu prendrais il prendrait nous prendrions vous prendriez ils prendraient	**PASSÉ** j'aurais pris tu aurais pris il aurait pris nous aurions pris vous auriez pris ils auraient pris
		<td colspan="2" align="center">**MODE SUBJONCTIF**</td>
IMPARFAIT je prenais tu prenais il prenait nous prenions vous preniez ils prenaient	**PLUS-QUE-PARFAIT** j'avais pris tu avais pris il avait pris nous avions pris vous aviez pris ils avaient pris	**PRÉSENT** que je prenne que tu prennes qu'il prenne que nous prenions que vous preniez qu'ils prennent	**PASSÉ** que j'aie pris que tu aies pris qu'il ait pris que nous ayons pris que vous ayez pris qu'ils aient pris
		<td colspan="2" align="center">**MODE IMPÉRATIF**</td>
FUTUR je prendrai tu prendras il prendra nous prendrons vous prendrez ils prendront	**FUTUR ANTÉRIEUR** j'aurai pris tu auras pris il aura pris nous aurons pris vous aurez pris ils auront pris	**PRÉSENT** prends prenons prenez	
		<td colspan="2" align="center">**MODE PARTICIPE**</td>
PASSÉ SIMPLE je pris tu pris il prit nous prîmes vous prîtes ils prirent	**PASSÉ ANTÉRIEUR** j'eus pris tu eus pris il eut pris nous eûmes pris vous eûtes pris ils eurent pris	**PRÉSENT** prenant	**PASSÉ** pris
		<td colspan="2" align="center">**MODE INFINITIF**</td>
		PRÉSENT prendre	**PASSÉ** avoir pris

12. Verbe **FAIRE**
(se conjugue aux temps composés avec l'auxiliaire **avoir**)

Temps simples	Temps composés	Temps simples	Temps composés
<td colspan="2">**MODE INDICATIF**</td>	<td colspan="2">**MODE CONDITIONNEL**</td>

MODE INDICATIF

PRÉSENT
je fais
tu fais
il fait
nous faisons
vous faites
ils font

PASSÉ COMPOSÉ
j'ai fait
tu as fait
il a fait
nous avons fait
vous avez fait
ils ont fait

IMPARFAIT
je faisais
tu faisais
il faisait
nous faisions
vous faisiez
ils faisaient

PLUS-QUE-PARFAIT
j'avais fait
tu avais fait
il avait fait
nous avions fait
vous aviez fait
ils avaient fait

FUTUR
je ferai
tu feras
il fera
nous ferons
vous ferez
ils feront

FUTUR ANTÉRIEUR
j'aurai fait
tu auras fait
il aura fait
nous aurons fait
vous aurez fait
ils auront fait

PASSÉ SIMPLE
je fis
tu fis
il fit
nous fîmes
vous fîtes
ils firent

PASSÉ ANTÉRIEUR
j'eus fait
tu eus fait
il eut fait
nous eûmes fait
vous eûtes fait
ils eurent fait

MODE CONDITIONNEL

PRÉSENT
je ferais
tu ferais
il ferait
nous ferions
vous feriez
ils feraient

PASSÉ
j'aurais fait
tu aurais fait
il aurait fait
nous aurions fait
vous auriez fait
ils auraient fait

MODE SUBJONCTIF

PRÉSENT
que je fasse
que tu fasses
qu'il fasse
que nous fassions
que vous fassiez
qu'ils fassent

PASSÉ
que j'aie fait
que tu aies fait
qu'il ait fait
que nous ayons fait
que vous ayez fait
qu'ils aient fait

MODE IMPÉRATIF

PRÉSENT
fais
faisons
faites

MODE PARTICIPE

PRÉSENT
faisant

PASSÉ
fait

MODE INFINITIF

PRÉSENT
faire

PASSÉ
avoir fait

13. Verbe **POUVOIR** (3ᵉ groupe)
(se conjugue aux temps composés avec l'auxiliaire **avoir**)

Temps simples	*Temps composés*	*Temps simples*	*Temps composés*
\multicolumn{2}{c}{**MODE INDICATIF**}	\multicolumn{2}{c}{**MODE CONDITIONNEL**}

Temps simples	*Temps composés*	*Temps simples*	*Temps composés*
MODE INDICATIF		**MODE CONDITIONNEL**	
PRÉSENT*	PASSÉ COMPOSÉ	PRÉSENT	PASSÉ
je peu**x** ou je pui**s** tu peu**x** il peu**t** nous pouv**ons** vous pouv**ez** ils peuv**ent**	j'ai pu tu as pu il a pu nous avons pu vous avez pu ils ont pu	je pour**rais** tu pour**rais** il pour**rait** nous pour**rions** vous pour**riez** ils pour**raient**	j'aurais pu tu aurais pu il aurait pu nous aurions pu vous auriez pu ils auraient pu
		MODE SUBJONCTIF	
IMPARFAIT	PLUS-QUE-PARFAIT	PRÉSENT	PASSÉ
je pouv**ais** tu pouv**ais** il pouv**ait** nous pouv**ions** vous pouv**iez** ils pouv**aient**	j'avais pu tu avais pu il avait pu nous avions pu vous aviez pu ils avaient pu	que je puiss**e** que tu puiss**es** qu'il puiss**e** que nous puiss**ions** que vous puiss**iez** qu'ils puiss**ent**	que j'aie pu que tu aies pu qu'il ait pu que nous ayons pu que vous ayez pu qu'ils aient pu
		MODE IMPÉRATIF	
FUTUR	FUTUR ANTÉRIEUR	PRÉSENT	
je pour**rai** tu pour**ras** il pour**ra** nous pour**rons** vous pour**rez** ils pour**ront**	j'aurai pu tu auras pu il aura pu nous aurons pu vous aurez pu ils auront pu	[n'existe pas]	
		MODE PARTICIPE	
PASSÉ SIMPLE	PASSÉ ANTÉRIEUR	PRÉSENT	PASSÉ**
je p**us** tu p**us** il p**ut** nous p**ûmes** vous p**ûtes** ils p**urent**	j'eus pu tu eus pu il eut pu nous eûmes pu vous eûtes pu ils eurent pu	pouv**ant**	pu
		MODE INFINITIF	
		PRÉSENT	PASSÉ
		pouvoir	avoir pu

* Présent de l'indicatif, forme interrogative. À la 1ʳᵉ personne, on a seulement *puis-je*?
** Le participe passé est toujours invariable.
Ex.: *Que de joies elle a pu vivre!*

14. Verbe **DEVOIR** (3ᵉ groupe)
(se conjugue aux temps composés avec l'auxiliaire **avoir**)

Temps simples	Temps composés	Temps simples	Temps composés
MODE INDICATIF		**MODE CONDITIONNEL**	
PRÉSENT je dois tu dois il doit nous devons vous devez ils doivent	**PASSÉ COMPOSÉ** j'ai dû tu as dû il a dû nous avons dû vous avez dû ils ont dû	**PRÉSENT** je devrais tu devrais il devrait nous devrions vous devriez ils devraient	**PASSÉ** j'aurais dû tu aurais dû il aurait dû nous aurions dû vous auriez dû ils auraient dû
		MODE SUBJONCTIF	
IMPARFAIT je devais tu devais il devait nous devions vous deviez ils devaient	**PLUS-QUE-PARFAIT** j'avais dû tu avais dû il avait dû nous avions dû vous aviez dû ils avaient dû	**PRÉSENT** que je doive que tu doives qu'il doive que nous devions que vous deviez qu'ils doivent	**PASSÉ** que j'aie dû que tu aies dû qu'il ait dû que nous ayons dû que vous ayez dû qu'ils aient dû
		MODE IMPÉRATIF	
FUTUR je devrai tu devras il devra nous devrons vous devrez ils devront	**FUTUR ANTÉRIEUR** j'aurai dû tu auras dû il aura dû nous aurons dû vous aurez dû ils auront dû	**PRÉSENT** [Ce temps est peu employé.]	
		MODE PARTICIPE	
PASSÉ SIMPLE je dus tu dus il dut nous dûmes vous dûtes ils durent	**PASSÉ ANTÉRIEUR** [Ce temps est peu employé.]	**PRÉSENT** devant	**PASSÉ** 4 formes: m.s : dû m.p. : dus f.s. : due f.p. : dues
		MODE INFINITIF	
		PRÉSENT devoir	**PASSÉ** avoir dû

Comme les participes passés de tous les autres verbes, celui-ci comporte 4 formes: **dû**, **dus**, **due**, **dues**.
Une seule prend l'accent circonflexe: le masculin singulier « dû » afin de ne pas le confondre avec « du », article.

15. Verbe **ÉCRIRE** (3ᵉ groupe)
(se conjugue aux temps composés avec l'auxiliaire **avoir**)

Temps simples	Temps composés	Temps simples	Temps composés
MODE INDICATIF		**MODE CONDITIONNEL**	
PRÉSENT j'écri**s** tu écri**s** il écri**t** nous écriv**ons** vous écriv**ez** ils écriv**ent**	**PASSÉ COMPOSÉ** j'ai écrit tu as écrit il a écrit nous avons écrit vous avez écrit ils ont écrit	**PRÉSENT** j'écri**rais** tu écri**rais** il écri**rait** nous écri**rions** vous écri**riez** ils écri**raient**	**PASSÉ** j'aurais écrit tu aurais écrit il aurait écrit nous aurions écrit vous auriez écrit ils auraient écrit
		MODE SUBJONCTIF	
IMPARFAIT j'écriv**ais** tu écriv**ais** il écriv**ait** nous écriv**ions** vous écriv**iez** ils écriv**aient**	**PLUS-QUE-PARFAIT** j'avais écrit tu avais écrit il avait écrit nous avions écrit vous aviez écrit ils avaient écrit	**PRÉSENT** que j'écriv**e** que tu écriv**es** qu'il écriv**e** que nous écriv**ions** que vous écriv**iez** qu'ils écriv**ent**	**PASSÉ** que j'aie écrit que tu aies écrit qu'il ait écrit que nous ayons écrit que vous ayez écrit qu'ils aient écrit
		MODE IMPÉRATIF	
FUTUR j'écri**rai** tu écri**ras** il écri**ra** nous écri**rons** vous écri**rez** ils écri**ront**	**FUTUR ANTÉRIEUR** j'aurai écrit tu auras écrit il aura écrit nous aurons écrit vous aurez écrit ils auront écrit	**PRÉSENT** écri**s** écriv**ons** écriv**ez**	
		MODE PARTICIPE	
		PRÉSENT écriv**ant**	**PASSÉ** écrit
PASSÉ SIMPLE j'écriv**is** tu écriv**is** il écriv**it** nous écriv**îmes** vous écriv**îtes** ils écriv**irent**	**PASSÉ ANTÉRIEUR** j'eus écrit tu eus écrit il eut écrit nous eûmes écrit vous eûtes écrit ils eurent écrit		
		MODE INFINITIF	
		PRÉSENT écri**re**	**PASSÉ** avoir écrit

16. Verbe **MOURIR** (3ᵉ groupe)
(se conjugue aux temps composés avec l'auxiliaire **être**)

Temps simples	Temps composés	Temps simples	Temps composés
\multicolumn{2}{c}{**MODE INDICATIF**}	\multicolumn{2}{c}{**MODE CONDITIONNEL**}
PRÉSENT je meur**s** tu meur**s** il meur**t** nous mour**ons** vous mour**ez** ils meur**ent**	**PASSÉ COMPOSÉ*** je suis morte tu es morte elle est morte nous sommes mortes vous êtes mortes elles sont mortes	**PRÉSENT** je mour**rais** tu mour**rais** il mour**rait** nous mour**rions** vous mour**riez** ils mour**raient**	**PASSÉ*** je serais morte tu serais morte elle serait morte nous serions mortes vous seriez mortes elles seraient mortes
IMPARFAIT je mour**ais** tu mour**ais** il mour**ait** nous mour**ions** vous mour**iez** ils mour**aient**	**PLUS-QUE-PARFAIT*** j'étais morte tu étais morte elle était morte nous étions mortes vous étiez mortes elles étaient mortes	\multicolumn{2}{c}{**MODE SUBJONCTIF**}
		PRÉSENT que je meur**e** que tu meur**es** qu'il meur**e** que nous mour**ions** que vous mour**iez** qu'ils meur**ent**	**PASSÉ*** que je sois morte que tu sois morte qu'elle soit morte que nous soyons mortes que vous soyez mortes qu'elles soient mortes
FUTUR je mour**rai** tu mour**ras** il mour**ra** nous mour**rons** vous mour**rez** ils mour**ront**	**FUTUR ANTÉRIEUR*** je serai morte tu seras morte elle sera morte nous serons mortes vous serez mortes elles seront mortes	\multicolumn{2}{c}{**MODE IMPÉRATIF**}
		PRÉSENT meur**s** mour**ons** mour**ez**	
PASSÉ SIMPLE je mour**us** tu mour**us** il mour**ut** nous mour**ûmes** vous mour**ûtes** ils mour**urent**	**PASSÉ ANTÉRIEUR*** je fus morte tu fus morte elle fut morte nous fûmes mortes vous fûtes mortes elles furent mortes	\multicolumn{2}{c}{**MODE PARTICIPE**}
		PRÉSENT mour**ant**	**PASSÉ*** morte
		\multicolumn{2}{c}{**MODE INFINITIF**}
		PRÉSENT mour**ir**	**PASSÉ*** être morte

* Chacun des temps composés marqués *, est ici conjugué au féminin.
Dans d'autres cas où le sujet sera au masculin, le participe se mettra aussi au masculin.
Ex.: *Jean **est mort** d'une crise cardiaque.*

Attention au redoublement du « r » au futur et au conditionnel.

17. Verbe **COURIR** (3ᵉ groupe)
(se conjugue aux temps composés avec l'auxiliaire **avoir**)

Temps simples	*Temps composés*	*Temps simples*	*Temps composés*
MODE INDICATIF			
PRÉSENT je cours tu cours il court nous courons vous courez ils courent	**PASSÉ COMPOSÉ** j'ai couru tu as couru il a couru nous avons couru vous avez couru ils ont couru	**MODE CONDITIONNEL**	
		PRÉSENT je courrais tu courrais il courrait nous courrions vous courriez ils courraient	**PASSÉ** j'aurais couru tu aurais couru il aurait couru nous aurions couru vous auriez couru ils auraient couru
IMPARFAIT je courais tu courais il courait nous courions vous couriez ils couraient	**PLUS-QUE-PARFAIT** j'avais couru tu avais couru il avait couru nous avions couru vous aviez couru ils avaient couru	**MODE SUBJONCTIF**	
		PRÉSENT que je coure que tu coures qu'il coure que nous courions que vous couriez qu'ils courent	**PASSÉ** que j'aie couru que tu aies couru qu'il ait couru que nous ayons couru que vous ayez couru qu'ils aient couru
FUTUR je courrai tu courras il courra nous courrons vous courrez ils courront	**FUTUR ANTÉRIEUR** j'aurai couru tu auras couru il aura couru nous aurons couru vous aurez couru ils auront couru	**MODE IMPÉRATIF**	
		PRÉSENT cours courons courez	
		MODE PARTICIPE	
PASSÉ SIMPLE je courus tu courus il courut nous courûmes vous courûtes ils coururent	**PASSÉ ANTÉRIEUR** j'eus couru tu eus couru il eut couru nous eûmes couru vous eûtes couru ils eurent couru	**PRÉSENT** courant	**PASSÉ** couru
		MODE INFINITIF	
		PRÉSENT courir	**PASSÉ** avoir couru

Plusieurs autres verbes se conjuguent exactement sur le même modèle: PARCOURIR, SECOURIR, DISCOURIR...
Le verbe ACCOURIR se conjugue indifféremment avec *avoir* ou *être*.

Attention au redoublement du « r » au futur et au conditionnel.

18. Verbe **FALLOIR**
(se conjugue aux temps composés avec l'auxiliaire **avoir**)

Verbe impersonnel
Ne s'emploie qu'à la 3ᵉ personne du singulier.

Temps simples	*Temps composés*	*Temps simples*	*Temps composés*
MODE INDICATIF		**MODE CONDITIONNEL**	
PRÉSENT il fau**t**	PASSÉ COMPOSÉ il a fallu	PRÉSENT il faud**rait**	PASSÉ il aurait fallu
IMPARFAIT il fall**ait**	PLUS-QUE-PARFAIT il avait fallu	**MODE SUBJONCTIF**	
		PRÉSENT qu'il faill**e**	PASSÉ qu'il ait fallu
FUTUR il faud**ra**	FUTUR ANTÉRIEUR il aura fallu	**MODE IMPÉRATIF**	
		PRÉSENT (n'existe pas)	
PASSÉ SIMPLE Il fall**ut**	PASSÉ ANTÉRIEUR il eut fallu	**MODE PARTICIPE**	
		PRÉSENT (n'existe pas)	PASSÉ fallu
		MODE INFINITIF	
		PRÉSENT fall**oir**	PASSÉ (n'existe pas)

19. Verbe **PLEUVOIR**
(se conjugue aux temps composés avec l'auxiliaire **avoir**)

Verbe impersonnel
Ne s'emploie qu'à la
3ᵉ personne du
singulier.

Temps simples	*Temps composés*	*Temps simples*	*Temps composés*
MODE INDICATIF		**MODE CONDITIONNEL**	
PRÉSENT	PASSÉ COMPOSÉ	PRÉSENT	PASSÉ
il pleut	il a plu	il pleuvrait	il aurait plu
		MODE SUBJONCTIF	
IMPARFAIT	PLUS-QUE-PARFAIT	PRÉSENT	PASSÉ
il pleuvait	il avait plu	qu'il pleuve	qu'il ait plu
		MODE IMPÉRATIF	
FUTUR	FUTUR ANTÉRIEUR	PRÉSENT	
il pleuvra	il aura plu	(n'existe pas)	
		MODE PARTICIPE	
PASSÉ SIMPLE	PASSÉ ANTÉRIEUR	PRÉSENT	PASSÉ
Il plut	il eut plu	pleuvant	plu
		MODE INFINITIF	
		PRÉSENT	PASSÉ
		pleuvoir	avoir plu

BIBLIOGRAPHIE

Ouvrages à consulter pour en savoir plus...

CAPUT, J. et J.-P. *Dictionnaire des verbes français.* Paris, Librairie Larousse, 1988. 589 p.

DOLBEC, Jean, et Conrad OUELLON. *Structures de la phrase française.* Chicoutimi, Gaëtan Morin éditeur, 1987. 293 p.

DRILLON, Jacques. *Traité de la ponctuation française.* Paris, Editions Gallimard, 1991. 472 p.

DUBOIS-CHARLIER, Françoise. *Comment s'initier à la linguistique ?* Paris, Larousse, 1974. 252 p.

HANSE, Joseph. *Nouveau dictionnaire des difficultés du français moderne.* Paris-Gembloux, Duculot, 1987. 1031 p.

LANGLOIS-CHOQUETTE, Muriel. *Bilan orthographique et grammatical.* Boucherville, Les éditions françaises, 1990. 266 p.

LANGLOIS-CHOQUETTE, Muriel, et Georges-Vincent FOURNIER. *Avec BRIO, bien rédiger idées et opinions.* Boucherville, Les éditions françaises, 1992, 288 p.

MAREUIL, André, et Muriel LANGLOIS-CHOQUETTE. *La grammaire par l'exemple.* Boucherville, Les éditions françaises, 1988. 238 p.

THÉORET, Michel, et André MAREUIL. *La grammaire du français actuel.* Montréal, Centre éducatif et culturel inc., 1991. 557 p.

THOMAS, Adolphe V. *Dictionnaire des difficultés de la langue française.* Paris, Larousse, 1971. 435 p.